商务印书馆（成都）有限责任公司出品

Kafka's Eyes

卡夫卡的眼睛

曾艳兵 著

商务印书馆

目录

看与挣扎 | 序

写作的人，诗意地看着别人，不是太难，而看后因了那无望，不断地拷问自己，则是难过的事。我在接触卡夫卡的汉译本时，印象是他看的本领的高强。但他却没有满足于看，自己却要去看那些看不到的存在。于是便拥有了别人没有的紧张。现在，我读着曾艳兵的《卡夫卡的眼睛》，便想到“看与挣扎”这个话题。这不是在译本的轮廓里旋转的书，而是进入思想躯体的对白。书中有着一种热流在自己的躯体里，似乎被它穿透了。我记得卡夫卡的眼神，忧郁的，略带羞涩的样子。曾艳兵觉得自己也在那个目光里走进城堡的边缘，却不能进去。或者一旦进去又不能出来。我觉得那是一种暗示，深味卡夫卡的人，多少懂得这种暗示。

于是，我感到了卡夫卡和我们的可怜。我们阅读他，不觉得是异域的生活，似乎也是我们命运的写真。的确，卡夫卡不像一些作家的文本给我们以强迫接受的感觉。他在自己的世界里，毫不想干扰他人的事情。可是他述说的，可能都与我们有关。他的迷失在路上的低语，仿佛是替我们这些宿命者在表达着什么。

曾艳兵对这个德语作家的把握，是困惑中的体悟与寻觅。他的陈述绝无学院派的僵死气，心灵对撞着，精神在盘诘。他的气质里，也略微可以见到卡夫卡式的焦虑和不安。而那体验，就是彻骨的，流动着《城堡》、《变形记》式的迷雾。我终于懂得，理解别人，是一种灵魂的对接。理解是一种进入，在对象世界里，可以发现我们忽略的自己。

只有把日常的幻象撕裂的人，才可以进入世界的本原。那些既定的逻辑常常欺骗了我们。卡夫卡因为身份的复杂，及存在的复杂，感到了语言的无力与表达的无力。他曾说："我写的与我说的不同，我说的与我想的不同，我想的与我应该想的不同，如此这般，陷入最深的黑暗之中。"恰恰由此，他进入了现象界的玄奥地带，多致的存在的原色调被召唤出来。人是一个多么矛盾的存在体，而真实恰恰靠矛盾所表现。

许多年前我阅读《失踪的人》，被那谜一般的情境感动了。那个被抛弃到美国的孩子一系列荒诞的经历，是偶然的与特例么？显然不是。我们就在这样的迷阵里。存在就是悖谬的组合，只是被我们常态的格式条理化了。我们偶然的选择，就意味着没有回路的迷宫的开始。于是永远在隧道里，一个怪圈套着一个怪圈，一个可能连着另一个可能。而心绪的流淌又是那么无常，现象界的面影在那里也不甚清楚了。卡夫卡在此流露出他的虚无、痛楚的感觉，那些都是不经意的。写作意味着自己的存在，至于别人的感觉如何，并不在意的。他甚至不希望自己的文字被人阅读，连发表的渴望也没有。这个忠实于自己内心感受的作家，与虚伪、自恋的名字毫无缘分。

在中国，有相当多卡夫卡的知音，有的借其意象而得神，小说家如是；有的靠其哲思而悟意，研究家这样。像曾艳兵这样的研究家，是少数的深解卡夫卡的人，也是进入卡夫卡世界的引导者。他对那些无法归类的精神因子进行了超逻辑的归类，开启了认识这位天才作家的另一扇门。有趣的是，他在其文本里浸泡了多年，以致无法脱身，那个巨大的光环把他罩住了。神秘的低语与体验，连通着上苍，与混沌、阴阳初始混杂在一起。他敏锐地发现了自己研究的对象的内在冲突的缘由，细致的解析里有他生命之流别样的存在。我在其文字里感到诗意与哲思的缠绕。比如身份问题、语言问题、国别问题、职业问题、爱恋问题，都不是清晰可解的存在，永远纠缠着可能与无助、合理与悲情、承认与否定等分裂的话题。人在失去家的地方，才可能感受到空间。在母语被压抑的角落，或许才会进入母语的内核。而这些，都靠心灵的体味。卡夫卡的迷人在于他“在”而不属于自己的同类。人类诸多神圣的概念，在他那里已经失去意义。

我有时候想，十分喜欢写作的卡夫卡，其实与我们的世俗写作理念大相径庭。如果从日常思维进入这个世界，也许我们一无所获。我很喜欢曾艳兵对卡夫卡的气质的描摹，那里有许多存在让我快意。比如他说：“卡夫卡孤独，因为他失却了自己固定的身份和位置。他什么都不是，但他又什么都是；他无所归属，但他又是超越了归属的世界性的作家。”一个不能为自己定位的作家，写着人们所难以归类的文字，就有了另类的审美意味。在分析这位作家的身份时，有这样一段话：

卡夫卡一生大部分时间生活在奥匈帝国，但他显然不是奥地利人；他虽然用德语写作，但他不是德国作家；按说他应该属于资产阶级，但他对资产阶级生活方式和生活准则却嗤之以鼻；他虽然出身犹太民族，但他与犹太人的宗教和文化却有着深刻的隔膜……

这或许是进入卡夫卡精神城堡的入口。他在迷雾里呈现出别人所没有的存在。一切和尼采、克尔凯郭尔、弗洛伊德、陀思妥耶夫斯基都有关联，又都不相近。在一个矛盾的世界，以冲突的目光审视对象的存在，也许就真的可以亲近于他。

也许，在真正的意义上，卡夫卡是我们生活奥妙的朴实的书写者。那原因是作者的简单，以及我们的复杂。我们这些自以为得到天际的人，其实是精神的盲者。最简单的人格可能才看见了世界的原色，那些色调不是七彩的，可能更多更多。而我们只领略了几种。《卡夫卡的眼睛》分解着那位单纯的小说家的纷纭的世界。爱意的，惊恐的，隐逸的，茫然的，都在那目光里。你能够感受到那多色的辐射么？我每每与其相遇，总觉得被电了一般，好似感到了躯体的隐痛。而那时候，才会从庸碌的状态醒来，看看自己的周围，便也觉得，自己也是被卡夫卡寓言之簇不幸射中了的人。

每一个人都有自己的城堡。但我们这些俗人的居所无甚可观。卡夫卡的精神城堡是另类的。我们难以进去，而一旦临门，又不知路向，好像陷在迷津里。我想，这位以德语写作的人，在迷津里完成了自我。那些无望和紧张却有美的灵思飘动。而我们呢，在看似清楚的空间，却放飞不了思想，实则乃真正地迷失了自我。阳光下的迷失之哀，有甚于暗夜里的走失。因为我们已经没有了卡夫卡的看与挣扎的能力。

孙郁

2011 年 9 月 22 日

卡夫卡的眼睛

任何一个阅读过卡夫卡的人或许都见过一两张卡夫卡的照片。任何一个凝神静观过卡夫卡照片的人都不可能忘记卡夫卡那双眼睛，正如任何一个用心阅读过卡夫卡作品的人都不会忘记它的作者一样。卡夫卡的眼神让人过目不忘。“每个人都注意到了他的眼睛，那是一双深色的（人们在描述它们时最常用到的一个形容词是‘深色的’）眼睛，闪闪发亮，令人联想到它的主人那未曾说出的深刻的思想。”卡夫卡的朋友奥斯卡·鲍姆说：“他用一种无与伦比的眼光审视，解除神秘，揭开他自己以及别人内心生活的外壳。”卡夫卡的眼睛里有什么？有惊恐，有焦虑，有忧郁，有迷惘，有羞涩，有自信，有执著，有深邃……卡夫卡的眼睛里似乎什么都有，但你却无法准确说出是什么，这就像卡夫卡笔下的那座永远也说不清道不明的“城堡”一样，不过，只要你长时间地凝视卡夫卡的眼睛，你便一定会有所感觉、有所感触、有所感动……

阅读、理解、阐释、研究卡夫卡的方式多种多样，我们可以阅读卡夫卡的小说，可以研究卡夫卡的书信日记，可以浏览卡夫卡同时代人撰写的文章和回忆录，可以参考那些研究卡夫卡的浩如烟海的著述，但是，还有一种办法或许更为简便直接、更为朴素自然，那便是看着他的眼睛，看着他的眼睛对我们说话。在卡夫卡生命的最后日子里，一直陪伴着卡夫卡并且深深地爱着卡夫卡的朵拉曾经说过：

无论他在讲话还是在倾听时，他的脸上最引人注目的特征就是那双大大的，有时甚至瞪得圆圆的眼睛。这双眼睛里流露出的不是恐惧（有人曾这样说过），而更像是惊讶。他的眼睛是棕色的，眼神羞涩。当他说话时，它们就被点亮了……

朵拉曾一度相信，这个世界并不一定要了解卡夫卡，也没有人能够理解卡夫卡。“所有试图理解他的努力都是徒劳的，除非他允许你看着他的眼睛，或是握着他的手。”朵拉说的这个“除非”，现在显然不可能有任何人可以做到了。但是，难道我们就真的像朵拉所说的那样永远也不可能了解卡夫卡吗？甚至我们连走近卡夫卡，接近卡夫卡的可能都没有吗？其实，办法还是有的，我们可以在夜深人静、万籁俱寂的时候，看着卡夫卡的照片，看着照片上卡夫卡的眼睛，凝神倾听，看看他会对我们说些什么……

卡夫卡的挚友布罗德在《卡夫卡传》中提到了卡夫卡儿时的一张照片，特别提到了卡夫卡的眼睛。“一张儿时照片展示的是个五岁左右的男孩子，身材瘦高，充满疑问的眼睛睁得大大的，紧闭的嘴唇显得忧郁而执拗。乌黑的头发几乎垂到眉毛，加深了简直处于危险边缘的闷闷不乐的印象，适合于这一印象的无疑是那无力下垂的双手，而不是那精心选择的水手服、宽大的水兵帽和手杖。”在这张照片中卡夫卡的眼睛大而亮，充满疑问、忧郁和倔强。卡夫卡这张照片也引起了许多专家学者的注意：“照片上有一个骨骼强悍的孩子，极度敏感、有点过分修饰，他正在用一种怯生生而又轻蔑的眼神盯着一只鸟，从他那深褐色的眼睛中可以看出，他已经被这件事严重地惊扰了。”卡夫卡的眼睛中不仅有疑问、忧郁和倔强，还有敏感、轻蔑和惊扰。

英国学者罗纳德·海曼在他的《卡夫卡传》中也谈到了卡夫卡

童年的照片。“他童年的照片是富有启发的：大约五岁时他的目光充满动人的畏惧和吓人的易受伤害——失望，紧张和羞怯。几年以后人们从他脸上看出，一种保卫系统产生了。面容表明与其说是力量，不如说是抗拒。但是他不再是那么易受伤害了，虽然只是因为他显得更内向了。”这里所说卡夫卡五岁的照片，或许是指那张卡夫卡站立着，身后是一只又像马又像羊的玩具的照片。卡夫卡右手握住一只羊角，左手置于胸前，握着拳头。卡夫卡的眼神忧郁而羞怯。这以后卡夫卡眼神中的那种羞怯渐渐不见了，而忧郁则挥之不去。这是否意味着，成年后的卡夫卡的目光已经从外向渐渐走向了内心？

德国卡夫卡研究专家瓦根巴赫在他的《卡夫卡传》中提到了卡夫卡上中学时留下的一张照片。“他倚在布满蔓藤的阳台栅栏上，身体挺得直直的，神情有些窘迫；他身上穿着背心，里面是一件高领衫，脖子上系着领带，在外面罩了一件外衣，扣子扣得高高的。他的双臂向两边伸开着，细长的手掩映在常春藤中；他的鼻子很结实，嘴巴紧闭着，乌黑的秀发垂在额前，那双灰褐色的眼睛忧郁、疑虑地注视着观众。”上中学的卡夫卡，眼神里依然充满了忧郁和疑虑。这时的卡夫卡似乎对一切都不满意，他在日记中写道：“在我还感到满意的时候，我就想不满意，并利用所有的时间和传统的方法把自己拖向不满意，现在我想转圈转回去。换句话说，我总是不满足，即使是在满意的时候。”但是，也就在这个时候，有一次卡夫卡在同学贝格曼家里宣布：他要当一个作家。贝格曼有一个剪贴本，里面贴满了他的朋友和同学写下的字条和一些笨拙的诗，这其中就有卡夫卡最早的文学尝试，写作日期是11月20日，据贝格曼推算应该是1897年，卡夫卡那年14岁。卡夫卡的字条上写道：

人来人去，

去了——不再相遇。

卡夫卡一出手写出的文字就有点“卡夫卡式”的，不过，此时的卡夫卡对自己的文学创作并没有什么信心，当然卡夫卡对自己的作品几乎从来就没有满意过。

1917年，卡夫卡与菲莉斯第二次订婚时照了一张照片，菲莉斯端坐在前，卡夫卡贴身站在后面。卡夫卡西装革履，站得笔直。我们看不见他的右手，他的左手以手背贴在菲莉斯的裙边，似乎并没有碰到菲莉斯。卡夫卡的眼神凝重深邃，似笑非笑，我们猜测不出此时的卡夫卡究竟在想些什么。这张照片中的菲莉斯，曾一度被许多人误认为是卡夫卡的母亲，而实际上菲莉斯比卡夫卡小3岁。

卡夫卡40岁时拍了最后一张照片，这张照片被广泛引用，用于各种有关卡夫卡著述的封面或插图。这是一张半身照，卡夫卡眼神里似乎包含了卡夫卡一生的总结。这双眼睛里似乎什么都有，唯独缺少欢乐；这双眼睛里似乎什么都缺，唯独不缺少执著。卡夫卡仿佛看到了死神的逼近，这一回卡夫卡眼睛里没有了疑虑和惊恐，我们看到的分明是镇静和坚定。

密伦娜是卡夫卡的女友，应该说是最能理解卡夫卡及其创作的女友，因为她也是位作家，曾经翻译过卡夫卡的作品。卡夫卡去世后，密伦娜在悼词中写道：

他是个害羞、胆小、温柔、善良的人，然而他所写的书则是残忍而令人痛苦的。他看见的世界充满着隐形的恶魔，撕裂并摧毁无助的人。他看得太透彻，他太有智慧，以至于无法生活，太柔弱以至于无法反抗。高贵美好的人都是柔弱的，对不谅解、不友善和知识分子的谎言怀着恐惧，他们不懂该如何起身反抗，因为他们已预先知道自己的无助，并在失败中让胜利者汗颜。他懂得人们，只有神经无比纤细敏感的人才能这样懂得人们：一个寂寞的人，几乎像先知一样，在眼睛闪动的那一瞬间就懂得了对方。他懂得这个世界，以一种不寻常而又深刻的方式，他自己也是一个不寻常而又深刻的世界。他写出了当代德语文学中最重要的作品：这一代人的挣扎在这些书中，没有预设立场的词语。

密伦娜在最后提到了卡夫卡的眼睛，他“在眼睛闪动的那一瞬间就懂得了对方”。卡夫卡通过眼睛的闪动懂得了对方，懂得了这个世界，如今我们再通过卡夫卡那双闪动的眼睛，去探寻卡夫卡那“不寻常而又深刻的世界”。

卡夫卡的眼睛，眼睛中的卡夫卡。我们终于摸索到了走进卡夫卡内心世界的不寻常的独特路径。英国当代著名哲学家和思想家以赛亚·柏林说：

如果你遇到一个人，想知道他是怎样一个人……唯一能够了解人的方法是与他们谈话、交流。交流意味着两个人面对面，看着对方的脸，观察他的一举一动，听他说话……

如果你真正希望与人们交流，希望知道他们所思、所感，了解他们，那么你必须理解各种手势、各种细微的差别，你必须看着他们的眼睛，必须观察他们嘴唇的一张一翕，听他们说的话，了解他们的笔迹，你才能逐渐接触到实质性的东西。

柏林的这番话仿佛是专门针对卡夫卡这类作家言说的。对于卡夫卡及其作品，纯粹理论的、技巧的、符号的分析，或许是有用的，但未必是有益的；当你以这种方式走近卡夫卡时，其实你离卡夫卡已经越来越远。缺少文学感觉和体验（这似乎是当今研究文学的普遍的正常现象），你也许还可以阅读和研究兰波、魏尔伦、马拉美、罗伯·格里耶、罗兰·巴特，甚至乔伊斯，但你永远也无法接近卡夫卡。熟悉卡夫卡作品的人一定熟悉卡夫卡，熟悉卡夫卡的人一定熟悉卡夫卡那双眼睛。卡夫卡的眼睛是心灵的眼睛，心灵的眼睛所呈现的一切并非都能还原于语言或符号。卡夫卡的眼睛以不说话的方式说话，卡夫卡的读者以不阅读的方式阅读，也许通过这种方式我们反倒更容易走近卡夫卡，接近卡夫卡，聆听卡夫卡，理解卡夫卡。任何一个有心倾听卡夫卡，有话要对卡夫卡说的读者都不妨拿起卡夫卡的照片，凝视一下他的眼睛，在你和他眼睛对视的那一刻，或许比你诵读有关卡夫卡的千言万语还要让你灵魂震颤、怦然心动。

卡夫卡问题

卡夫卡的问题无处不在，无所不包。当然，这里的问题是“problem”，而不是“question”。这一点西方学者早有洞察，早在1946年，美国学者安吉尔·弗洛里斯就编辑了一部专门研究卡夫卡的论文集，书名就叫《卡夫卡问题》(*The Kafka problem*)。法国解构主义大师德里达“无限崇拜和感激的人”当中包括莎士比亚、柏拉图、乔伊斯、维科，还有卡夫卡，因为他们“包容了一切：一切的一切，所有的或几乎所有的”。卡夫卡思考的问题是20世纪以来最重要的问题，诸如民族问题、宗教问题、身份问题、语言问题、现代性问题等，而这其中最为严峻的就是人自身出了问题。卡夫卡的问题是整个20世纪的问题，也是人类永恒的问题。马克斯·舍勒说：“人相对他自己已经完全彻底成问题了。”美国当代哲学家威廉·巴雷特说：“现代人就其内在本质而言，已经变成问题了。”卡夫卡的问题引发了整个世界的兴趣和思考，卡夫卡的创作甚至影响了整个20世纪文学的品格和走向。

1999年7月，离2001年9月9日还很遥远的时候，奥萨玛·本·拉登的一个助手在伦敦被捕，他的律师提到了“美国对权力的卡夫卡式滥用”。“全世界都把‘卡夫卡’用作‘商标’，用来标识现代世界的恐惧和复杂性。”“今天的任何一种文学语言都明白形容词‘卡夫卡式’或副词‘卡夫卡式地’是什么意思。”“卡夫卡主导着一切！！！”“卡夫卡之后，所有文学都变成卡夫卡式的了。”

然而，卡夫卡在世时却文名寂寞，没有什么影响。他的作品只有极少数是在他生前发表的。他的第一部小说集《观察》（1913）第一版共印了800册，5年后还有一大半积压在仓库里。卡夫卡自己说，在布拉格一家著名的书店里，几年来共售出了11册书，“其中10册很容易找到买主，因为是他自己买的，不过，他一直想知道究竟是谁买走了那第11册？”第二次世界大战后，经历了一场噩梦的欧洲终于发现了卡夫卡的价值和意义。卡夫卡开始越出国界，在欧洲和美国走红，其影响迅速扩展到了拉丁美洲、亚洲、非洲等世界各地。如今，“他在现代德语文学中的地位，已经超过了托马斯·曼和布莱希特，应该排列在首位”。早在1946年，《纽约时报》的书评就曾把卡夫卡的名字排在乔伊斯、普鲁斯特、托马斯·曼等人之前，放在第一位。

有关卡夫卡的研究和讨论已经很多很多了，中国国家图书馆收藏的有关卡夫卡的西文图书有120余种，其中英文著作和德文著作大约各占一半。从1979年至今，我国发表的专门论述卡夫卡的学术论文超过了900篇。点击Google网站，输入中文“卡夫卡”，可以获得603 000条信息；输入“Kafka”，可获得12 300 000条信息；输入“Franz Kafka”，可获得2 070 000条信息。但是，在如此多的学术著作和论文，乃至文字泡沫中，谁理解了卡夫卡？谁最有资格说他理解了卡夫卡？

卡夫卡一生问题不少：家庭问题、学习问题、专业问题、职业问题、恋爱问题、婚约问题、创作问题、信仰问题、疾病问题、遗嘱问题、退休问题、死亡问题等。所有常人遇到的问题他难得有一样可以幸免，而那些在常人那里根本不成问题的问题，却由于卡夫卡的过度敏感和焦虑几乎都成了问题。

卡夫卡说，他在家里比陌生人还要陌生，并非没有理由。卡夫卡与父亲的矛盾深刻而久远，虽然他们之间并没有多少公开的冲突。1919 年 11 月，36 岁的卡夫卡曾给父亲写过一封长信，这封信长达 4.5 万字（印刷体达 60 页）。卡夫卡在信中试图回答他为什么畏惧父亲这一问题，但他写信时战战兢兢，结果无法充分地表达自己恐惧的意思；他已经被对父亲的恐惧压迫得说不出话来，但正是这种无法言说的恐惧使他想给父亲写这封信。然而，在生命的最后日子里，卡夫卡似乎有与父亲和解的意愿。他渴望和父亲一起“好好喝一杯啤酒”，“如今在这个炎热的日子里我常常回想起，有一度我们曾定期在一起喝啤酒，那是在多年以前，是父亲带我去平民游泳学校学游泳的时候”。卡夫卡在那封信的开头这样解释了他写这封信的目的：“我也相信，你对我们之间的隔阂是完全没有责任的。但我也同样完全是没有责任的。如果我能说服你承认这一点，那么虽然不可能会产生一种新生活，对此我们俩都已经太老太老了，但可能会出现一种和平，不会终止你的没完没了的指责，但会使之温和下来。”在信的结尾，卡夫卡写道：“我认为通过这一些矫正，情况已表达得非常接近事实了，使我们俩都能得到一些安慰，使我们的生与死都变得轻松起来。”卡夫卡显然已经预料到了自己的死。卡夫卡在临死前，希望与父亲彻底和解，但这封信最终没有送达父亲的手中。信中提及童年的一件小事，卡夫卡却记忆了一辈子：

有一天夜里我不停地要水喝，不过不是出于渴，而可能一部分是为了惹恼你，一部分是为了寻乐。在一些强烈的威胁不生效后，你把我从床上拽起来，抱到阳台上去，关紧了门，让我独自一人穿着衬衣在那儿站了一阵子。……自那以后，我当然是听话了，但这事却给我造成了一种内心的伤害。

你坐在靠背椅上统治着世界。你的见解是正确的，其他任何见解都是发病的、偏激的、癫狂的、不正常的。你的自信之强，使得你的思想根本不必前后一贯，也照样永远是正确的。还可能出现这种情况：你对一件事根本就没有观点，这就导致对这件事可能产生的任何观点统统都是错误的。……你在我心中产生了一种神秘的现象，这是所有暴君共有的现象：他们的权力不是建立在思想上，而是建立在他们的人身上。

卡夫卡在这里既是原告、又是法官，有时还是被告。他似乎将自己法律方面的知识和才能都用到了写这封信上。

卡夫卡与家庭其他成员的关系也并不和谐。卡夫卡与母亲的关系纠缠于爱与不理解之中，这尤其使人痛苦。卡夫卡的母亲是爱卡夫卡的，她希望自己的儿子幸福。当布罗德提醒她卡夫卡有自杀的危险时，她在给布罗德的回信中写道："我刚收到您的来信，您从我颤抖的字迹上看得出来，我和您一样激动，为了使我所有的孩子都幸福，我愿将我的心血奉献给他们，而在此我却束手无策了。然而我仍将竭尽全力使我的儿子幸福。"卡夫卡的母亲爱卡夫卡，但并不理解卡夫卡。"弗兰茨的母亲很爱他，可她一丁点儿都不知道，她的儿子是怎样一个人，他有什么样的需求。"卡夫卡与三个妹妹的关系也相处得并不理想。

卡夫卡在学习中的确存在着一些问题，但他想象中的问题比实际发生的问题要大得多。他曾一次次怀疑自己能否通过考试，中学毕业，但他最终并没有被淘汰。他酷爱写作，但却执意要选择一门与写作毫无关系的工作，其目的是为了进行真正纯洁的写作。在官僚机关他耗费了无尽的宝贵时间，而在家里他则拼命挤时间创作。他曾多次恋爱，但却无果而终。他三次订婚，又三次解除婚约。他是犹太人，但他并不信犹太教。他视写作如生命，但临死前却多次立下遗嘱，委托他的朋友将他所有的手稿付之一炬。卡夫卡多次申请提前退休，但他反而因此多次增加薪水，并得到升迁。他曾渴望死亡，但等到死亡真正降临之前，他又是那样地热爱生命。总之，卡夫卡果然是成问题的卡夫卡。

在卡夫卡所有的问题中，最成问题的恐怕是他的身份问题。卡夫卡一生大部分时间生活在奥匈帝国，但他显然不是奥地利人；他虽然用德语写作，但他不是德国作家；按说他应当属于资产阶级，但他对资产阶级的生活方式和生活准则却嗤之以鼻；他虽然出身犹太民族，但他与犹太人的宗教和文化却有着深刻的隔膜；通常人们将他看作一位表现主义者，但他同表现主义其实是游离的，甚至是格格不入的；他似乎应当属于现代主义，但在他的作品中已经透露出许多后现代主义的气息……而这一切又同卡夫卡独特的无所归属的身份紧密相连。“身份问题已经成为卡夫卡文学的中心问题：这归因于作者，由于身份——或缺少身份——引出对卡夫卡作品的种种解释。”

卡夫卡的遗嘱问题比较具体地体现了卡夫卡的创作风格问题。卡夫卡生前发表作品极少。他对自己的作品极少满意，从不愿从抽屉里拿出他的手稿。他生前发表的作品，大多是在朋友的逼迫下，怀着希望与惋惜的战栗心情交出来的。但这些作品仅占卡夫卡作品集九卷中的一卷。而愈到晚年，卡夫卡对自己的作品愈不满意，最后他给朋友布罗德留下这样一份遗嘱：“凡是我遗物里的所有稿件，日记也好，手稿也好，别人和自己的信件也好，草稿也好，等等，毫无保留地，读也不必读地统统予以焚毁。”然而，布罗德并没有遵从遗嘱，并且，他也无法遵从遗嘱。卡夫卡在遗嘱中要求布罗德将他所有的遗稿读也不必读地统统予以焚毁，而这份遗嘱自然也包含在这些遗稿之中，布罗德显然必须先读到这份遗嘱，才有可能执行遗嘱。而他一旦阅读了这份遗嘱，他就已经违背了卡夫卡“读也不必读就焚毁”的遗嘱。这就是典型的卡夫卡式的悖谬。布罗德果然违背了卡夫卡的遗嘱，他阅读、编辑并出版了卡夫卡的所有作品，并且，布罗德在卡夫卡死后最先发表的就是卡夫卡的这两份遗嘱，刊于1924年7月的《世界舞台》杂志。对此，本雅明一语双关地说，布罗德是“忠心地违背了卡夫卡”。

当然，卡夫卡的读者最关心的问题是卡夫卡的作品问题。法国当代著名理论家德勒兹和迦塔列说：“如何进入卡夫卡的著作？卡夫卡仿佛是一块根茎，一个地洞。《城堡》有‘多个入口’，我们不知道它们的使用规则和分布情况。《美国》的旅馆有数不清的主要的和辅助的门，旁边总有一位守门人，此外还有一些没有门的入口和出口。在同名短篇小说里，地洞只有一个入口；小说中的动物顶多只想到了增加一个入口的可能性，一个只起监视作用的入口。不过，这全是陷阱，既是那一只动物设下的陷阱，也是卡夫卡本人设下的陷阱；整个地洞的描写全是为了哄过敌人。”卡夫卡的作品构成了“卡夫卡问题的核心”：《美国》是一部现实主义小说吗？《诉讼》里的“法”是什么？我们应该如何阐释《城堡》？《变形记》中的主人公为何变成甲虫？万里长城为什么总是残缺不齐？半个多世纪以来，有关这些问题的探索和回答从来没有停息过。

这里我们仅以《城堡》为例，略作说明。这是一部让人不说不行、欲说还休的杰作，许多读者一次次打开这部书，又一次次不得不将它合上；正如小说中的主人公K一次次地试图进入城堡，但又一次次无功而返一样。米兰·昆德拉说：“我十四岁时第一次读《城堡》，这本书后来再没有像当时那样使我兴奋，尽管它包含的广泛的知识（卡夫卡现象全部真正的意义）对于当时的我是难以理解的：我仍然感到眼花缭乱。”对于这部令人“难以理解、眼花缭乱”的《城堡》，解读它的路径在哪里？什么地方才能找到进入城门的钥匙？这是我们每一个欲走近卡夫卡，面对他的“城堡”所必须首先回答的问题。

“城堡”虽然具体实在，但它背后的寓意究竟是什么，却一直众说纷纭。马克斯·布罗德认为，城堡就是“上帝恩宠的象征”；存在主义者认为，城堡就代表上帝；实证主义者认为，城堡就是卡夫卡父亲的出生地沃塞克，卡夫卡写《城堡》就是克服自己和父亲不愉快的经验；社会学者认为，城堡代表“资方”，城堡是描写资本主义劳资关系的；有人干脆说，城堡就是卡夫卡时代奥匈帝国的代表；也有人认为，“城堡”是描写现代人的危机：现代人过着与世隔绝的生活，他从不留意世界到底是什么，他认为世界只不过是个人意图与欲望的投影而已，所以他只听从他自己；还有人认为，《城堡》是批评官僚制度的：每个阶层都不愿做决定，因此形成许多圆圈，让老百姓一层又一层地绕着，绕到最后又绕回原地，最后变成人类生存的最大威胁。卡夫卡自己却声称：“我写的和我说的不同，我说的和我想的不同，我想的和我应该想的不同，如此下去，则是无底的黑洞。”总之，自《城堡》问世以来，有关《城堡》的阐释已经数不胜数。我们选择怎样的阐释？或许我们应该悬置所有这些阐释，而直接根据文本进行阐释？我想，在我们了解和熟悉了所有相关的阐释后，或许会恍然大悟：原来进入城堡根本不需要钥匙，并且，这里原本就不存在钥匙。“城堡”或许就是一个没有谜底的谜语，一个没有答案的问题。

卡夫卡的评价问题显然是今天每一个读者所必须面对而又无法逃避的问题。卡夫卡去世后不久，西方现代主义/后现代主义文学的诸多流派便均将卡夫卡当作其先驱或宗师，如表现主义、超现实主义、存在主义、荒诞派戏剧、新小说、黑色幽默、魔幻现实主义等，许多作家公开承认受到过他的启发和影响；但卡夫卡却不属于其中的任何一个流派或者思潮。

卡夫卡究竟是一个怎样的作家？卡夫卡不属于任何一个具体的文学流派，他属于整个文学；他不属于某一民族，而属于超越了民族的片面性和狭隘性的世界作家；他不属于某一个国家，而属于摆脱了沙文主义影响的全人类作家。“事实上，将卡夫卡的作品强行纳入这种或那种‘主义’都将一无所获。他完全是自成一体的。”正是因为他自成一体，所以各种“主义”都从他那里获得了启示，各种流派都从他那里找到了根源，许多当代伟大的作家都将他当作借鉴的榜样。据布罗德当年粗略的统计，受到卡夫卡强烈影响的作家主要有：阿尔杜斯·哈克斯利、安德烈·纪德、赫尔曼·黑塞、马丁·布伯、托马斯·曼、亨利希·曼、弗兰茨·韦尔弗、弗吉尼亚·伍尔夫、莱克斯·瓦纳、加缪等，这还不包括我们所熟知的作家如马尔克斯、博尔赫斯、余华等。遥想当年，卡夫卡去世的时候，没有一家出版社愿意出版他的遗作，“今天人们打开每一期德国的、法国的、英国的、美国的或意大利的杂志，差不多都会碰到这个名字”。

卡夫卡的确成了我们今天的一个问题。我们应该如何理解和认识这个“卡夫卡问题”？早在1946年，美国著名评论家安吉尔·弗洛里斯在编辑《卡夫卡问题》一书时，曾这样写道：

据说托马斯·曼曾将他所喜爱的作家卡夫卡的书借给他的朋友爱因斯坦，当爱因斯坦归还这本书时，他说：“我无法阅读它，因为人类的心灵还不够复杂。”我不知道这件事在多大程度上是真实的，但是，在经过多年的研究有关卡夫卡的评论之后，我想我可以肯定地说，爱因斯坦发现卡夫卡是无法理解的，他是唯一承认了这一点的人。几乎每一个阅读过卡夫卡的人，不用说那些没有阅读过卡夫卡的人，都在怀疑他自己是否很好地理解了卡夫卡，至于有人说他是唯一理解了卡夫卡的人，那就更值得怀疑了。

爱因斯坦既然都承认自己无法理解卡夫卡，那么，谁又敢肯定自己理解了卡夫卡呢？看来，卡夫卡的问题没有答案，也不可能有答案。但是，也许正因为卡夫卡的世界是充满了问题的世界，所以我们无法拒绝卡夫卡，因为这其中又充满了太多的困惑和诱惑……

卡夫卡的问题仍然是一个问题，它等待着我们去思考和探索。

谁能理解卡夫卡？

弗兰茨·卡夫卡（1883—1924），一位出生在布拉格用德语写作的犹太作家。他被誉为欧洲文坛的“怪才”，西方现代派文学的宗师和探险者。他以痛苦走进世界，以绝望拥抱爱人，以惊恐触摸真实，以毁灭为自己加冕……他属于什么流派，什么“主义”？他什么都不是，他是现代世界里的唯一的“精神裸体者”，他的独一无二的生活方式决定了他的创作，他的创作完成了他自己。今天，弗兰茨·卡夫卡的卡夫卡式的作品已经成为现代文学中拥有读者最多、争议也最多的作品，而卡夫卡其人也恰好就是卡夫卡式的。

随着中国对卡夫卡的译介与研究越来越深入、成熟和系统，卡夫卡对中国当代作家的影响也越来越深刻、持久和全面。1999年新世纪出版社推出了一套丛书《影响我的10部短篇小说》，其中莫言、余华、皮皮均选了一篇卡夫卡的小说。卡夫卡不仅促使中国作家改变了文学创作的观念，扩展和丰富了中国小说的写作手法，而且教会了中国作家怎样将小说写得更新鲜、更深刻、更尖锐、更动人魂魄。卡夫卡的某些小说成了中国当代小说家必读的经典，是影响他们一生的作品。中国作家从不同的角度领会卡夫卡的奥秘，他们从不会无所收获。他们总能从卡夫卡那里发现或找到自己所需要的东西，卡夫卡成了许多作家将自我与世界连接和沟通起来的桥梁和中介。

然而，理解卡夫卡是困难的，甚至是不可能的，虽然许多专家、学者、作家都声称自己理解了卡夫卡。有关卡夫卡的传记层出不穷。一部新近出版的卡夫卡传记的作者写道：“每一部都试图以他或她的系统呈现一个卡夫卡式的卡夫卡。这些阐释和传记的最惊人之处就在于每一个批评家都是正确的，每一位传记家都是正确的！”中国作家残雪，就被誉为“当代中国的卡夫卡”。有位叫虹影的作家，甚至写了本书叫《我与卡夫卡的爱情》。日本著名作家村上春树则写了本《海边的卡夫卡》。有关卡夫卡的学术专著和论文，则更是汗牛充栋、数不胜数。在如此多的文山字海、甚至文字泡沫中，谁理解了卡夫卡？谁最有资格说他理解了卡夫卡？

也许，当年那些与卡夫卡最为亲近的人最能理解卡夫卡。那么，谁与卡夫卡关系最为亲近呢？卡夫卡的家人吗？显然不是。卡夫卡的父亲与卡夫卡最缺乏理解，他们甚至相互鄙视、敌视，卡夫卡那封 36 岁时写给父亲的著名的信可以为证。当年卡夫卡满怀热情和期待地将自己的作品送给父亲时，父亲的回答是冷冷的：“放在床头柜上吧。”卡夫卡的母亲与卡夫卡的关系纠缠于爱与不理解之中。卡夫卡曾在一封信中这样写道：“母亲对我的爱正如她对我的不理解一样深，这种不理解融进了她的爱之中，因而，她也许就更加无所顾忌，这是我目前所不能理解的。”卡夫卡有三个妹妹，他与她们的关系应当说是不错的，尤其是他与小妹妹奥特拉的关系最为亲近，但他们之间似乎还谈不上最为理解。1912 年当卡夫卡因为石棉厂的事与家庭发生争执时，“总是站在他一边的”最小的妹妹对他也“怀有巨大的不理解”。她“这次离他而去”使他感到非常痛苦和绝望。卡夫卡当时几乎想从窗口跳下去，结束自己的生命。总之，卡夫卡感到在自己家里，“他比陌生人还要陌生”。

不过，另外有三位女性却与卡夫卡的关系较为亲密，她们是菲莉斯、密伦娜和朵拉。卡夫卡终生未娶，但这并不妨碍他同女性的交往。

“文学、姑娘和死亡：弗兰茨·卡夫卡就在这个三角中游戏人生，消耗人生。”“这些偶然碰到的少女，指示一条道路或者用一种可能的援助来引诱人的少女贯穿于卡夫卡的作品始终。”卡夫卡一生主要与以上三位女性有过较为亲密的交往，卡夫卡与菲莉斯分手后创作了《诉讼》，与密伦娜诀别后开始写作《城堡》，而朵拉则伴随卡夫卡度过了他生命中最后的、也是最痛苦的日子。我们先看看她们是如何认识和理解卡夫卡的。

卡夫卡第一次遇到菲莉斯时，她 24 岁，是柏林一家公司的职员。菲莉斯与卡夫卡有过五年的恋爱史，两次订婚又两次解除婚约。她细心地保存了卡夫卡写给她的 500 多封信，这些信达 25 万字之多。她在同卡夫卡决裂后大约 15 个月，即 1919 年同柏林的一位银行家结了婚，后生有一儿一女。1936 年，他们一家迁往美国，在她丈夫去世以后的岁月里，她一直坚持自食其力。她 1960 年去世。她在与卡夫卡关系破裂后不仅没有毁掉这些信，即像卡夫卡对她的信所做的那样，反而带着这些信飞到了美国。看来她保存这些信件纯粹是出于私人感情，因为作为一个作家，卡夫卡在当时几乎默默无闻。她对卡夫卡感情的深度，从她绝不暗示她与他之间的关系，即便对她的孩子也严守秘密这一事实来看，可以略见一斑。多年来，菲莉斯下决心绝不放弃那属于她内心深处的个人的隐秘的财富。她说，她将永久地保护这些财富。可是，以后由于马克斯·布罗德，以及她的亲朋好友的多方劝说，随着卡夫卡的声誉日盛，因而，在她健康状况愈来愈糟，需要长期和昂贵的治疗费时，她终于被说服了，1955 年她接受了出版商斯乔肯的 5 000 美元，交出了这些原始信件，并允许他独家出版。这些信被认为是卡夫卡的唯一一部真正完成了的长篇小说。1913 年卡夫卡将他的短篇小说《判决》题献“给菲莉斯·B 小姐”，随后他向菲莉斯表白道：

我的生活基本上总是由写作的尝试构成，这绝大多数是失败的尝试。而一旦我不写作，我就立刻被击倒在地，像一堆垃圾……我是我认识的人中最瘦的（这已说明了一些问题，因为我对疗养院并不陌生）……如果存在一种更高的力量，它想利用我，或正在利用我，那么我将作为一种至少明显地被加工过的工具捏在它的手中。如果没有这种力量，那么我就什么都不是，会突然间被扔在可怕的虚空之中。现在对您的思念丰富了我的生活。在我醒着的时候我几乎没有一刻不曾想过您，在许多个这样的一刻钟内，我别的什么也干不了。而即便这件事也与我的写作有关。

但是，看来菲莉斯并不真正了解卡夫卡。她像卡夫卡的母亲一样确信，如果有一个关怀备至的妻子，提供一个平静的家，一份明智的饮食，那么，卡夫卡就不会过于发展他的浪漫气质，而会安心地从事他的商务工作，将写作当作一种业余爱好。菲莉斯需要的是一个丈夫，一个孩子们的父亲；而卡夫卡却首先是一个作家，或者说他只能是一个作家。他们之间的这种不理解导致了他们的悲剧。然而，正是因为这种不理解，卡夫卡才在书信中不断地表白自己。因此，通过他的致菲莉斯的信我们可以窥见卡夫卡的内心深处。总之，菲莉斯与卡夫卡交往时间最长，受伤害最深，但了解却最少。当然，这与其说是她对于作家的卡夫卡了解太少，不如说是对于卡夫卡这位独特的作家太缺乏了解。菲莉斯一直将卡夫卡看作是一个平常人，或者至少希望他是一个平常人，尽管他业余爱好写作；而卡夫卡则将菲莉斯看作奇迹，或至少希望她是奇迹。在务实、冷静、严谨的菲莉斯看来，写作对于生活总是次要的，生活中最重要的是金钱；而对于卡夫卡来说，生活的目的和意义就在于写作："我写作，所以我活着。"

密伦娜是一位年仅24岁的作家、翻译家，她比卡夫卡小12岁，捷克人。她的家族祖姓用拉丁文镌刻在布拉格旧市府大楼的巨大的青铜牌上，以纪念她的一个祖先——他在白山战役后被哈布斯堡王朝处以极刑。密伦娜的父亲是外科医生和布拉格捷克大学的教授。当初她爱上了犹太作家波拉克，父亲坚决反对，将她送进精神病院，她从那里逃出来，毅然同波拉克结婚，定居维也纳。但他们的婚姻并不幸福，波拉克另有所欢。1920年初，密伦娜写信给卡夫卡，询问可否将他的小说译成捷克文。他们就这样认识了。

密伦娜的确能够理解作为作家的卡夫卡。也正因为如此，她才非常清楚，卡夫卡绝不适宜于做丈夫，因此，在他们恋爱的关键时刻，她离开了卡夫卡，回到了并不爱她却为她所爱的丈夫的身边。她不能与一个没有生活能力的人生活在一起，尽管她钦佩他，甚至爱他。卡夫卡是一个伟大的作家，但在生活上他甚至都不知道如何煮熟一只鸡蛋。她对卡夫卡的生存状态几乎是一清二楚。她在一封致马克斯·布罗德的信中写道：

生活对于卡夫卡来说，与对其他的普通人完全不同。首先，像金钱、交易所、外汇市场，或是一台打字机这样的东西都是完全神秘的（事实上它们也是如此，只是对其他人并非如此）……比如他在办公室里的工作，有什么地方像是普通的工作吗？对于他来说，办公室，包括他在其中所扮演的角色都是一个谜，一个奇迹，其情形就像火车头对于一个小孩一样。您曾同他一起去过邮局吗？看着他写好一封电报，摇着头去找他最喜欢的一个窗口，然后毫无道理地开始从一个窗口走到另一个窗口……不，整个世界对于他来说就是一个谜，并且一直如此，一个玄奥的秘密……他的书是令人惊讶的。他自己则更令人惊讶。

1924年6月5日，在卡夫卡逝世后的第二天，密伦娜在《民族报》上发表了一篇简短的告别辞：

弗兰茨·卡夫卡博士，一位生活在布拉格的德语作家，前天在维也纳附近克罗斯特尼堡的基尔林疗养院去世。几乎没有人知道他，因为他是一个孤独者，一个使人尴尬、令人害怕的世界中的隐士。多年来他一直患有肺病，他珍惜它，当他接受治疗时他仍抱有希望……这赋予了他一种近乎神奇的精妙感情，以及对恐怖的完全不可调和的精神……他创作了现代德语文学中最有意义的作品；那种严酷的真实，即便采用的象征手法看上去也像是自然主义的。它们反映出一个被判定要用令人炫目的清澈目光去看这个他认为无法忍受的世界，并走向死亡的人心中嘲讽的、预言性景观。

在这里，密伦娜所表现得更多的已不是她的感情，而是对于卡夫卡的一生，及其创作的客观、冷静的述评。

在这三位女性中，恐怕要属朵拉对卡夫卡感情最深。1923年，朵拉遇到卡夫卡时才19岁。朵拉出生于波兰中部城市罗兹附近的帕比亚尼采。她父亲是一位工厂主，学识渊博。后来他们全家迁往西里西亚的柏德岑。朵拉从小接受严格的宗教教育，她能说一口流利的希伯来语和意第绪语。1917年，她父亲把她送到了克拉科夫的一所学校，准备让她在东正教学校里当老师，但她违背父亲的意愿逃走了。她父亲后来在德国的布雷斯劳找到了她，并把她带回了家。不久，她再一次逃跑，父亲也就随她去了。1920年，她来到柏林。她来到了雷曼的犹太人民之家，在那里当一名看护。1923年8月，卡夫卡来到犹太营地参加一个生日晚餐会，信步来到厨房，见到朵拉正在杀鱼，掏尽鱼的内脏，不禁说道："一双多么温柔的手，却干着如此血腥的活。”这句话触动了朵拉，给她留下了非常深刻的印象。

卡夫卡生命中的最后两年是同朵拉一起度过的。卡夫卡在遇到朵拉之后，这位过去一直想自杀，并将肺结核当作自卫防身武器的人，现在完全变成了一个模范病人，他拼命地想活下去。当一位维也纳医学专家向卡夫卡保证，他的病情有些好转时，他高兴得哭了；当他忍受病痛时，他也清楚地意识到，他正在给朵拉带来更大的痛苦。他对朵拉说：“由于你对我这样好使得疼痛更为剧烈。”卡夫卡想与朵拉结婚，然后移居巴勒斯坦，过一种普通人的生活，但这遭到了他父亲的坚决反对。最后也因为病情的恶化，卡夫卡只得放弃了自己临终前的心愿。卡夫卡去世后，朵拉心都碎了，完全失去了理智。她一直陪伴着卡夫卡，拒绝离开卡夫卡的遗体。当卡夫卡的棺木往墓穴里徐徐下放时，朵拉拼命往坟墓里跳，人们得用力把她抱住才行。事后，卡夫卡的朋友克罗普施托克医生感叹道：“只有认识朵拉的人才明白什么是爱情！”朵拉反对阅读卡夫卡，尤其反对通过阅读卡夫卡的作品，来了解和认识卡夫卡。1930 年她在一封致布罗德的信中写道：

只要我与卡夫卡生活在一起，我所看到的就是他和我。除了他自己外任何事情都是不相干的，并且有时是可笑的。他的作品是最无关紧要的。任何试图将他的作品当作他的一部分的做法在我看来都是可笑的。这就是我反对在他死后出版他的作品的原因。除此之外，我现在才开始理解，这里还存在着害怕别人来分享他的恐惧。每一次公开的陈述，每一次谈话，我都认为是对我的私人领域的野蛮入侵。这个世界并不一定要了解卡夫卡。他不关别人的事，因为，的确，没有人能够理解他。我认为——我现在仍然这么想——毫无疑问，除非你自己认识他，否则你就不可能理解卡夫卡，甚至都不可能对他获得一个模糊的理解。所有试图理解他的努力都是徒劳的，除非他允许你看着他的眼睛，或是握着他的手。而这些，他当然已经做不到了。

也许朵拉与卡夫卡太亲近了，以至于她将卡夫卡当成了自己的私有财产，这又使她远离了作为作家的卡夫卡。

总之，菲莉斯将卡夫卡理解为一个有着独特的业余爱好的保险公司的高级职员；密伦娜将卡夫卡理解为一个不得已而上班工作的具有独特个性的作家；朵拉则将卡夫卡理解为一个活生生的人，一个生命的个体。哪一种理解正确呢？都正确，又都不正确。从菲莉斯的角度看，我们首先应当阅读卡夫卡的书信和日记，至于他的小说，可以像他父亲所说的那样，“先放在床头柜上”；从密伦娜的角度看，我们首先应当阅读他的作品，因为他首先是一位作家；从朵拉的角度看，我们则应该放弃一切文字的阅读，去面对卡夫卡，“看着他的眼睛，握着他的手”，与他交谈——但遗憾的是，这一点现在恐怕谁也做不到了。菲莉斯用头脑理性地理解卡夫卡，她离卡夫卡似乎最远；朵拉用心灵去接近、温暖卡夫卡，她离卡夫卡最近；密伦娜用头脑去理解作为作家的卡夫卡，又用心灵去接近作为独特的“个人”的卡夫卡，因此，她同卡夫卡保持着不远不近的距离，而正是这种距离使卡夫卡在她那里没有被变形、夸张或神化。看来，无论我们从哪个角度、哪个位置去观察和理解卡夫卡，有一点恐怕是共同的，即我们必须用心灵和头脑同时去阅读卡夫卡，无论是单用头脑，或是单用心灵的阅读，肯定是不够的，并且其结果往往会适得其反。

当然，如果女性的眼光和视角有所偏颇、有些狭隘，还不能帮助我们真正理解和认识卡夫卡的话。我们再看看与卡夫卡较为亲近的三位男性是如何理解和认识卡夫卡的。这里我们所选的三位男性是奥斯卡·鲍姆、马克斯·布罗德和古斯塔夫·雅诺施。

奥斯卡·鲍姆是卡夫卡上大学时结识的朋友，他 11 岁时因为同捷克男孩打架，造成视网膜脱落而双目失明。他是一位杰出的作家、音乐评论家。1904 年，经过布罗德的介绍，卡夫卡认识了鲍姆。这次会面给年轻的盲人鲍姆留下了深刻的印象："他知道他面对的是一个盲人。然而，当布罗德做介绍时，他仍然默默地鞠了一躬。您可能觉得，既然我什么都看不见，向我鞠躬是毫无意义的。我也向他鞠躬，可能因为我用力过猛，有那么一瞬我感觉到他那梳理得整整齐齐的头发碰到了我的额头。我深受感动，但又说不清如此感动的原因。"当然，卡夫卡与鲍姆的关系，与他同布罗德的那种舒适亲密的关系相比，显得更加谨慎小心。大约过了十年，他才放弃使用正式的第二人称，将"鲍姆"改为"亲爱的奥斯卡"，这清楚地表明卡夫卡需要或愿意与他保持一定的距离。卡夫卡告诉布罗德，鲍姆曾使他感到害怕，其理由不难猜测，即这位盲人奇才不仅使卡夫卡感到难于对自己表示怜悯，而且，他还为自己树立了一个长期被某种原则和制度压抑后如何完善自己的范例。许多年后，鲍姆在他的《回忆录》中这样描述卡夫卡：

有关卡夫卡，我能告诉陌生人什么呢？那些不认识他的人绝对想象不出一个人的存在可以如此孤独。即使是他的最轻微的放松也包含着某种最富有个性特点的品质。他决不谴责什么，只是表明事实。他没有仇恨或神经质，但也没有浪漫的多情善感，他直接进入每一个心灵、每一事件以及每一种情况的结构中心……他用一种无与伦比的眼光审视，解除神秘，揭开他自己以及别人内心生活的外壳。他是一个充满了神奇幻想的天生的幻想家，但他强调的那种严格的客观性又抑制了他的这种幻想。摆脱一切腻烦或伤感的诱惑，以及模糊的幻想属于他崇尚纯净的一个方面——尽管在肉体方面的表现上常常是古怪的，但在精神上这却是一种近乎于宗教的信仰。他创造了最主观的形象，但却是以最客观的形式表现出来的。

1918年，卡夫卡邀请鲍姆来到楚劳与他一起共同生活了8天，在这8天里他们几乎每夜深谈，通宵达旦。这以后，鲍姆说，“我对他的了解比以前十年加在一起还要多”。在经历过巨大的痛苦和绝望之后，鲍姆对卡夫卡艰难的生存和受冷遇的著作有了更为精微的理解。一个“如此孤独”的人，写了如此孤独的书。在我们认识了卡夫卡后，我们很难想象，谁还有资格去描写孤独？正因为他孤独，所以他能“直接进入每一个心灵”，他是一个“天生的幻想家”，“他创造了最主观的形象，但却是以最客观的形式表现出来的”。鲍姆几乎一下子就触摸到了卡夫卡生活和创作的实质。

布罗德也许与卡夫卡太接近了，因此人们怀疑他是否能把握卡夫卡的全貌；另外布罗德主观意志过于强烈，他常常在有意无意之间给卡夫卡的生活涂上了自己的色彩。不过，作为卡夫卡生活的最真实可靠的证人，他的证词常常被丰富的材料所证实。在布罗德的回忆中，我们还能看到卡夫卡生活的另一面：

许多个夜晚，我们一起在剧院、餐馆和小酒店里度过，有漂亮的姑娘相伴。既然如此，那么，那些将卡夫卡描绘成某种不食人间烟火的修士或隐士就完全是误解；至少这肯定不适合于描绘他在大学里的生活。以后怎么样呢？这以后，他对生活的要求是太多，而不是太少——要么完美无缺，要么一无所有。这的确导致他有过几次偶然的恋爱，并在他的意识深处他将这些事都看作是堕落。因此，他从来不讲淫秽的笑话，甚至别人当着他的面讲这类笑话时他都无法忍受。这并不是说他将制止别人讲这种笑话；而只是由于他在场便没有人想到去讲这类笑话。他的全部存在就是渴求纯洁。

……

我美慕卡夫卡游泳和划船的技巧；他尤其善长于我们称之为“心灵沉没”的技术。他在敏捷、大胆方面总是胜过我，他还具有一种特别的技巧，将人留在某种特殊的麻烦的境况中让他们自己设法救自己——带着一种残酷的微笑，这意味着“上帝帮助那些能自救的人”。我是多么喜欢这种微笑啊，这里包含有非常丰富的自信和勇气。弗兰茨，这对我来说，是不屈不挠的，当他要创造出一种新的运动技巧时——这也是他个性追求的一个方面，就像他追求别的什么一样，都是全身心的奉献。

古斯塔夫·雅诺施是卡夫卡在保险公司的一位同事的儿子。这个小伙子当时一心想当诗人。卡夫卡在日记中曾提到过他，“他到办公室来看我，又哭，又笑，又叫，给我带来一堆书，说是要我读，然后又带来苹果，最后带来他的女朋友，一位可爱的森林管理员的女儿；他在外面同他女友的父母同住。他自称很快乐，但却常常给人留下一种可怕的混合印象，看上去又非常悲哀，他想获得他高中的毕业证书，然后去学医（因为这是一份安静、朴实的工作）或者法律（因为这会引他步入政坛）。是什么魔鬼点燃了这把火？”时隔25年雅诺施出了一部《卡夫卡谈话录》。布罗德证实了这部《谈话录》的真实性。他说他最初读到这些有关卡夫卡的记载时，“其充实新鲜的内容向我涌来，令我惊讶，而这些内容清清楚楚地、无法替代地留着卡夫卡身上所宣示的那种天才的印记。就连卡夫卡的外表，他的讲话方式，他边说话边做手势的那种给人深刻印象的、柔和的姿态，以及他的相貌都活灵活现”。此后不久，朵拉也从这些文字中“认出了卡夫卡那无可替代的风格及其思维方法”，并从中“感到真正地与卡夫卡重聚了，深受感动”。雅诺施接受的是一个作为“个人”的卡夫卡，他拒绝作为作家的卡夫卡，他说，“我不能阅读弗兰茨·卡夫卡这位作家的长篇小说和日记。这并非因为他对我很生疏，而是因为他离我太近。……对我来说，他过去不是、现在也不是文学现象。……他以他善良、宽容、坦诚促进和保护我的自身在冷风凄雨中发展的人。”“我不能阅读弗兰茨·卡夫卡的书，因为我担心，我阅读研究他去世后出版的文章，会减弱、淡化甚至也许会完全消除他的人格留在我心中的魅力。”

三位男性对卡夫卡的认识和理解与三位女性正好形成了某种程度上的对应：布罗德有点像菲莉斯；鲍姆有点像密伦娜；雅诺施有点像朵拉。当然，布罗德对于发掘和研究卡夫卡所做的贡献是巨大的，没有他所做的工作，所谓的卡夫卡研究几乎是难以想象的，但是，布罗德常常以自己的立场和观点来整理和阐释卡夫卡，这使得我们在接受卡夫卡时，又常常在误读卡夫卡。鲍姆的观点是精微的，只可惜语焉不详。雅诺施拒绝阅读卡夫卡的作品，这一点太像朵拉了，他们的观点也许是对的，但我们却不能不读卡夫卡的作品，因为我们别无选择。

谁爱上了卡夫卡？

2007年2月我从当当网上购买了虹影的《我与卡夫卡的爱情》，原以为此书必定与卡夫卡相关，至少有许多与卡夫卡有关的文字，不料拿到书后一翻阅，才知道它基本上与卡夫卡无关。除了书前有一则简短的引言“我与卡夫卡的爱情”外，便再未出现过卡夫卡的名字以及任何有关卡夫卡的信息。这则引言全文如下：

卡夫卡一生好像没有碰过女人，或者说，没有女人有勇气爱上他。我现在的勇气，晚了一个世纪，卡夫卡现在已是个符号。这个符号怎样影响别人，不知道，但对我一直是一个重要的记号。经过他常去的酒吧，我看见他忧郁的脸，似乎望着窗外在沉思。我带了一枝玫瑰，阳光下我的身影覆盖左右的台阶，有的高，有的低，有的歪斜，一步步走到这儿。他看见了我，不安起来。我也不安，进去，或是离开，我的脚在原地徘徊。“你手里这枝玫瑰，就是你如何呼吸的证明。”他说。

不错，一个世纪了，玫瑰还盛开着，难道不是奇迹？

于是我写下一封封信，但愿不过分，但愿你有耐心看完这些象形文字。

原来在虹影那里，卡夫卡已是一个“符号”，或者至多是一个“重要记号”，不再是一个活生生的人，一个活生生的作家。虹影的这些“象形文字”其实是有关作者自己的散文随笔，与卡夫卡没有丝毫的关系。但是，虹影为什么一定要牵扯上卡夫卡呢？这真有点令人匪夷所思。这是卡夫卡的幸福，还是卡夫卡的悲哀？卡夫卡真的成了一个符号或者记号，可以装饰任何人的风景吗？作者借用卡夫卡来吸引读者的眼球，我不相信知道了真情的读者还有耐心看完后面的那些“象形文字”。卡夫卡的确创造了奇迹，他的生活和创作本身就是奇迹，但卡夫卡已被人们变得越来越实用和平庸，实用和平庸得足以成为人们猎奇和赚钱的工具。

卡夫卡的身份很尴尬。卡夫卡生于布拉格，葬于布拉格，一生中绝大部分时间生活在布拉格，他的创作全部是在布拉格环境中完成的。但他却不属于布拉格，更不属于捷克。卡夫卡一辈子都在努力逃离布拉格。他把布拉格比作是“小母亲的爪子”，这爪子似乎具有某种魔法，无论你怎样挣扎，也无法摆脱她的控制。他曾经说过，他一生中所遭受的最沉重的伤害都来自布拉格。他在作品中从不直接提到或描述布拉格，偶尔暗示或借用布拉格，语调也非常阴沉忧郁。1922年他以反讽的口吻说:“布拉格啊，我的祖国！”捷克评论家认为，“这句话一定使他本人像我们，他的许多后代一样，感到羞耻，但他的情绪无疑在很久以前，在1914年就产生了”。卡夫卡的名字与布拉格紧紧地连在一起，但是，布拉格究竟是卡夫卡慈爱的故乡母亲，还是抛弃他的后娘？是他温情的家乡，还是可怕的地狱？是他的庇护所，还是他的天罗地网？2000年，布拉格市议会提议将卡夫卡出生地前面的小广场更名为“卡夫卡广场”，但却遭到许多市民的反对，布拉格市市长也表示反对。因为他们认为，“不能把他（卡夫卡）当作‘我们的’作家，因为他是犹太人，还因为他用德语写作”。在捷克共产党执政期间，卡夫卡的作品曾被查禁，理由是思想内容颓废。卡夫卡的全部作品直到近年才被翻译成捷克语。在捷克版的《历史名人录》中，没有卡夫卡的名字。卡夫卡在他的家乡从来就没有归属感。

今天的布拉格，这种情形已经发生了彻底的改变，卡夫卡已经成了这所城市重要的旅游资源。来自世界各地的游客纷纷来这里进行一次“卡夫卡旅行”。他们可以漫游卡夫卡曾经居住和工作过的地方，可以循着他昔日的足迹走遍布拉格的各个角落。他们可以走进卡夫卡快餐馆，和卡夫卡共进午餐，甚至可以吃到印着他的脸的巧克力。他们可以在街头随意买到印有卡夫卡头像的T恤衫，可以买到带有他形象的磁盘、木雕，以及各种印刷作品。看来，布拉格人开始爱上了卡夫卡，卡夫卡的确有利可图。

另外，虹影的这则引言一开始就有误：卡夫卡肯定碰过女人，并且，至少有四个女人有勇气爱过卡夫卡。卡夫卡后来在一封致密伦娜信中提到了他的第一次性行为：

我记得第一个夜晚。那时我们住在蔡尔特纳路，对面是一家成衣店，门口总是站着一位年轻的女售货员。在我家楼上的房间里，当时刚二十岁的我不停地踱来踱去，拼命往脑子里装一些我觉得毫无意义的东西，这是令人神经紧张的学习。那是夏天，天很热。这季节就是这样，简直叫人受不了，牙齿间咬着那讨厌的罗马法律史，一直站在那儿。后来我们终于交换了信号，决定晚上八点我去接她。……我等了一会儿，她又向我跑来了，然后我们到克莱因赛特的一家旅馆去。

卡夫卡承认“这一切没有更叫人厌恶，没有更糟糕。我后来又同这个姑娘相聚过一次……”以后卡夫卡还有逛妓院的经历。当然，这些与爱情没有什么关系，非但如此，卡夫卡日后总是将这些作为肮脏龌龊的行为埋藏在记忆中，并成为他进行自我惩罚和贬抑的理由。

四位爱上卡夫卡的女人分别是菲莉斯、勃洛赫、密伦娜和朵拉。菲莉斯与卡夫卡有过五年的恋爱史，两次订婚又两次解除婚约。她细心地保存了卡夫卡写给她的500多封信，这些信达25万字之多。她对卡夫卡感情的深度，从她绝不暗示她与他之间的关系，即便对她的孩子也严守秘密这一事实来看，可以略见一斑。勃洛赫原本是菲莉斯年轻的朋友。当卡夫卡与菲莉斯的关系出现问题时，她受菲莉斯的委托到布拉格来进行斡旋。后来卡夫卡与勃洛赫暗中发生了异常亲密的关系。有一段时间卡夫卡写给勃洛赫的信远比写给菲莉斯的多。勃洛赫后来宣称，她曾为卡夫卡生了一个孩子，但这孩子不幸夭折了。密伦娜是一位年仅24岁的作家、翻译家，她能够理解作为作家的卡夫卡，她钦佩他，也爱过他。即便与他分手后，她还总是惦记着他，并多次探望过病中的卡夫卡。在这四位女性中，恐怕要属朵拉对卡夫卡感情最深。1923年，朵拉遇到卡夫卡时才19岁，她是一家犹太公益机构里的服务员。卡夫卡生命中的最后两年是同朵拉一起度过的。卡夫卡去世后，朵拉心都碎了，完全失去了理智。她一直陪伴着卡夫卡，拒绝离开卡夫卡的遗体。当卡夫卡的棺木往墓穴里徐徐下放时，朵拉拼命往坟墓里跳，人们得用力把她抱住才行。事后，卡夫卡的朋友克罗普施托克医生感叹道：“只有认识朵拉的人才明白什么是爱情！”

看来，虹影对卡夫卡了解并不多，至少并不深入，但这似乎并不妨碍她与卡夫卡的“爱情”。其实，人们可以通过各种方式爱上卡夫卡。虹影爱上了卡夫卡的符号或者记号；商人们爱上了卡夫卡的利用价值；旅游者爱上了卡夫卡的名声与奇迹；文学爱好者爱上了卡夫卡的生活和作品……但是，所有这些与真正的爱情都没有什么关系。卡夫卡已经走了八十多年了，留下来的是我们每个人心中的卡夫卡。无论是爱也罢，不爱也罢，我认为，每个人都有诉说自己情感的权利。

谁掉到了井里？

2010年新年伊始，我的一个学生给我发了一封邮件，询问卡夫卡一篇名为《掉到井里的人》的小说。我一时茫然，在我的印象里《卡夫卡全集》中似乎没有这篇小说。于是，我找出《卡夫卡全集》小说目录重新翻检一遍，果然没有见到这样一篇小说。难道是《卡夫卡全集》有所遗漏，而所遗漏的恰恰就包含这篇小说吗？记得数年前我曾就此问题请教过叶廷芳先生：他主编的《卡夫卡全集》是否收录了卡夫卡所有的作品？他坦率地说，遗漏了少数几篇作品，譬如《老光棍布鲁姆菲尔德》等。但是，在我的记忆中，其中绝对没有一篇名为《掉到井里的人》的小说。那么，是我的记忆出了问题，或者自己孤陋，索性就没有读到过这篇小说，抑或它出自不同的译本，小说标题翻译不一样？带着种种困惑，我先找来《掉到井里的人》一读。小说不长，全文如下：

我经过路边一口井时，正是傍晚时分。我俯身往里看了一眼，却惊奇地发现里面竟然有一个人！因为下面的光线实在太暗，我无法看清楚他的脸，但凭感觉他应该是一个年轻的小伙子。为了使自己不至于沉下去，那个人几乎整个身子地仰面躺在水面上，他的双手也为了保持身体的平衡而像鱼鳍一样张开。

“怎么会这样呢？在这么荒凉的地方居然还会有人，而且还待在井里？”我这样想。

相对于我的惊讶，井里的小伙子却显得相当平静。这一点可以从水面自始至终都保持在一种平静状态、几乎没有什么波动可以看出来。仿佛他早就预料到有人会发现他，并且预料到了我们的惊讶。

“你怎么待在井里呢？”我问道。

“我掉到里面的。”他说。

“掉到里面的？怎么掉的？”我问道。

“就像你这样往里面看。一不小心就掉下来了。”他说。

这话使我不由地往后退了一小步，然后才问道：“那你为什么要往里看呢？是想看看有没有水？”

“不，”他说，“你以为人会对井里面的水或别的什么东西感兴趣？不，人只要是看见一口井，就会想往里面看——这就是原因。”

“那你为什么不呼救呢？”我问道。

“那没用的。”

小说刊登在2009年《意林》杂志第23期上，推荐人为王灿海。小说果然有些卡夫卡的味道：冷峻、客观、不动声色、涵义暧昧，从内容上看似乎有点类似卡夫卡的小小说《放弃吧》（又译作《算了吧》），小说全文如下：

天刚亮，清洁的街道上空寂无人，我正向火车站走去。我把表和塔楼上的钟对了一下，发现时间已经比预料的晚了许多，非得赶紧才行，这个发现使我立刻惊慌失措，连方向也辨别不清，我对这个城市还不很熟悉，幸好附近有位警察，我跑到他面前上气不接下气地问路。他微笑着说：“你想从我这儿找到路？”

“是的”，我说，“因为我自己找不到。”

“放弃吧，放弃吧！”

他说着一个急转身走了，人们想独自大笑时就是那付样子。

但是，我们越细究越觉得《掉到井里的人》不会出自卡夫卡之手，因为小说缺少卡夫卡小说中的那种怪诞、悖谬、反转和出人意料。如果这篇小说不是出自卡夫卡之手，那又是出自谁之手呢？果真有人假借卡夫卡之名推荐作品并发表作品吗？果然，不久《意林》杂志（2010 第 1 期第 23 页）刊发的一则启事证实了这一点：

《意林》第 19 期《走钢丝的演员》和第 23 期《掉到井里的人》原文作者应为精神的拓荒者，而非卡夫卡，特此更正。在此向作者和广大读者致以诚挚的歉意。

哦，不仅《掉到井里的人》是杜撰的！此前还有一篇名为《走钢丝的演员》也是杜撰的！这个时代怎么了？卡夫卡怎么了？卡夫卡在中国怎么了？卡夫卡恐怕做梦也想不到，在他去世以后半个多世纪，他被莫名其妙地推入一口中国的深井里。发表于《意林》第 19 期的小说《走钢丝的演员》，推荐人为石景琼，署名作者为卡夫卡。小说全文如下：

有一个走钢丝的演员，准备要在高空尽情展现他的绝活了。他要挑战的是一条相当长的钢丝，可甚至连他自己也说不准它有多长；他只能看到终点处模糊的轮廓，所以无法目测远近。

可是他站在起点处却镇静自如；对他来说，去干这件事本身比任何东西都重要。

挑战终于开始了。他心如止水，毫无畏惧，所以能很好地任用他那天才般的技艺。所以看上去他步履轻盈，并不像人们所担心的那样紧张、生硬。所以，人群中不时会爆发出一阵掌声。

本来，如果照这样下去，结局兴许就是：走钢丝的演员最终到达终点，如愿以偿。

可是，偏偏这时有人说了句："他难道就不知道自己站在多么高多么危险的地方吗？"这句话似乎一下提醒了人们，他们开始悄悄议论起来。

而此时的走钢丝的演员正聚精会神地走钢丝，没有注意到下面人们的变化。

"嗨！上面的先生！"终于有个大嗓门的家伙忍不住问，"你知道自己站在多高的地方吗？"

走钢丝的演员愣了一下。"呃……这个我倒没仔细想过……事实上我从不在意这方面的……"他有意识地向下瞟了一眼，"现在，据我估计，大约……"

"如果摔下来呢？"

"必死无疑。"

忽然，走钢丝的演员的心颤栗了一下。

"你知道这钢丝有多长吗？"

"呃……"

"不知道？那你凭什么认为自己能完成，凭什么认为自己在走到终点之前不会摔下来？"

"我不知道，我只是有某一种信念。你知道，当信心变为信念时，那种力量……"

"你的信念可靠吗？"

"这个……"

"你的信念能保证你不会摔下来？"

“够了，我还得继续……”

“如果你摔下来将会怎样？”

“如果我摔下来将会怎样？”走钢丝的演员竟傻傻地这样反问。

“你的家人、朋友会失去一个儿子、兄弟或者好朋友，而我们也会失去一个好的走钢丝演员。”

“那我应该怎么办？”这时走钢丝的演员的思想已完全不受自己控制。

“你应该选择一种既安全又可靠的表演形式，比如从一把椅子走到另一把椅子……”

“他掉下来了！”有人大喊，打断了大嗓门的话。

走钢丝的演员本想往回走，照人们希望的那样去做，可是他已经不再像开始那样心如止水、步履轻盈了。因为他意识到自己的处境是多么危险，再加上歇了那么久，所以他紧张、手脚僵硬，结果脚下一滑，摔了下来。

他倒在地上，意识逐渐变得模糊；终于，在那一刻，他感觉自己得到了解脱。

该文首发于百度贴吧上，署名为“精神拓荒者”。以后被推荐发表于《意林》杂志，产生了一定影响。将《走钢丝的演员》当作卡夫卡的小说，并非纯属空穴来风，因为卡夫卡的确有一篇内容与该文非常近似的，描写空中飞人表演者的小说，题目叫作《最初的痛苦》。该小说大约写于 1921 年秋末至 1922 年初。1924 年由卡夫卡收入小说集《饥饿的艺术家》中。小说不长，故事也很简单：

一个空中飞人表演者已经习惯于夜以继日地待在高高的秋千上。他的那点微不足道的需要由地上传递上去，他可以坚持不懈地练习，从而保持完满的技艺水平。通常没有人来打扰他，除非偶尔有个体操运动员、修理屋顶的建筑工人，或消防队员爬到高处与他交谈几句。空中飞人最讨厌的是旅行，因为这样一来就必然会中断他的练习，而这又是巡回表演所必不可少的。每次旅行他总是要求在最短的时间内赶到目的地，并且，作为补偿，一旦坐火车旅行，他总乐意待在行李架上。有一次在火车上旅行，空中飞人突然对经理说，他以后的表演需要两个秋千。经理立刻表示同意。然而，空中飞人却突然哭了起来。经理马上跳起来安慰空中飞人，答应在下一站演出就安排第二个秋千。于是，空中飞人慢慢平静下来。经理却陷入了深深地忧虑，因为他相信："在继一阵哭泣之后的显然安详的睡眠中，空中飞人演员那平滑的孩子气的额头上明显地出现了最初的皱纹"。

显然，卡夫卡小说的那种独特的构思、想象，以及那复杂的、难以把握的蕴意决不能等同于《走钢丝的演员》，尽管二者描写的对象大体相同。卡夫卡虽然一再被模仿、被仿制、甚至被冒名顶替，但模仿者终究是模仿者，冒名顶替者终究会大白于天下。卡夫卡在天有灵，大概也不会在意这种被模仿或假冒，因为他深信自己是独一无二的。1922年，英国作家大卫·加尼特发表了长篇小说《妻子变狐记》。卡夫卡同事的儿子古斯塔夫·雅诺施带着此书去拜访卡夫卡。他说，加尼特的小说模仿了《变形记》的方法。卡夫卡听后疲乏地微微一笑，做了个小小的表示不同意的手势："啊，不对！他不是从我这里抄去的。原因在于我们的时代。我们两人都是从时代那里抄来的。比起人，动物离我们更近。这是铁栅栏。与动物攀亲比与人攀亲更容易。"由此可见，卡夫卡对于文学同行是多么的宽容与大度！

世界上的作家大致可以分为两类：有些作家是可以被模仿、被复制的，有些作家却是不能模仿和复制的。卡夫卡无疑属于后者，他是独一无二、绝无仅有的。俄罗斯批评家扎东斯基说，“卡夫卡是根本不能模仿、不能继承的。他的人物世界是过于主观了，他的创作风格是过于独特了，他作为艺术家是跟特定时代的种种错误、缺点和毛病联系得过于紧密了，尽管这个时代跟我们的时代隔得并不太远，但它已经是一去不复返地成为历史了。”卡夫卡的确是不能模仿的，这不仅是因为他跟他的时代结合得过于紧密了，而且更因为他的创作与他的生活结合得过于紧密了。创作或许是可以模仿的，而生活却是不能模仿的，因为被模仿的生活已不是本真的生活，它与卡夫卡的生活已相去甚远。卡夫卡认为，最重要的是：“艺术更需要艺术家，而不是艺术家更需要艺术。当然，我也意识到，人们不能强迫自己生孩子，但却可以强迫自己抚养孩子。”模仿他人的创作就是抚养别人的孩子。我们无法将卡夫卡的创作与他的生活分开，因为他的生活本身也是一件艺术品，并且是一部真正的不朽之作。

当然，作为中国当代的卡夫卡的模仿者和假冒者，“精神拓荒者”当初也许并无此心，或许他自己也被人利用、被人“假冒”，从事情的前因后果看，这至少不是精心策划的。“精神拓荒者”事后坦言：“我没想到我第一篇作品的发表竟然是要以卡夫卡的名义……而且第二篇也是……但我刚知道这个消息的时候着实兴奋了一把，因为自己的作品被当作大师级作家的作品发表了，对于当时处在彷徨和苦闷中的我来说，是多么难得的安慰。但我知道，也许编辑根本就没看懂我的文章，而只是看着卡夫卡的名号才将它发表的。”卡夫卡无意中成就了处在“彷徨和苦闷”中的“精神拓荒者”，这也许就是卡夫卡在当下的重要价值之一。

看来，“精神拓荒者”的两篇冒名卡夫卡的小说，并没有，也不可能将卡夫卡推到井里去，倒是将冒名者从“彷徨与苦闷”的井里挽救了出来，从此他也许会走上自己的写作之路，走向一片光明的世界，这自然是值得庆幸的。然而，那些冒名者的编辑和读者是否由于被蒙在鼓里而掉进了井里？这自然是值得深思和反思的问题。不过，无论现代社会如何看待和对待卡夫卡及其作品，卡夫卡的光辉似乎总是遮挡不住，也是改变不了的。美国当代著名思想家、政治家汉娜·阿伦特说得好：“有无数的人尝试着像卡夫卡那样去写作，而他们所有令人沮丧的失败，反而只是突出了卡夫卡的独一无二，一种空前绝后的、绝对的原创性。”

饥饿艺术家与魔术师

1922年，卡夫卡创作了著名的短篇小说《饥饿艺术家》，“这篇小说如果不能说是他最好的短篇，也是他最精湛的作品之一，并且无疑属于我们这个时代最伟大的短篇小说之列”。小说塑造了这样一位艺术家的形象，“这位身穿黑色紧身衣、脸色异常苍白、全身瘦骨嶙峋的饥饿艺术家”，“甚至连椅子都不屑去坐，只是席地坐在铺在笼子里的干草上，时而有礼貌地向大家点头致意，时而强作笑容回答大家的问题……而后只是呆呆地望着前方出神，双眼几乎紧闭，有时端起一只很小的杯子，稍稍啜一点儿水，润一润嘴唇”。“饥饿艺术家在饥饿表演期间，不论在什么情况下都是点食不进的，你就是强迫他吃他都是不吃的。”通常，经理规定的饥饿表演的最高期限是40天，可是艺术家则认为，“现在刚到40天，为什么要停止表演呢？他本来还可以坚持得更长久，无限长久地坚持下去，为什么在他的饥饿表演正要达到最出色的程度的时候停止呢？”于是，饥饿艺术家一找到机会便继续饿下去……小说的结局是：“人们把饥饿艺术家连同烂草一起给埋了。”

以往每次读卡夫卡的这篇小说，都为饥饿艺术家的精神所感动，都为艺术家孤寂的死而感叹，但就故事本身而言，则总以为这是卡夫卡的虚构，是艺术家幻想世界的产物，像饥饿表演这类荒诞不经的事，在现实生活中是不可能发生的，在现今这个世界里则尤其不可思议。然而，2003 年 10 月下旬全国各地的报纸几乎同时登载了一则有关美国魔术师结束绝食表演的新闻，这里请看《今晚报》（10 月 20 日）上发表的题为《在透明的箱子中绝食 44 天：美国魔术师成功挑战极限》的文章：

新华社今日上午供本报专电：英国伦敦当地时间 19 日晚 9 点多，美国魔术师大卫·布莱恩成功结束了他为期 44 天的绝食表演，在数千名观众雷鸣般的掌声中，含泪走出降落至地面的透明箱。

满脸胡须、瘦削的布莱恩重新走出箱子后对在场的人群说：我太感谢你们了。我将永远爱你们……这是我生命中最富有创意的经历……我懂得了人类的能量。最重要的是，我学会了珍惜生活中一切平常的东西，比如陌生人的微笑、日出和日落（的美丽）。

……

布莱恩从 9 月 5 日起开始将自己关进一个透明箱子内，悬挂在伦敦泰晤士河畔塔桥附近离地面 12 米高，只靠喝水来维持生命。据说通过这次演出，布莱恩将有数百万美元入帐。

布莱恩的表演也招来部分英国民众的非议和好奇。很多英国人批评布莱恩的表演矫揉造作、哗众取宠。还有人在表演期间奚落、干扰布莱恩。有人用遥控玩具直升机挂着三明治诱惑布莱恩，有人从塔桥用鸡蛋砸箱子，有人用弹弓朝箱子射彩弹，有人晚上敲敲不让布莱恩睡觉，还有人朝布莱恩大骂脏话……

卡夫卡果然是一个预言家。布莱恩绝食的方式、极限，以及观众的反应都与卡夫卡的描写非常相似。不过，卡夫卡笔下饥饿艺术家的笼子变成了布莱恩的透明的箱子，40 天的饥饿表演增加到了 44 天，当然，观众对饥饿表演的不理解、甚至误解，也是布莱恩必须面对的现实，但是，布莱恩毕竟赢得了掌声和效益，还有他的德国女友的爱。而在卡夫卡的小说中，看守饥饿艺术家的人总以为“他会从某个秘密的地方拿出食物来”，即便艺术家坚持不断地以唱歌来证明自己的清白，人们反而一味赞叹他的技艺高超，竟能一边唱歌，一边吃东西。有人认为饥饿艺术家是在自我吹嘘，有人则干脆把他当作一个江湖骗子。总之，人们抛弃了饥饿表演，他们热衷于观看动物的野性表演，而不再关注艺术家的饥饿表演。从此，饥饿艺术家的孤独和寂寞日甚一日，最后他只得用生命来证明自己的艺术。

卡夫卡就是这样一位饥饿艺术家。写作是卡夫卡生命中的一切，没有了写作，卡夫卡的生活将变得毫无色彩和意义。卡夫卡说：“在我身上最容易看得出一种朝着写作的集中。当我的肌体中清楚地显示出写作是本质中最有效的方向时，一切都朝它涌去，撇下了获得性生活、吃、喝、哲学思考，尤其是音乐的快乐的一切能力。我在所有这些方面都萎缩了。”“外界没有任何事情能干扰我的写作（这当然不是自夸，而是自慰）。”“我身上的一切都是用于写作的，丝毫没有多余的东西，即使就其褒意而言也没有丝毫多余的东西。”卡夫卡在孤独中完成了他的写作，他在孤独中走完了他人生短暂的 41 年旅程。就像那位饥饿艺术家，饥饿就是艺术，饥饿就是目的，艺术家“对于饥饿表演这一行爱得发狂”，“我只能挨饿，我没有别的办法”。艺术家出于对艺术的酷爱要求继续表演下去，他不愿在艺术正处于最佳状态时中断表演，最后，他在饥饿中完成了他的事业。艺术家活着就是为了追求艺术的最佳境界，而追求艺术的最佳境界的代价却是生命本身，这正如浮士德的满足就意味着肉体的死亡一样，追求无限的代价就是消灭有限的肉体。卡夫卡最终没有从写作中走出来，正如饥饿艺术家永远也离不开饥饿一样。

卡夫卡自己的命运不幸被他的《饥饿艺术家》所言中。1917 年卡夫卡因患肺结核而咯血，后时好时坏，久治不愈，1924年病变已发展到喉咙。卡夫卡既不能吃，也不能喝，“最糟的是我连一杯水也没法喝，但渴望本身却给了一点满足”。卡夫卡就是在这种状态下阅读并校订他的短篇小说集《饥饿艺术家》。卡夫卡的朋友克罗普施托克医生后来回忆道：“那时卡夫卡的身体状态，以及他那几乎是饿死的情形都十分可怕。阅读校样一定不仅仅是感情的极度紧张，而且，当他完成这一工作时，他长时间地泪流不止。这是我第一次看到他用这种方式来表达他的感情。卡夫卡通常总是具有超人的自我控制能力。”卡夫卡在饥饿中校完了他的书稿，而饥饿则加速了他的死亡。卡夫卡说：“在我身上储存的食物已经不足以恢复身体的健康，除非发生奇迹。”然而，奇迹并没有发生，卡夫卡就是卡夫卡，他不是魔术师。

布莱恩则是一位魔术师，他不是饥饿艺术家。他在世人的关注下走进箱子，又在观众的掌声中坚定地走出了箱子。他绝食是为了证明自己和人类的能力，绝食本身不是目的；他的饥饿只是为了表演，这不是艺术，而是魔术。然而，他的魔术成功了，他为此付出的代价得到了应有的补偿。布莱恩无疑是伟大的，但并不是独一无二的。我不知道布莱恩是否读过卡夫卡，如果他读过《饥饿艺术家》，那么可以说是卡夫卡成就了布莱恩；如果他没有读过卡夫卡，那么就更加证明了卡夫卡的远见卓识。

作为犹太人的卡夫卡

卡夫卡虽然是犹太人，但似乎也有很多迹象表明，卡夫卡一生一直在竭尽全力摆脱他的犹太人身份。童年时代他就厌恶去犹太教堂，以后他又反对犹太复国主义，为此，他同好友布罗德曾有过激烈的争执，并几乎导致他们的关系破裂。他曾说过，“我同犹太人有什么共同之处？我与我自己几乎都没有共同之处”。他在他的作品中更是只字不提“犹太”这个词，凡是与犹太文化有关的问题他都小心地回避了。这一切似乎表明，卡夫卡的思想和创作与犹太文化没有什么关系。但是，这一切都只是表面的现象，事实上，在卡夫卡的内心深处埋藏着一种挥之不去、欲罢不能的犹太情结。作为他的“天鹅之歌”的小说《约瑟芬，女歌手或耗子的民族》，可以看作是他一生的艺术思考和创作的总结。小说中的那个耗子王国其实就是犹太王国，耗子王国的歌手也就是卡夫卡自己。卡夫卡在为他的民族和人民“吹出最后一声口哨”后，“便永远沉默了”。因此，如果对卡夫卡与犹太文化的关系没有足够的重视和研究的话，我们也就不可能真正地了解卡夫卡。

美国当代作家和评论家、著名的卡夫卡的传记作家帕韦尔说：“如果卡夫卡不是生于犹太人，养于犹太人，也就不可能有卡夫卡了，这正如乔伊斯，如果不是在爱尔兰人中长大，也就不可能写成他的《尤利西斯》。”同样，如果我们没有清醒地认识到这一点，即卡夫卡是一个犹太人，这并不是指他的犹太信仰，而是指他生存的基础；也不是指那些他所遵守的犹太教规，而是指他作为世纪之交的布拉格的犹太人这一事实——正如他的脸或他的声音一样，犹太人身份是他身上的不可或缺的组成部分，那么，我们就不可能理解他是谁，也不可能理解他的作品。卡夫卡身上的一切都打上了犹太文化的烙印，甚至他拒绝同犹太民族的联系，也是犹太文化的一部分。

卡夫卡的父母都是犹太人。卡夫卡的祖父雅各布·卡夫卡，生于1814年，在九个孩子中排行老二，在捷克沃塞克村一间窝棚里被抚养成人。按照当时的法律，他不允许结婚；1789年颁布的一项旨在遏制犹太人口增长的法律，只准许犹太家庭中的长子获得结婚许可证，而雅各布有一个比他年长一岁的哥哥。1848年的革命废除了这一法律，卡夫卡的祖父雅各布总算可以结婚了。于是，他首先要做的，就是把邻居家的女儿娶进家来。这一年他已经34岁了。卡夫卡的父亲赫尔曼·卡夫卡没有自己的童年，从开始记事起他就帮助父亲沿街叫卖，不论春夏秋冬，刮风下雨，他都不得不将切好的肉片分送到地域辽阔的各个顾主手里。一路忍饥挨饿，双脚走得发疼。他日后经常向卡夫卡唠叨："你不知道你现在的生活多么好……我像你这么大时……"卡夫卡在弥留之际写的小说《约瑟芬，女歌手或耗子的民族》，描述了他父亲当年生活的世界：

我们的生活（他写道，指约瑟芬的耗子民族）就是这样，一个孩子，只要他刚刚稍微能辨认四周环境，刚刚学会走路，他就必须像成年人那样照顾自己。由于经济原因，我们分散居住的地域过于辽阔，我们的敌人过多，危机四伏，防不胜防。——我们不能给孩子们提供一个远离生存竞争的巢穴，假使我们这样做了，那孩子们将会过早夭折。除了这些可悲的原因外，还有一个极有希望的原因：那就是我们这民族繁殖能力极强。一代接着一代，每一代都不计其数。孩子们没有时间当孩子……一个孩子刚刚出世不久，他就无法再做孩子了，他的身后又涌现出了新的孩子的面容，欢欢喜喜……尽管这是好事，尽管其他民族会因此而嫉妒我们，但我们却无法给孩子们一个真正的童年。

日后卡夫卡的父亲终于通过自己的艰苦奋斗告别了贫穷，也告别他的前辈的那种犹太人的生活方式。因此，赫尔曼·卡夫卡绝不会传给他的孩子们一丝做犹太人的感觉，其理由很简单，他自己奋斗了一生就是为了摆脱这个妖怪：卑劣的贫穷、社会歧视，死巷中的茅屋以及那永远也不能变卖的传统。父亲因为是犹太人而受苦，而孩子们却因为受苦所以是犹太人。能够证明犹太人身份的，就是因为他们一直在受苦；而一旦不再受苦，他们也就是说摆脱了犹太人的传统。典型的犹太家庭就像是一个子宫般的避难所——组织严密、肮脏恶臭、无所不包，在冰冷的夜晚这里能够提供维持生命的温暖——但卡夫卡在告别贫穷的同时又从这里被逐出来了。卡夫卡甚至在开始意识到种族流放之前，他就已经是一个弃儿了。

但是，作为一个犹太传统的弃儿，卡夫卡并没有成为一个真正的非犹太人。在前启蒙时代，一个犹太人可以成为一个基督徒，这以后他便不再是犹太人了，不用通过洗礼他就成了一个尊贵的捷克人或德国人。但是，卡夫卡那一代人却发现，虽然犹太人居住区的围墙被拆除了，古老的传统正在迅速瓦解，然而他们却仍然因为自己是犹太人而受到谴责——并且他们越来越不能理解这种谴责了。他们越是试图变得比捷克人更捷克人，比德国人更德国人，以保护自己，最终对他们的判决也就越严厉。

人们通常认为，卡夫卡在成长过程中母亲方面无疑对他具有更主要的影响。在这一点上卡夫卡几乎同他父亲的观点完全相同，这大概是绝无仅有的；卡夫卡的父亲一直都在指责妻子的家族成员对卡夫卡具有不良的影响，以至于他不谙世事，缺少活力。这些母亲方面的亲戚包括一些神奇的，或者至少是异乎寻常的人物，他们大部分人都笃信宗教，他们更为关心的是形而上的追求和精神价值，而不太关心世俗财物的积聚，他们是犹太法典研究者、杰出的犹太法学博士、古怪的惹是生非者、改信基督教者以及空想家、幻想家。1911年卡夫卡在一篇简短的自传性的速写中提到了这些异乎寻常的前辈：

我的希伯来语名字是阿姆谢尔，同我母亲的祖父一样，我母亲记得，他是一个留着长长的白胡子的非常虔诚和博学的人，我母亲六岁时他去世了。她还记得，她不得不抓住死尸的脚趾，请求原谅她可能对祖父犯下的过失。她记得祖父那塞满四壁的许许多多的书。他每天去河里洗澡，冬天他在冰上凿个窟窿照洗不误。我的母亲的母亲很早就死于伤寒。她的死影响了我母亲的祖母，她从此变得郁郁寡欢，拒绝吃饭，不同任何人说话，在她女儿去世一年后，有一次出去散步就再也没有回来。人们从易北河里捞起了她的尸体。还有个比母亲的祖父更博学的人，那就是母亲的曾祖父，他在基督教徒和犹太教徒中都享有盛誉。在一次火灾中，他的虔诚创造了奇迹，大火将周围的房屋化为灰烬，却越过了他的房子。他有四个儿子，有一个改信基督教，成了医生。除了我母亲的祖父外，他们都死得很早。祖父有一个儿子，母亲称他为疯叔叔纳坦，还有个女儿，这就是母亲的母亲。

卡夫卡熟悉的母系方面的亲戚有：圣杰的曾祖父，与阿姆谢尔或者亚当同名，波里亚斯1794年生于波德布拉特，1862年在那里去世。

一个研究犹太法典的学者，他在犹太教徒和基督教徒中都具有很好的声誉。不幸的是，当人们过于接近这种圣杰的气息的根源时，它通常便成了毒素。纳坦，生于1824年，被认为是个疯子，他的妻子萨拉在1860年负罪自杀，他的女儿以斯帖生于1839年，同一个名叫雅各布·罗维的纺织商结婚，29年时便死于伤寒，她生了三个孩子——阿尔弗雷德、约瑟夫和卡夫卡的母亲朱丽亚。

卡夫卡是在犹太人中间长大成人的。在他生活的那个小小的世界里主要是犹太人：一开始是他父母的亲戚朋友，以后是小学中90%的学生，而上德国语言学校一年级时，班里39个同学中有30个是犹太人，毕业班里24个幸存者中17个是犹太人。他上大学时，法律系的许多讲师也是犹太人。他最好的朋友马克斯·布罗德是犹太人，他的未婚妻菲莉斯是犹太人，他生命中最后照顾他的女友朵拉也是犹太人。卡夫卡同非犹太人的交往是受限制的，并且是偶尔的、提防性的，有着清晰界限的。犹太人坚信《圣经》里所说的："我是耶和华你们的上帝，使你们与万民有分别的。""你们要圣洁，因为我耶和华你们的上帝是圣洁的。"因此，我们不能不说卡夫卡性格及生活方式中的那种排他性与纯洁性与犹太民族品格有着十分密切而悠久的联系。

总的说来，卡夫卡是在排犹主义的毒雾中长大的。卡夫卡小时候曾读过一本描写犹太人在革命时期如何遭人厌恶的书，书中描写了暴徒们几乎每晚都在犹太人居住区抄家和打砸抢的情形：

一群暴徒聚集在街头巷尾，吆三喝四，他们大都是青年男子和醉鬼，遗憾的是也有浪荡女人。暴徒们闯入两家大门，窗子被捣毁，家具什物被扔到街上，他们狂喊乱叫……现在片片雪花漫天飞舞，仿佛有一场暴风雪。坏蛋把一张张床砍坏了。

这种情形给卡夫卡留下了极深的印象。他17岁时曾读到阿诺尔德·茨威格的《人祭在匈牙利》，当时他痛哭失声。卡夫卡对欧洲排犹主义歇斯底里非常敏感。“在基督徒看来，由于犹太人拒绝了基督，因而遭到了上帝的谴责并作为惩罚，把他们打入社会的底层，直到他们最终认同基督。”长期以来，欧洲便一直流传着有关犹太人的神话，在这类神话中犹太人往往被描绘成基督徒的杀手、吸血鬼、强奸犯、恶毒的高利贷者、奸诈的商人、资本家剥削者、布尔什维克恐怖分子，或者带枪的犹太复国主义者。总之，几乎所有的诽谤都加在了这个流放的群体上。

这就是卡夫卡的世界，这里密布着仇恨。在这种密布着毒雾的空气中，卡夫卡一生下来便感到呼吸困难。当他最初认识到自己是一个犹太人，他几乎没有什么幸福可言；而在他的成长过程中他又时时感受到自己是一个犹太人，感受着犹太人的孤独、压抑和恐惧。

正是呼吸着这种密布着毒雾的空气，卡夫卡走进了布拉格的德语小学。这是一所四周被捷克语包围着的学校。卡夫卡的读书时代充分体验到了民族语言冲突所导致的悲剧。1891年布拉格街道上的德语标志突然都被换成了捷克语，城里的气氛一时变得非常紧张。卡夫卡上中学时曾多次遭遇过与排犹主义者的巷战。1897年，“十二月风暴”在布拉格爆发，一场反德国的新语言法运动变成了三天的反犹太人暴乱。人们很难想象，这场灾难在高度敏感、充满负罪感的卡夫卡身上不留下什么印记。几天来暴徒横扫城里的每一条街道，袭击每一个他们认为是“肮脏的犹太佬”的人，这一定使卡夫卡注意到他那难以消除的身份。卡夫卡上德语中学时，曾有两个犹太同学自杀了。这件事给卡夫卡留下了十分深刻的印象。多年后（1922年1月8日）他回忆道：“我班上大概只有两个人有勇气，这两个人在中学期间便自杀了。”卡夫卡之所以能够免于自杀，就在于他优柔寡断的性格。

卡夫卡这一代年轻的犹太人，他们不像父辈那样，只要在事业上成功便乐于忍受痛苦，这些儿子们所期待的是平等，他们不愿意忍受苦难。但是，他们发现，真实世界并不允许犹太人获得平等。所以，他们中间有些人便决定改变这个世界，另一些人则像捷克人和德国人热情地夸耀他们的民族一样，也同样热情地夸耀他们的犹太民族。1896 年，大约在卡夫卡举行成年礼时，著名的维也纳杂志编辑赫尔兹出版了他的乌托邦作品《犹太国》；犹太人被德雷弗斯案件震动了，被那股席卷整个欧洲的反犹力量震动了。

卡夫卡上大学时在选择专业上也是颇费斟酌的，据卡夫卡当时的同学，胡果·贝格曼回忆说："在那些日子里，对于犹太毕业生来说，其形势就是除非他们为了进入政府机关而接受洗礼，否则，他们除了法律和医学，这两个个体经营职业外，便别无选择。"卡夫卡正是在这种背景下首先选择了化学专业，但是卡夫卡实在不愿意去实验室里摆弄那些瓶瓶罐罐，因此不久他便从化学专业转入了法律专业。犹太人即便大学毕业，也没有资格申请政府部门的职位。卡夫卡后来进入的那家波希米亚王国工人事故保险公司，属于一个半政府的机构。这里也有一条原则，那就是不雇用犹太人。卡夫卡进入这家公司是找了关系的。在卡夫卡任职期间，在这家公司的大约 250 名职员中仅有两名犹太人——卡夫卡和弗雷契曼博士。1917 年卡夫卡写道："他是第一个，我是第二个，也是最后一个，是这里被挤碎的犹太人"；后来当一位犹太人请求卡夫卡做他的申请担保人时，他明确地拒绝了："这家公司限制犹太人……尽管不可理解的是，已经有两个犹太人（在第三个犹太人的帮助下）进入了这家公司，但是，这类事情以后决不会再次发生。"尽管卡夫卡以他杰出的工作能力和正直的为人赢得了公司全体职员的好评，但整个社会的排犹倾向不能不对他的生活和思想产生巨大影响。

1920 年，布拉格又一次爆发了持续三天的反犹太人、反德国人的暴乱。暴徒们劫掠了德语报纸办公室，攻击大街上的那些“像犹太人”的人，冲入德国国家剧院和犹太市政大厅，砸毁了档案室，焚毁了犹太大教堂里面的古老的希伯来手稿，这一行动被市长欢呼为“民族意识的证明”。卡夫卡以冷峻的笔调记录下了当时的情景：

整个下午我都在大街上，被对犹太人的仇恨所包围。“肮脏的种族”，我听到他们这样称呼犹太人。离开这个人们如此仇恨的地方，难道不是唯一自然的事情吗？（这并不是以犹太复国主义或民族感情为自豪。）不顾这一切而留在这里的英雄气概，就像是一只蟑螂不愿意被驱逐出浴室一样。我正好从窗口望去：纵马而行的警察，随时准备刺刀见红的暴徒小分队，叫喊着被驱散的人群，而总是在保护下生活，站在这儿的窗户里真是一种难堪的耻辱。

卡夫卡就是呼吸着这种空气、脚踏着这片土地成长起来的，因此，这种空气和环境不可能不在卡夫卡身上留下某些痕迹和印象，并且，处在这种环境中，他对犹太人的身份和命运、犹太教和犹太复国主义、犹太语言和犹太文学传统，以及那些与犹太文化有关的问题，也不可能没有自己的思考和认识。

作为业余作家的卡夫卡

通常似乎人人都有一份职业、一门专业、一项事业。职业为谋生之道，专业为一技之长，事业为立生之本。设若三者能和谐统一，职业即为专业，专业即为事业，事业也就是职业，便是人生最高之境界了。这种人生生活似乎足以使人心满意足，踌躇满志。然而事实上，这三者常常并不能统一，人们所从事的职业往往并非自己的专业，而专业亦非自己的事业，这中间存在着巨大的差异和矛盾。然而，正是这种巨大的差异和矛盾，反倒使得某些人从事了一份自己并不喜欢的职业，完全忽略了自己的专业，反倒最终成就了自己的事业。我这里所说的就是20世纪奥地利著名作家卡夫卡。

就作家而言，职业、专业、事业三位一体，也许并非幸事。职业写作与业余写作、专业作家与业余作家，并非总是前者优于后者。作为谋生之道，职业显然是必需的；作为一技之长，专业则是可靠的；作为立生之本，事业则只能是唯一的。考察三者之间的关系，不仅对于作者，对于广大的读者也是十分有意义的。

作家从什么时候起有了专业与业余之分，这大概是在社会大分工之后的事情。古希腊的荷马是个行吟诗人，相当于艺人，恐怕算不得专业作家。这以后有宫廷和贵族豢养的文人和作家，而作为一门职业的作家在封建社会里却是不可能出现的。只有到了资本主义社会，随着生产力的发展，市民阶级的兴起，有闲有钱的人越来越多，尤其是造纸业和印刷术的迅猛发展，专业作家的出现才真正成为可能。19世纪英国作家狄更斯就是专业作家，他依靠稿费生活。

作家成为一门职业，依靠工资和津贴生活，这是又一类专业作家。这种专业作家制度最初产生于苏联。中国向苏联学习，在20世纪50年代开始建立专业作家制度。当时的专业作家，大都“挂”在中国作家协会各地分会，称为“驻会作家”。也有的不是“驻会作家”，而是“挂”在各地出版社，实际上也是专业作家。据统计，在“文化大革命”前，中国的专业作家不超过300人。“文革”以后这个数字不断地扩大，究竟有多少人，这里没有统计，但看看我们的“文代会”、“作家代表大会”热闹繁荣的情景就约略可以知道了。

不过，就世界而言，却只有苏联、中国等少数社会主义制度国家设立专业作家。在资本主义国家，是没有国家设立专业作家的。他们的“专业作家”不是国家设立的，而是纯粹依靠自己的稿费过日子。谁认为自己能够用稿费维持生活并因此辞去其他工作，专心于写作，谁就是“专业作家”。这样的“专业作家”，是用不着谁批准的。

据说，设立专业作家的初衷是为了提高作家的创作的水平，因为只有专门投身于某项事业，才能集中精力，才能有充裕的时间，才能创造突出的成果。然而，几十年过去了专业作家的创作成果似乎并不令人满意，尤其是在世界文学的背景和框架内看便更是如此。中国当代作家为什么离诺贝尔文学奖越来越远呢？这或许多少能说明一点问题。

其实，作家的写作成就的大小与作家专业与否并没有什么必然的联系，反倒是作家越专业越难以摆脱种种束缚和羁绊，创作不出真正伟大的作品，因为专业作家常常在得到经济上和时间上的保障后反而逐渐地失去了创作的热情、激情、诚实和自由。另一方面，或许那些真正伟大的作品反倒是那些没有任何束缚的业余作家创作出来的。这一点，20 世纪奥地利著名犹太作家卡夫卡的职业和创作，或许能给我们提供一些有益的启示。

卡夫卡大约在上中学时就有了写作的志向，以后这种志向愈来愈明确坚定，以致成了他生命和生活的中心。1903 年 11 月 9 日，卡夫卡在给他中学的朋友波拉克的信中写道："上帝不愿意我写作，我却非写不可。"卡夫卡生存的目的就是写作，"我写作，所以我存在。"卡夫卡为了写作而拒绝了友谊、爱情、婚姻和家庭，他选择了他自己所惧怕的那份孤独。他曾三次订婚，但最终却没有结婚；他将创作看得高于一切。写作是卡夫卡生命中的一切，没有了写作，卡夫卡的生命立刻就会枯萎变质。卡夫卡说："一个笼子在寻找一只鸟。"卡夫卡就是那只被笼子寻找到了的鸟，笼子就是卡夫卡那永远挥之不去的创作宿命。但卡夫卡在大学里学的并不是文学，而是法律；他获得的是法学博士学位，而不是文学学位。大学毕业后选择一份怎样的工作？如何处理职业与写作的矛盾？这是让卡夫卡苦恼或者说痛苦了一辈子的问题。

职业与写作的矛盾长期困扰着卡夫卡。大学毕业时，卡夫卡对选择职业的要求是："这个职位不得与文学有任何联系；以文学为挣钱的职业在他的心目中是剥夺文学创作的尊严。挣钱职业和写作应该绝对分开，二者的'混合'，比如记者的行业，亦为卡夫卡所否定。"在这一点上，卡夫卡的朋友布罗德曾经深受卡夫卡的影响，这使布罗德也经历了一阵非常痛苦的时刻，不过，后来他毅然决然地放弃了卡夫卡的观点。"我（像他一样）出于对艺术的尊重，在最可厌的、远离艺术的、枯燥乏味的法律职业中折磨自己，直至很久以后才走上了戏剧评论和音乐评论的道路。今天我认为卡夫卡在这一点上的严格态度是一种高尚的迷误。我后悔我自己像卡夫卡那样在办公室里任由成百上千个毫无乐趣的时辰在几乎是绝望的心情中流逝，从而亵渎了上帝崇高的造物——时间。”卡夫卡却没有像布罗德那样随机应变，自1907年10月他进保险公司供职后，一直到1922年退休，他均在保险公司工作。保险公司里无所事事的无谓工作同他热烈而执著的创作生活简直是令人绝望的对比。卡夫卡曾给他的顶头上司普弗尔写信道：

像今天早晨我想从床上爬起来一样（1911年2月），我简直要晕倒了，理由非常简单：我工作太超负荷了。不是因为办公室里的工作，而是因为我的其他工作。办公室扮演了一个无辜者的角色，如果我可以不去那里的话，我就可以只为我的工作而平静的生活了，不必每天去那里工作六个小时。这些工作对我的折磨你简直无法想象，尤其是上个星期五和星期六，因为我自己的事情是那样的多。我意识到这完全是一派胡言；我有一种犯罪感，办公室对我有着最清楚、最正当的要求。然而，这对于我却意味着一种可怕的双重生活，也许只有发疯才能从中挣脱出来。

卡夫卡还说过，“写作和办公室相互排斥。写作位于内心深处，而办公室漂浮在生活的表面。这种永远的忽上忽下必然将我撕成碎片”。卡夫卡在一封没有寄出的、致菲莉斯父亲的信中也说过类似的话：“我无法忍受自己的职业，这是因为，它同我唯一的需求、同我唯一的职业是背道而驰的。”卡夫卡的生存就是为了写作，而要生存首先得工作。工作带来不幸，不幸刺激写作，写作耗尽了生命。卡夫卡便是在写作中耗尽了生命。“如果不写作，他就完了；而正因为完了，他才写作。”一方面，“人家付钱是要他写业务报告，结果他写了一些作品。不为公司尽最大的努力，就是对公司的欺骗”；另一方面，“他把创作力浪费在写保险公司的报告上”，他又非常痛苦。但是，卡夫卡在工伤保险公司的15年经历，足以使他看清资本主义社会的黑暗和人生的荒谬。在这里，贫困的工人在工伤后本该理直气壮地要求补偿损失，但却总是惶恐、胆怯地走进保险公司，接受各级官员的斥责和推诿。在这里，公文旅行令人感到真正的悲哀和恐怖。

卡夫卡的作息时间也非同一般，他自己将自己孤独地卡了起来，每天上午8点—下午2点上班，3点—7∶30睡觉；接着散步、吃饭，晚11点—凌晨3点写作。他曾在信中询问未婚妻菲莉斯："你怎么能够容忍这样一种婚姻，丈夫大约2∶30或3点从办公室回来，然后吃饭、上床睡觉，睡到晚上7点或8点，迅速而随便吃点东西，散步一小时，随后开始写作，一直写到凌晨1点或2点。对此，你真的会容忍吗？""为了我的写作，我所需要的是孤独，不是'像一个隐居者'，这是不够的，而是要像一个死人。在这种意义上，写作是一种较之死亡更深的睡眠，正像人们不会，也不可能将死尸从坟墓中拖出来一样，也不可能在夜里使我离开我的写字台。""只有疯狂地永远写作，度过一个个夜晚，这才是我所需要的。由此而进地狱，或是发疯，也是我所需要的，因为这是必然的、早就可以预料的结果。"这是"颠倒黑白"的拼命。

卡夫卡就是这样一个将写作视作生命的业余作家。正因为他是一位业余作家，因此，他从不急于发表自己的作品，从不希望通过自己的作品换取稿酬或荣誉，也无意去迎合任何思潮、流派或者主义，更不必看那些评论家和读者的眼色行事。自然，他也很少对自己的作品满意过，以至于最后他给朋友布罗德留下这样一份遗嘱："凡是我遗物里的所有稿件，日记也好，手稿也好，别人和自己的信件也好，草稿也好，等等，毫无保留地，读也不必读地统统予以焚毁。"卡夫卡是一个业余作家，他写作是因为他必须写作，并没有写作之外的任何理由，正如饥饿艺术家饥饿是因为找不到适合于自己的食品一样。卡夫卡因而超越了功利的和意识形态的束缚成了一个真正纯粹的作家。

其实，卡夫卡的一生并非不存在其他可能性：譬如大学毕业时他找到一份与文学有关的工作，如编辑、记者，或自由撰稿人；或者他根据自己的志愿索性请求父母支持他成为一名专业作家，就像当年巴尔扎克所做的那样，而就卡夫卡家的经济情况而言，这并非没有可能；再或如愿地辞职或提前退休，得以迁居柏林或其他什么地方并专心从事写作；然而，这一切都只是“可能”，都一一与卡夫卡擦肩而过。而一旦其中的一种“可能”成为现实，卡夫卡也就不再是卡夫卡了；作为一个专业作家的卡夫卡绝不是我们现在所看到的这个卡夫卡。卡夫卡为他的职业工作付出了惨重的代价，但他也因而获得了丰富的写作素材和资料，更重要的是，他获得了写作上的真正自由，而后者对于作家来讲也许是最重要的。

关于作家的自由，法国当代作家萨特更是深有同感。1964 年瑞典文学院决定授予萨特该年度的诺贝尔文学奖，但是萨特却拒绝了这一殊荣。应当说，萨特的拒绝符合他的有关人的自由的理念：自由就其真正的本质而言是否定的，就是可以说一声“不”，虽然这种否定性也是有创造力的。萨特指出，由于他的作家职责的观念，他一向拒绝任何官方的荣誉，因此他的这次拒绝并不是没有先例的。他同样拒绝过“荣誉勋章”，也不肯进入法兰西学院，倘若列宁奖颁赠给他，他同样会拒绝。他说，作家接受这类荣誉，会使他个人所献身的事业跟颁奖的机构发生关联，而作为作家则不允许自己跟任何机构发生关联，这毕竟是最重要的。萨特认为：“政治活动应该努力建立这样一个世界，其中文学可以自由地表达自己。”文学从来就是自由的一种形式。“文学是一种行为模式，一种属于作家自由的行为，这种行为的目的在于诉诸其他个人的自由，而且最终诉诸全人类的自由集体。”对于作家而言，最重要的也许就是自由，一种自由的思考，自由的创作心态。任何束缚或禁锢，无论是思想观念、意识形态，还是荣誉职业、金钱物质，都会一点点消磨作家思想的锋芒、吞噬作家的创造力，最终成为主流意识形态的传声筒，或是为金钱利益所驱动的流行文化的“写家”。一个具有原创力的作家往往并不在于他写了多少，写了什么，而在于他怎样写，如何写，因此，比较而言，时间和物质上的自由也许并不是最重要的。正是在这个意义上，专业作家也许得到了时间和物质上的自由，但却很容易失去了心灵的自由。这样一来，专业作家的“专业”非但没有保证作家的创作质量，反而使许多作家失去了真正自由的创作。也许正是在这个意义上，业余作家卡夫卡给我们提供了最重要的启示。

作为画家的卡夫卡

今天，弗兰茨·卡夫卡的卡夫卡式的文学作品已经成为现代文学中拥有读者最多、争议也最多的作品。其实何止是文学，当代宗教神学、社会学、政治学、精神分析学、哲学、法学、语言学，也纷纷到卡夫卡这里来寻找渊源、资源和例证。不仅如此，卡夫卡对其他艺术形式也影响深远，譬如电影、戏剧、摄影和绘画。再到后来，我们知道卡夫卡还是一位伟大的画家，在他立志献身于写作之前，他甚至还在犹疑不决：是做一位画家，还是当一位作家？

果然，2010 年 6 月北京三联书店出版了由尼尔斯·博克霍夫、玛丽耶克·凡·多尔斯特编辑的《卡夫卡的画笔——曾是伟大画家的弗兰茨·卡夫卡》，由此证实了卡夫卡的绘画天才。卡夫卡不仅是一位我们已经熟知的伟大作家，还是一位我们并不怎样熟悉的“伟大的画家”。该书收集有卡夫卡的绘画作品共 41 幅，当然，这远不是他的全部绘画作品。卡夫卡的这些画通常是画在课堂笔记的边空、明信片、信封、信纸上，或者练习簿、拍纸薄、线格纸上。这些画尺寸不一，大小各异。其风格也变幻不定，其中包括现实主义、表现主义、漫画、抽象画等。因此，卡夫卡不仅是一个风格独具的作家，还是一位兼容各种现代绘画风格的杰出画家。

卡夫卡绘画的历史可以追溯到上小学的时候。卡夫卡上小学时上过绘画课，主要学习临摹。不过那时他对绘画还没有什么热情。上中学时卡夫卡是否学习过绘画，已无从考证。直到上大学时，他才开始对绘画产生兴趣。他听过有关荷兰绘画、基督教雕塑艺术，以及有关建筑艺术史的讲座，参加过有关艺术史的研讨课。他有许多热爱绘画的同学和朋友，他们经常在一起讨论绘画艺术。大学期间，卡夫卡经常在听讲座时，在笔记本边上画字谜画。他对自己的姓的第一的字母“K”情有独钟，他的许多画看上去就是这个字母的变形。他在自己的小房间里挂着一张汉斯·托马斯的《犁田的农民》的复制品。他非常关心自己的书《司炉》和《变形记》封面设计和插画。他经常参观各种画展，他还对许多名画做了笔记。他在卢浮宫认真观摩过乔治·修拉的油画《马戏团》，“大概这幅画给了他创作‘楼座上’的灵感”。他对日本绘画艺术特别感兴趣，尤其喜欢葛饰北斋（1760—1849）的画作。他甚至给两位画家做过裸体模特。

总之，终其一生，卡夫卡都保持了对绘画艺术的兴趣、热情和敏感。他甚至称自己为“一个伟大的画家”。“直到生命的终点，卡夫卡一直有规律地作画。不仅如此，大学毕业后他似乎想过当画家，尽管他师从了一个‘糟糕的女画家’。”他的朋友布罗德曾经向柏林的出版商埃克赛尔·容克推荐过卡夫卡的画，希望用卡夫卡的画作自己的小说《实验》和《恋爱者的路》的扉页或封面。布罗德说：

我认为，这是您所能得到的最有艺术价值、给人印象最深刻的画了。它非常特别，无与伦比：充满了日本风格……此外，画上的这个优雅的年轻人是笑着的，也是哭着的，绝望地走向深渊——在两颗奇美的光秃秃的小树中间……我觉得，没有什么能比这个年轻人更好地象征性地表现我这本小说集的主导思想了。我希望，这幅画容易复制。当然，画面完全是黑色的，文字是红色的。——不用支付费用。

布罗德甚至发表过这样的评论："我可以向你们说一个伟大的画家的名字：弗兰茨·卡夫卡。"布罗德还将卡夫卡的画给布拉格画家社团的成员菲戈看，菲戈看后觉得，这些画很有表现主义绘画的味道。不过，卡夫卡在看过梵·高的画后曾真诚地表示："我真希望我会画画。事实上我也常常试着画两张。可是没有什么成果。纯粹是个人的画，过了一段时间后，连我自己也不知道画的是什么了。"这又印证了卡夫卡那句名言："我写的和我说的不同，我说的和我想的不同，我想的和我应该想的不同，如此下去，则是无底的黑洞。"写作如此，绘画亦然。

在卡夫卡的这些画作中，最著名的是一套组画，共六幅，画的是一个以各种姿态出现的小人，因此也被人们称之为"六个（小）黑人"，布罗德则称之为"无形线上的黑色木偶"。这六幅画的标题分别是《栅栏中的男人》、《拄拐杖的男人》、《头伏在桌上的男人》、《站在立镜前的男人》、《低头坐着的男人》和《击剑者》。这些画常被人们拿来用作卡夫卡作品的封面。

1922年10月，卡夫卡同事的儿子古斯塔夫·雅诺施去办公室看望卡夫卡，卡夫卡正躬身坐在办公桌前，手拿一支长长的黄铅笔，在一张八开灰白色办公纸上画画。当雅诺施希望看看这些画时，卡夫卡说道："这可不是可以让人看的图画。这完全是我个人的、别人无法辨认的象形画。……我笔下的人物都没有正确的空间比例。他们没有真正的水平线。我试着画这些人物的轮廓，他们的透视在纸的前方，在铅笔未削尖的那一端——在我心里！"有一次，雅诺施从侧面看到了那些画，"纸上画着许多寥寥几笔勾画出动作的很小的速写，那些小人或跑动，或击剑，或在地上爬行，或蹲在地上"。卡夫卡解释说："这些画是一种久远的、深深地扎根于心中的热情的痕迹，因此我希望把它们掩藏起来。……这热情当然不在纸上，纸上画的只是痕迹。热情在我心里。我以前一直渴望会画画。我希望观察，把观察到的东西画下来。这是我的热情。……我试着以一种完全特别的方式限定我所看到的东西。其实，我的画并不是图像，而是一种私人的象形文字。”至于画上的那些小人物，卡夫卡继续说道：“它们从黑暗中来，又在黑暗中消失。……我画来画去，其实就是一种不断重复，却总是失败的原始魔法的尝试。……人类世界的一切东西都是被赋予生命的图画。爱斯基摩人在他们要烧掉的木头上画上几条表示水浪的图画。这是具有魔力的火之画，它们通过火石摩擦，唤醒它的生命之火。我在做同样的事情。我想借助我的画应付我所看到的形象。不过，我的人物不会燃烧。也许我用的材料不对。也许我的铅笔不具备正确的特征。也可能是我自己，仅仅是我自己不具备那些必要的特征。”在卡夫卡看来，绘画与文学创作一样，属于个人隐秘的内心，灵感和热情是必需的，而绘画技巧其实是无足轻重的。过于看重技巧反而会适得其反。“图画技术越完善，我们的眼睛就越弱。仪器麻痹了器官，光学、声学、交通，无不如此。”

作为画家的卡夫卡对于作为作家的卡夫卡的影响，应当是不言而喻的；反过来，观赏和品味卡夫卡的画又能帮助我们更好地理解和把握卡夫卡文学作品的意义。卡夫卡与绘画有着相互影响、相互阐释的关系。蒙德里安是20世纪初著名的立体主义画家。“蒙德里安的画可说是对他的同时代人卡夫卡作品的半完美图解。那些静态的抽象的格子就是卡夫卡小说和故事中的静寂和消沉在绘画上的同义词……人们通过观看一幅‘格子’画便能在卡夫卡的作品中找出意义来。”

或许正是当画家的愿望给了卡夫卡灵感，让他创作了《诉讼》中的画家蒂托雷里。小说主人公约瑟夫·K见到这位画家时，画家只穿着睡衣，“他光着脚，穿一条肥大的黄色亚麻布裤子，腰系一条长长的裤带，带子末端不停地摆动”。他是属于法院的画家，为法官画像，对法院的内情非常熟悉。谈到K的案子时，画家介绍了无罪判决的三种可能性：宣判完全无罪，不过这种结果只是在传说中有过；暂缓无罪，不过这样便可以马上将嫌疑人重新逮捕起来；延期宣判，这意味着案子会一直拖延下去。面对三种选择，K一时却拿不定主意。最后他购买了三幅画，从画家的后门出来，不料却直接走进了法院的办公室。原来画家的画室实际上也是法院办公室的一部分。画家在小说中的位置显得至关重要。

当然，任何一个读过《变形记》的读者都不会忘记小说中的那幅贵妇人画像。主人公格里高尔一夜醒来发现自己变成了一只巨大的甲虫，他的妹妹和母亲试图搬走格里高尔房间里的家具，以便让格里高尔有更为宽阔的自由活动空间。格里高尔试图拯救那幅穿一身毛皮衣服的女士的画像，于是，他爬上去，紧紧地贴在镜框玻璃上，“至少这幅现在完全让格里高尔遮盖住了的画像如今是谁也拿不走了”。母亲看见后，一头栽倒在沙发榻上。于是父亲怒气冲冲地冲过来用苹果砸他，一只苹果陷进了他的后背，最终要了格里高尔的命。也许可以说，格里高尔就是在保卫那张画时遭到了致命的一击。

鉴于卡夫卡的绘画才能及其成就，卡夫卡的挚友马克斯·布罗德（1884—1968）一直想为卡夫卡出版一部画册，但最终未能如愿。据说，在布罗德的遗物中肯定有许多卡夫卡的绘画作品，这些都由他的继承人，也就是他的女管家伊尔泽·埃斯特·霍夫管理，而这位女管家从来就让这些绘画作品秘不示人。2007年埃斯特·霍夫以101岁高龄去世，卡夫卡的遗稿又转由其女儿埃娃和露特继承。2008年以色列法庭开庭审理了这一遗稿案，以色列国家图书馆认为埃娃姐妹无权得到这些“国家文化遗产”，因为埃斯特及其家人并未妥善处理、使用这些宝贵的文化宝藏，这些遗稿应对公众开放。况且，布罗德生前曾表示这些遗稿应保存在公共机构。最后，以色列最高法院做出判决，多家藏有卡夫卡遗物的以色列、瑞士银行，都要开启各自所属的保险柜。2010 年 7 月 19 日，多家银行的保险柜在律师团的陪伴下已经打开，但内藏何物却不得而知，因为这些遗稿的继承人埃娃不同意公开消息。这些遗稿中究竟有多少卡夫卡未曾公开的遗稿，包括遗画，我们只好继续期待着，等待着它们带给我们更多的惊奇和惊喜。

作为商业符号的卡夫卡

生前几乎默默无闻的卡夫卡，在他去世半个多世纪之后终于征服了世界，他的影响遍及世界各地，渗透到各个学科领域，最后几乎成为日常生活中的流行符号。“全世界都把‘卡夫卡’用作‘商标’，用来标识现代世界的恐惧和复杂性。”其实何止是标识现代世界的恐惧和复杂性，还标识现代世界里其他的一切，譬如悖谬、荒诞、空虚、恋情，甚至房子、家具、装饰等。“今天的任何一种文学语言都明白形容词‘卡夫卡式’或副词‘卡夫卡式地’是什么意思。”“卡夫卡主导着一切！”“卡夫卡之后，所有文学都变成卡夫卡式的了。”虽然不能说世界已经都变成卡夫卡式的，但卡夫卡式的已是世界的重要组成部分，或者说重要特征之一了。

在当今中国房地产的热浪下，卡夫卡竟然成为了北京某住宅区的名字，这一定是卡夫卡始料未及的，也使所有关注和研究卡夫卡的专家学者感到惊愕。我们知道，卡夫卡一辈子没有属于自己的房子，他几乎一直住在父母家，只有过几次短暂的租房经历。拥有一个自己的家，有自己的妻子、孩子，当然还包括房子，这在卡夫卡一生都只是一个梦想。卡夫卡虽然有过几次恋爱的经历，但他最终没有成家。而他有一次几乎马上就要和菲莉斯结婚了，却因为他们原来租定的房子，房东又租给了别人，致使他们不得不又将婚期拖延下去。而这一拖延，卡夫卡便失去了结婚的信心和勇气。卡夫卡因为没有房子而延误了结婚，如今北京朝阳区新建成一住宅区，取名卡夫卡公社。我想这个卡夫卡公社一定成就了不少新婚的夫妻吧。

有了自己的房子，就得有自己的家具。于是苏州出现了一家家具厂，取名叫“苏州卡夫卡家具有限公司”，是国内著名的床垫企业之一。床对于卡夫卡是非常重要的，作为一个病人，卡夫卡有很多时候是在病床上度过的。但卡夫卡却一直没有很好的睡眠，他患有失眠症。提起失眠，他说：“在失眠背后，也许只隐藏着对死亡的巨大恐惧。我也许害怕，灵魂在睡眠时离开我就再也回不来了。也许失眠只是对罪恶的清醒意识，害怕迅速受审判的可能性。也许失眠本身就已经是罪过。也许，失眠是对自然的东西的反抗。”卡夫卡总愿意将身体的疾病赋予太多精神的内涵，并且总在寻找疾病的根源。由此看来，一个人睡眠的好坏其实跟床并没有必然的、直接的联系，而跟精神状态密切相关。就卡夫卡而言，情况的确如此。

如果没有自己的房子和家具，我们可以住公寓。于是，我们发现在厦门有一家客栈，取名“卡夫卡客栈”。厦门的这家“海边的卡夫卡”显然与日本当代著名作家村上春树《海边的卡夫卡》有些联系，与布拉格的卡夫卡却相去甚远。

无独有偶，台湾台中市有家旅馆也取名“山上的卡夫卡”。据创意者说，当初设计这个名字纯粹只是给村上春树开个玩笑。而起了这个念头，没想到后来真的取了这个名字。其实多多少少也是觉得好玩，如果没有办法好玩地去做，或者是为了好玩去做，也就觉得无趣更没有必要去做。所以他们是为了好玩而做，并且秉持着要做就做得与众不同的信念去做。他们精心设计的室内的装置艺术，不假他手的布置摆设，其目的是提供令人不停玩味的空间与每个人分享。在这里，好玩与有趣成为了当下卡夫卡精神的最重要特征。

至于卡夫卡书店，国内曾有过数家，随着大型书市的出现，网络书店铺天盖地地发展，小型书店纷纷倒闭或改行，另图发展。大约在十几年前，成都一条僻静小街（仁厚街41号附2号）上，开了家“卡夫卡书店”。四川作家何大草饶有兴趣地回忆了这家书店的开张和关闭。“老板是个年轻、漂亮女诗人，因为爱书而卖书，橱窗里供着卡夫卡的脸部素描，书架上盛满了曲高和寡的书籍，还贴了名家的照片、手稿以及手稿的复印件。店堂往里走，还有一屋，有沙发、茶水，可以小聚，吹龙门阵。开张的时候，老板送了每人一本罗伯·格里耶的《重现的镜子》……”书店老板是女诗人唐丹鸿。有人问老板为什么给书店取名卡夫卡？她说，这个名字看起来很对称，而念起来口感很安逸。这样解释卡夫卡真是又轻松、又有趣，只是离卡夫卡的精神似乎很远。“卡夫卡书店”曾经兴旺过一阵子，但后来去“卡夫卡”买书的人日渐少了，后来终于在冷清中关了门。听说，“卡夫卡书店”的女老板改行去西藏拍电视，还获了几个奖。再后来她远嫁以色列，在那里过着平静的相夫教女的生活。看来，偶尔关注卡夫卡容易，长久地、一辈子关注卡夫卡绝非易事。

近日，一个名为“卡夫卡诗歌书店”的网络书店在网上红火一时，当然，这个书店与当年诗人唐丹鸿开的那家书店没有什么关系。卡夫卡诗歌书店于2006年6月4日正式开业。这是一家诗歌书店，是一家网络化的诗歌书店。走进卡夫卡诗歌书店，你看见的必是和诗歌相关刊物和书籍。卡夫卡诗歌书店采用标准电子商务流程，所有步骤，一键敲定，免去你到书店或者在其他非专业网络书店淘书的诸多冗杂和琐碎。然而，我们知道，卡夫卡其实很少写诗，几乎从来没有发表过诗歌作品。这家书店为何选取这个店名，大概是看中了卡夫卡所代表的创新意义，弱者意义，少数文学的意义，当然也不缺乏商业的意义。

在云南昆明，还有一家卡夫卡书屋。在昆明城的酒吧一条街文林街上。紧挨着，隔了一堵围墙，是云南大学会泽院。要进到大树森森的大学校园，得顺一斜坡下去一百米。这样一个幽僻安静的尽头，便是“卡夫卡书屋”的所在地。书架上、地台上码放着各类图书，装饰成各种造型。临窗及门外长廊上，白布伞下、沙发木椅横陈。书屋除了卖书兼经营咖啡、红酒、西点等。老板是位70后的女性，名叫张颖。她说就想弄个好玩的地方，歇歇心。这想法与十多年前诗人唐丹鸿开“卡夫卡书店”颇为相似，只是年轻的书屋主人似乎不太了解成都那家卡夫卡书店的兴衰往事。在这个人际关系孤独而陌生、竞争激化、感情淡化、人与人难以沟通的时代，无论是卡夫卡书店，还是卡夫卡书屋，都在引领我们一点点远离卡夫卡笔下的那个世界，享受一片内心的宁静与闲适。这里的卡夫卡离卡夫卡的时代很远，与我们现代生活却很近。

将卡夫卡及其作品改编成戏剧，自然并非纯粹的商业行为，这里具有更多的艺术探索和实验的意义。2010年9月北京国际青年戏剧节，在北京方家胡同46号黑方剧场上演了由香港导演陈恒辉执导的《卡夫卡的七个箱子》。话说卡夫卡临终前要求他的朋友布罗德，烧毁他留下来的七个箱子。这七个箱子，装满了卡夫卡的著作，是他留下来的文学遗产。面对七箱手稿，布罗德如何选择？究竟是选择与卡夫卡做朋友？还是与文学做朋友？该剧将卡夫卡的作品分类为七个箱子——父子之箱、审判之箱、动物之箱、爱情之箱、寓言与格言之箱、迷宫之箱、梦与死亡之箱，分别以卡夫卡的小说《判决》、《在流放地》、《变形记》、《给密伦娜的情书》、《小寓言》、《马戏团顶层楼座》和《饥饿艺术家》为基础进行舞台演绎。该剧运用戏剧形式，配合多媒体录像、破格的实验音乐、强烈的舞台意象及独特的演出风格，把卡夫卡的作品意念，化为一个“舞台形象”。当然，舞台上的卡夫卡及其作品其实是戏剧艺术家心中的卡夫卡。编导希望观众走出剧院后再去用心读读卡夫卡的作品。

卡夫卡与如今风行的网络文学也有了许多联系，虽说这不是纯粹的商业符号，但与商业广告不无关系。早在2006年就有某位自称“黛秦”的年轻女子在天涯真我版上发了一篇名为《中国的卡夫卡——性感与残酷》的帖子，她号称自己就是“中国的卡夫卡”，而且以大胆“露臀”积聚人气，并迅速走红。卡夫卡被认为是现代世界唯一的“精神裸体者”，黛泰或许觉得“精神裸体”看不见摸不着，虚无缥缈，何以能引起读者的关注和震惊，不如形体裸体更为接近“真理”。黛秦在贴中写道：“卡夫卡被大家深爱，只是因为他写了人们不可能写的文字，他用了人们从不曾用过的思考方式。只因为他的独一无二，还有文字里深刻的痛苦。我相信我足够称得上‘中国卡夫卡’。我理解得太深。这是一方面，另一方面，我用另一种方式表达了生命中的伤痕和伤痛。可能偌大的中国除我敢称‘中国卡夫卡’，没有人再这么说。没有人会想到自己与卡夫卡有什么相同。因为很多人都是肤浅的。很多人只理解表面的，不理解深层的。或者只愿意接受肤浅的，不愿意面对现实。”这位黛秦认为她与卡夫卡之间竟然有太多的相似之处，“有生之年只想写一些很纯粹的文字，只想描绘一下心中渴望已久的自由和快乐。没有什么能阻拦我们义无反顾地去爱，没有什么能阻挡自由的天地自由的脚步”。

想来这位黛秦并不知道残雪，并不知道残雪对卡夫卡的钟爱，并不知道残雪与卡夫卡有许多相似之处，并不知道残雪对卡夫卡的阅读和评论，并不知道其实有很多人已经称她为“中国的卡夫卡”了。在香港也听说有位年轻的女作家叫韩丽珠，她被誉为“香港最优秀年轻作家”。从外表上看，像个细弱的少女，而她的文字，已被评论者用以与卡夫卡相较。因此，有人索性称她为“香港的卡夫卡”。这个“香港的卡夫卡”或许与布拉格的卡夫卡还有更多的相似之处。

卡夫卡从来都不愿意袒露自己的身体，他在众人进行裸体浴的地方往往是唯一穿衣服的人；当然，他袒露自己的精神和灵魂，所以人们称他为精神的裸体者。事实上，他正是害怕成为身体的裸体者，而情愿成为精神的裸体者。卡夫卡的确写了一些纯粹的文字，但是他并不描绘心中渴望已久的自由和快乐，他更多地是呈现这个世界的悖谬和痛苦，他从来就没有义无反顾地去爱，也从来没有放开自己自由的脚步。那些义无反顾地去爱，放开脚步走自己的路的人，可以是任何其他的人，一定不是卡夫卡。在卡夫卡面前，最好不要认为自己深刻而别人肤浅，宁可认为自己肤浅别人深刻，或许在卡夫卡那里，深刻原本就不存在。生活的真实，其实无所谓“深”或者“浅”。

卡夫卡的商业价值自然远不止以上这些。有份知名杂志竟然将中国作者的作品当作卡夫卡的小说推荐发表，并引起了一定的反响。在广州天河区北桥怡一街 7 号有人开了一家“南北东西卡夫卡咖啡屋”，据说生意不错。台北市有家咖啡店名为“海边的卡夫卡”，新竹市则有一家“卡夫卡咖啡店”。今天的布拉格，卡夫卡已经成了这所城市重要的旅游资源。来自世界各地的游客纷纷来这里进行一次“卡夫卡旅行”。卡夫卡的形象已经完全被市场化、商业化、旅游化了。美国当代著名理论批评家杰姆逊说：“在文化领域中后现代性的典型特征就是伴随形象产生，吸收所有高雅或低俗的艺术形式，抛弃一切外在于商业文化的东西。在今天，形象就是商品。”对于卡夫卡形象而言，人们开始更多地关注的，不是作为作家的卡夫卡，也不是作为画家的卡夫卡，作为保险公司职员的卡夫卡，作为犹太人的卡夫卡，而是作为商业符号的卡夫卡。

孤独的写作与写作的孤独

卡夫卡大概可以算是当今世界最孤独的作家了，然而正因为他孤独，他才对现代人的孤独感有如此深刻的体味，并有如此卓越而又令人震惊的描写。青年作家徐星曾感叹道："卡夫卡活着本身就是一个艺术品。写什么样的作品是生活方式决定的，是命中注定的。"卡夫卡孤独地活着，孤独地写作，而又写作孤独，卡夫卡的生活与创作在孤独中合而为一，他由此成了生活上的最无作为者和创作上的最有成就者。

卡夫卡为了写作而拒绝了友谊、爱情、婚姻和家庭，他选择了他自己所惧怕的那份孤独。他曾三次订婚，但最终却没有结婚；他将创作看得高于一切，但他临死前却嘱托遗嘱执行人将他所有的稿件、日记、手稿等，"毫无保留地，读也不必读地统统予以焚毁"。前者是卡夫卡生活的孤独，后者是卡夫卡创作的孤独。这位孤独的天才，作为犹太人，他在基督徒中不是自己人；作为不入帮会的犹太人，他在犹太人当中不是自己人；作为说德语的人，他在捷克人当中不是自己人；作为波希米亚人，他也不完全属于奥地利人；作为劳工工伤保险公司的职员，他不完全属于资产阶级；作为资产者的儿子，他又不完全属于劳动者；但他也不是公务员，因为他觉得自己是个作家；而就作家来说，他也不是，因为他把精力常常花在家庭方面；但是在自己家里，他比陌生人还要陌生。卡夫卡什么都不是，但他又什么都是；

他无所归属，但这反倒使他容易成为世界性作家。这种极度的孤独反而使卡夫卡获得了当代读者最为强烈的共鸣。

卡夫卡曾经说过：“我经常想，我最理想的生活方式是带着纸笔和一盏灯待在一个宽敞的闭门掩户的地窖最里面的一间里，饭由人送来，饭放在离我这间地窖很远的第一道门后。穿着睡衣，穿过地窖所有的房间去取饭，将是我唯一的散步……那样我将写出什么样的作品啊！我将从什么样的深处把它挖掘出来啊！”卡夫卡“最理想的生活方式”就是这种孤独的创作，这在他的那篇著名的《饥饿的艺术家》中有着杰出的描写。这位艺术家的“饥饿表演”原来只有40天，但艺术家出于对艺术的热爱，坚持要继续演下去，他不愿在艺术正处于最佳状态时中断表演。追求艺术的最佳境界的代价是牺牲生命本身，这正如浮士德的满足就意味着肉体的死亡一样，追求无限的代价就是消灭有限的肉体。卡夫卡将写作当作自己唯一的财富，但写作又排斥生活；正因为他没有好好生活过，他便特别害怕死亡，而写作最终又将他逼向死亡。卡夫卡说：“我写的和我说的不同，我说的和我想的不同，我想的和我应该想的不同，如此下去，则是无底的黑洞。”看来，写作也不能帮助卡夫卡走出孤独，反倒使他沉入那连自己都不能理解的黑洞之中。卡夫卡生活的孤独导致他写作的孤独，写作的孤独使他的生活更加孤独，在这种永远也走不出去的孤独怪圈中，卡夫卡年仅41岁就离开了人间。

《判决》是他的第一篇成功的短篇小说。这篇小说写父亲判决儿子立即溺死，儿子便飞快地跑去投河自尽，临死前儿子轻声叫道：“亲爱的父亲母亲，我可是一直爱你们的呀！”小说写的是父子之间的不可理解。《变形记》是卡夫卡最著名的小说，写人变成甲虫。卡夫卡一笔带过了“人如何变为甲虫”的具体过程，着重写人变成甲虫后的孤独感。人变成甲虫：甲虫便带着人的视角去看人类，它所看到的是一群多么冷漠、多么空虚的芸芸众生；从人的角度看虫性，甲虫就显得更加孤独、恐惧和不可理解了。《城堡》中的主人公K，面对近在咫尺的城堡却无论如何也进不去，而且他甚至都无法成为那个附属于城堡的村庄里的一个村民，这是一种永远的孤独感。

随着卡夫卡的孤独感越来越强烈，卡夫卡小说中的世界也变得越来越小，越来越窄，其终点是那个小小的鼠洞。起初，《美国》的主人公卡尔·罗斯曼面对的还算是一个广阔的世界；而《诉讼》中的约瑟夫·K的活动场所就缩小到大街上、走廊上和工地上了；《城堡》中的K进而被限定在客栈与村庄里；老光棍勃鲁姆费尔德便只能龟缩在自己的房间里；绝食大师更进一步，被关在铁笼里；杂耍艺人的世界就是一根秋千；最后，鼹鼠钻入地洞，处在永远绝望的孤独中。卡夫卡的艺术世界由此永远关闭。

我们很难想象一个生活美满、家庭幸福的作家会像卡夫卡那样去描写孤独，正如我们很难想象卡夫卡去写人间的亲情、和谐、幸福和快乐一样。孤独对于描写孤独的作家总是必不可少的，正像幸福对于描写幸福的作家是必不可少的一样。我想幸福的作家及描写幸福的作家以后还会有许许多多，但孤独的作家恐怕会越来越少，因为现代作家实在无法永远面对孤独，虽然人类从来没有像今天这样感受并思考着孤独。

卡夫卡·疾病·隐喻

当我们的社会越来越强调理性、突出理性时，我们却越来越不会思想了；当我们拥有了越来越多的“保险”时，我们的生活，我们的经济，乃至生命反而越来越不保险了；当我们的生活环境变得越来越舒适卫生时，我们的健康反倒越来越成为问题了。“什么都可以没有，但不可以没钱；什么都可以有，但不可有病。”疾病是我们现代人最为关注，也最为恐惧的问题之一了。疾病不仅是一个有关身心健康的问题，它还是一种隐喻，一种文化。每一场战争、每一次灾难都会带给我们许许多多看得见和看不见的疾病问题，疾病是我们每一个人都必须学会面对的问题，尤其是当它已经成为一种隐喻和文化之后。早在1978年美国当代批评家苏珊·桑塔格就出版了《作为隐喻的疾病》一书，她在书中写道：“疾病是生命的阴面……尽管我们都只乐于使用健康王国的护照，但或迟或早，至少会有那么一段时间，我们每个人都被迫承认我们也是另一个王国的公民。”疾病不仅是患者的身心出了问题，而且还是病人推卸责任的理由，逃避选择的手段，甚至还可以是某些人生活的目标。疾病可以转换成一种道德批判，一种政治压迫，疾病是一种隐喻，一种意识形态。对于一个作家而言，疾病不仅直接影响到他的身心健康、生活方式，还会影响甚至制约他的思想方式和写作方式。当疾病作为一种隐喻时，它几乎成了创作本身。

20世纪奥地利著名作家卡夫卡短促的一生，显然与疾病密切相关。卡夫卡一生体弱多病，他曾患有胃病、便秘、头痛、失眠、神经衰弱等疾病，当然其中最严重的是肺病。1917年他因患上肺结核而咯血，以后久治不愈。1922年他因健康原因提前退休。1924年病逝，年仅41岁。如果没有疾病，卡夫卡是否还是卡夫卡？如果他的疾病得以治愈，他的创作是否仍然那样阴郁和怪诞？如果假以时日，卡夫卡再活10年或20年，卡夫卡的创作将会是怎样一种景象？疾病与卡夫卡究竟是怎样一种关系？这对于理解和认识卡夫卡，应当是一个非常重要，也非常沉重的问题。

卡夫卡的身体从小比较虚弱，但大体上是健康的。他曾在那封著名的《致父亲》的信中写道："我又瘦、又弱、又细，你又壮、又高、又宽。在更衣室里我已经自惭形秽，而且不仅是对你，而是对全世界，因为你在我眼里是衡量一切的标准。"1907年卡夫卡参加工作时，医生给他的诊断是：虚弱，身高188（恰好6英尺以下），体重61公斤（134英镑），肺尖上有轻微的阴影，这是由于患过佝偻病的缘故。以后由于经常出差，饮食没有规律，他又患上了胃病、消化不良、便秘等疾病。

卡夫卡一生都伴随着头痛、失眠和神经衰弱。他还患有胃病。卡夫卡一直没有解决好他的精神和身体上的问题，剧烈的头痛和失眠使他痛苦不堪，他抱怨自己像一只关在笼子里的老鼠。1916年6月2日，他在日记中记载自己"头疼、失眠、绝望、头发也花白了"，而这时他才33岁。

1917年8月初，卡夫卡在一次游泳时感到口中有股咸味，接着便吐了几口鲜血。不过，一开始他并不在意，也没有对任何人说起。8月10日凌晨4点，他从梦中醒来，又吐了一大摊血。第二天清晨前来打扫房间的小姑娘看到后大吃一惊，她用捷克语大声喊道："博士先生，您的日子不会长了。”卡夫卡还坚持去上班，下班后他去看医生，医生诊断为支气管炎。当天夜里他又吐了一点儿血，于是他换了一位医生，这位医生竟然诊断卡夫卡患的是急性感冒。这以后，卡夫卡常常感觉呼吸短促、咳嗽、发热、出虚汗，于是在好友布罗德的催促和陪同下，9 月 4 日他们去找医学专家皮克教授看病。教授的诊断为：卡夫卡患了两侧肺尖卡他症，并随时可能发展为肺结核病。

此时卡夫卡 34 岁，而在当时肺病就几乎意味着死亡。桑塔格说：“仅仅在几十年前，一旦获悉某人患了结核病，就无异于听到了他的死亡判决书——正如当今，在一般人的想象中，癌症等同于死亡——人们普遍地对结核病人隐瞒他们所患之病的真相，在他们死后，又对他们的子女进行隐瞒。”结核病的死亡威胁被解除，还要等到 1944 年科学家发现了链霉素，以及 1952 年医生采用异烟肼，人们才找到了治疗结核病的方法。那以后结核病才不再神秘，也不再带来死亡。而当年在得知自己患有结核病后，卡夫卡便开始了他漫长的治疗、疗养之路。

1917 年，由于健康原因，卡夫卡找到了很好的理由与恋爱达 5 年之久的菲莉斯解除了婚约。卡夫卡将自己患上肺结核病看作是为婚姻而痛苦斗争的顶点，也就是转折点。这是一场伟大的斗争，胜利的代价却是鲜血。咯血之后的卡夫卡身体上直接变化是不再失眠、发烧、头痛，每天夜里都睡得很好。卡夫卡无疑将自己患上结核病看作是天意：“毫无疑问，这种病是公平的；它只是一种公平的灾祸，但我并不把它看成一种灾祸，与近年来那种平庸的生活相比，它可以说是某种甜蜜的东西；它是公平的，同时又如此粗鄙、如此世俗、如此单调地钉入最方便的缝隙里。”

从经济条件看，卡夫卡完全可以接受当时欧洲最好的治疗和疗养，这对于他身体的康复是非常重要的，并且，有些时候他的病情也确实好转过，如果不是遭遇了1918年西班牙大流感，卡夫卡的肺结核病也许是可以痊愈的。西班牙大流感时全球死亡人数达4 000万，比第一次世界大战阵亡总人数还要多，连西班牙国王阿方索三世和英国国王乔治五世都未能幸免，卡夫卡能抵抗流感存活下来，也算是一个奇迹。但是，流感过后卡夫卡的身体更加虚弱，他未能再次创造奇迹，治愈他的结核病。

最后卡夫卡的结核病发展到了喉咙，这使得他不可能咽下任何东西，因此，他最后几乎是饿死的。卡夫卡临死前，穿上衣服体重也不足100磅，真可谓骨瘦如柴。早在1922年春，卡夫卡就创作了著名的短篇小说《饥饿艺术家》。1923年，卡夫卡重新修改了他的遗嘱，他要求布罗德将他的所写的一切都付之一炬，但包括《饥饿艺术家》在内的六个短篇却幸免于难。1924年3月，他与出版社签订了一份合同，准备将这篇小说与其他三个短篇一起结集出版，书名就叫《饥饿艺术家》。卡夫卡就是在这种“既不能吃又不能喝”的状态下阅读并校订他的短篇小说集《饥饿艺术家》。他在饥饿和消瘦中沉浸在《饥饿艺术家》的校对工作中。卡夫卡在饥饿中校完了他的书稿，而饥饿则加速了他的死亡。1924年6月3日卡夫卡病逝。生前他没有见到这部作品的出版。卡夫卡自己的命运不幸被他的《饥饿艺术家》所言中。

卡夫卡是因为天性敏感、脆弱而不幸患上了肺病，还是因为患了肺病而变得更加敏感和脆弱，追究二者之间的因果关系似乎并无多大必要，重要的是疾病的确与卡夫卡的创作关系密切。20世纪以来，有些学者认为，艺术家中患肺结核病的比较多，是因为肺结核病患者大多都智力聪慧，才华洋溢，而且往往多情善感，尤其是感情特别强烈且纤细，甚至到了过度敏感、过度脆弱的地步。总之，“肺结核与天才和创造性之间有一定的联系”。卡夫卡的一生似乎印证了这一点，但卡夫卡对疾病的态度、对疾病的认识，以及对疾病的表现均有自己的偏好和特征，而这些也是最终形成“卡夫卡式”创作的原因之一。

卡夫卡对疾病是有自己的理解和认识的，所谓久病成医，他熟悉疾病更甚于熟悉健康。幼年时代，他就目睹了两个年幼的弟弟病逝，他有一个舅舅齐格弗里德·略维就是乡村医生，这个舅舅同他的关系非同寻常。当然，卡夫卡并没有专门讨论疾病的文章，他对疾病的思考和讨论散见于他的日记、书信、谈话录和小说中。

譬如，关于失眠症，卡夫卡说：“在失眠背后，也许隐藏着对死亡的巨大恐惧。我也许害怕，灵魂在睡眠时离开我就再也回不来了。也许失眠只是对罪恶的清醒意识，害怕迅速受审判的可能性。也许失眠本身就已经是罪过。也许，失眠是对自然的东西的反抗。”卡夫卡总愿意将身体的疾病赋予太多精神的内涵，并且总在寻找疾病的根源。“一个向体内生长扩散的肿瘤比几个体表肿瘤要危险得多。要真正治愈疾病，就必须铲除引起病变的根源。”在卡夫卡看来，与其说引起病变的根源是身体上的，不如说是精神的。

在一封致布罗德的信中，卡夫卡写道：“我现在对疾病的态度，就像一个孩子对母亲的裙边的态度，抓住不放……有时我觉得大脑和肺在不为我所知的情况下取得了相互的信任。‘这样下去不行’，大脑这么说，五年后肺宣布站在大脑一边。”在卡夫卡看来，结核病是一种象征，一种战斗中的掩护和手段，同时又是战斗的结果，标志着整个战斗的结束。1920 年卡夫卡在给密伦娜的信中写道：“我患的是心理疾病，肺部的疾病不过是我的心理疾病的蔓延而已。”心理的忧虑和痛苦过于严重，于是需要肉体出面分担，肺自告奋勇与大脑谈判合谋，疾病便成为现实。肺部出血其实就是卡夫卡心灵的伤口，肺结核病如果不是卡夫卡呼唤来的，至少也是卡夫卡在无意中所期盼的。“结核病是艺术家的病……以致19世纪末的一位批评家把文学艺术在当时的衰落归因于结核病的逐渐消失。”“病人自己创造了自己的病，他就是该疾病的病因，我们用不着从别处寻找病因。”“就结核病的情形而言，患者是在消弭自己，使自己变得优雅，回归到核心，即那个真实的自我。”对于卡夫卡来说，肺结核就是“精神对于肉体的胜利，艺术家对于高效官僚、有指望的丈夫和有孝心的儿子的胜利”。

卡夫卡经常与疾病打交道，他对于疾病有着别样的认识。在卡夫卡看来，如果说生是对死亡的逃遁，那么，疾病的意义就在于警示人们面对死亡的真实。卡夫卡说：“对健康的人来说，生就是对人必有一死这种意识的无意识的、没有明言的逃遁。疾病总是警告，同时又是较量，因此，疾病、痛苦、病痛也是虔诚的极重要的源泉。”面对死亡，人们不得已而祈祷。而在卡夫卡看来，写作就是一种祈祷的方式。

卡夫卡不相信医生，他说：“我不相信那些名医。我只在医生告诉我，他们什么也不知道的时候，才相信他们。除此之外，我恨他们。”卡夫卡讨厌医院里的医学治疗，他更喜欢整体治疗或自然疗法。他喜欢阳光、空气、乡村和素食，他热衷于在阳台上做裸体操。他认为精神和肉体同等重要，并且是一个整体。

卡夫卡对疾病的思考和讨论虽然还不够系统、不够专业，但他的确有自己的体会和看法，而这些体会和看法又直接或间接地体现在他的文学创作中。可以说，卡夫卡在疾病中创作，在创作中表现着疾病。卡夫卡在谈及波德莱尔时曾说过：“创作是疾病，但是退掉热度，人还不能康复。相反，烈火能净化灵魂，照亮道路。”在卡夫卡看来，写作就是疾病，它消耗作者的一生，并具有感染力和扩散性。当然，卡夫卡的小说中直接写到疾病的并不多，并且，对于肺结核病似乎从来没有做过描写，但其中对病态的人与病态心理的描写却随处可见，而这些描写体现了卡夫卡对疾病的理解和态度。

《乡村医生》直接描写了医生和病人，不过这里的病人是外科伤病。一个暴风雪的夜晚，“我”（乡村医生）乘马车出诊。“我是这个地区雇佣医生，非常忠于职守，甚至有些过了分。”“我”来到病人家里，见到了年轻的病人，他“长得很瘦，不发烧、不冷，也不热，有一双失神的眼睛，身上没有穿衬衫，他从鸭绒被下坐起来，搂住我的脖子，对着我的耳朵轻声说：‘医生，让我死吧。’”“我”起初没有发现病人的病因，认为“这孩子是健康的，只是血液循环方面有些小毛病，这是因为他母亲宠爱过分给他多喝了咖啡的缘故”。随着两匹马的同时嘶叫，“我”终于发现了这孩子的病情：

在他身体的右侧靠近胯骨的地方，有个手掌那么大的溃烂伤口。玫瑰红色，有许多暗点，深处呈黑色，周边泛浅，如同嫩软的颗粒，不均匀地出现淤血，像露天煤矿一样张开着。这是远看的情况，近看则更为严重。谁会见此而不惊叫呢？在伤口深处，有许多和我小手指一样大小的虫蛹，身体紫红，同时又沾满血污，它们正用白色的小头和无数小腿蠕动着爬向亮处。可怜的小伙子，你已经无可救药。我找到了你硕大的伤口，你身上这朵鲜花送你走向死亡。

最后，“我”没能将濒临死亡的孩子救活。“我的兴旺的医疗业务也完了；一个后继者正在抢我的生意……”卡夫卡就像那个病人一样，长得很瘦；他的病，医生也有过误诊；他得知自己的病情后，他也想到死；然后在这一切之上，他还患有一种更为严重的病，那就是不为一般人所理解的心理疾病，即他的写作。

《变形记》中的变形是否也可以看作是一种疾病？格里高尔·萨

姆萨变成了一只巨大的甲虫，然而在其他人看来，他其实是病了。《饥饿艺术家》的饥饿表演其实就是一种疾病，或者是因为疾病而挨饿。《最初的痛苦》描写一位空中飞人表演者夜以继日地待在高秋千上，“这最初只是出于追求完善，往后却变成了一种根深蒂固的习惯”。空中飞人演员最初的痛苦就是因为疾病，而这种疾病就是对艺术的执著追求。《地洞》里的主人公得了一种恐惧病，他整日待在地洞里，忧心忡忡，时刻提防着外来的入侵者。《诉讼》中描写了一个整日躺在床上的病人。这就是K的律师胡尔德，他整日躺在阴暗的房间里。

《城堡》是卡夫卡生命即将结束时创作的，小说的创作与他日益恶化的健康状态不无关系。有学者认为，“伫立在山顶上的城堡俯视着旅店和村庄，城堡也就意味着与世隔绝的疗养院”。显然，卡夫卡将他在疗养院的生活环境纳入了他的小说创作。小说中阿玛莉娅的父母都重病在身，需要她日夜照看。母亲风湿病很重，胳膊不能活动，需要阿玛莉娅喂食；父亲也基本瘫痪，行动不便，也不能自己进食。K去她们家的那一天，阿玛莉娅从中午起就病了，一直躺在床上，但她必须撑持着从床上爬起来，照顾父母亲。而三年前，在阿玛莉娅拒绝城堡官员索尔替尼之前，她的父亲健壮得简直就是一个年轻人。疾病是家庭灾变的后果，其中体现了城堡官员的力量和权力。

当然，卡夫卡对疾病的描写绝不只是以上这些，他的其他许多短篇小说也可以从疾病与治疗的角度去阅读和理解，他在长篇小说中也描写过一些病人，虽然这些病人在小说中所占的位置并不很重要。疾病，在他的创作中正如在他的生活中一样，是一个巨大的隐喻，时隐时现，贯穿始终。

卡夫卡最终死于肺病，这种病似乎使卡夫卡的一生变得更有色彩和光亮。“一百多年来，人们一直乐于用结核病来赋予死亡以意义——它被认为是一种有启迪作用的、优雅的病。”“结核病是一种时间病：它加速了生命，照亮了生命，使生命超凡脱俗。”“从隐喻的角度看，肺病是一种灵魂病。”结核病的隐喻非常丰富。“结核病既带来‘精神麻痹’，又带来更高尚情感的充盈，既是一种描绘感官享受、张扬情欲的方式，同时又是一种压抑、宣扬升华的方式。尤其是，它肯定了下列做法的重要性，即意识上更敏感、心理上更复杂。健康反倒变得平庸，甚至粗俗了。”从这个意义上，我们是否应该庆幸渐渐远离了健康的卡夫卡，他患了一种病，这种疾病恰巧就是肺病，而这也正是他所需要的一种病。我们很难想象患上另外一种疾病的卡夫卡将会是怎样一种情形，正如我们无法想象没有创作的卡夫卡将会是怎样一种情形一样。

卡夫卡的亲戚们

大凡作家的创作总是和他的生活息息相关，而与作家的生活最为密切的，当属生活在作家周围的那些亲朋好友。因此，认识作家的亲友，了解这些亲友与作家的关系，对于认识作家，以及阅读作家的作品无疑都是非常重要的。不过，20世纪的奥地利作家卡夫卡似乎是个例外，因为卡夫卡从来就认为自己是“家里”甚至“家族”的陌生人，一个旁观者，“从来没有家庭观念”，而他的“亲戚们的痛苦和欢乐”则常常使他感到“厌烦透顶”。卡夫卡的这一特征，首先被他自己反复强调，而后又被那些传记学家们加以引申和发挥，这使得我们完全模糊，甚至忽略了卡夫卡性格的另一面：即他对亲戚们的兴趣、热情和爱。正是为了改变这一状态，美国当代学者安东尼·诺塞1991年出版了一部专著《卡夫卡的亲戚们》。该书分为八章：1. 卡夫卡的家庭观念；2. 美好的年代：在巴黎和巴拿马的罗维们；3. 从马塔迪到蒙特利尔：约瑟夫·罗维的生活；4. 海盗船上：阿尔弗里德·罗维的经历；5. 卡尔达铁路、卡夫卡铁路、罗维：卡夫卡作品中的罗维们；6. 新世界的发现：卡夫卡在美国的表兄和《美国》；7. 留在家乡的亲戚：捷克人、德国人、犹太人，以及被同化的犹太人；8. 律师和工厂主：更富裕和更成功的卡夫卡们。该书对卡夫卡的亲戚们进行了全面的介绍和考察，探究了这些亲戚们和卡夫卡及其创作的关系。

卡夫卡的家族是一个大家族：他的祖父有兄弟姐妹九人，祖母有一个哥哥，一个妹妹；他父亲有兄弟三人，姊妹二人；他母亲有一个哥哥，四个弟弟，其中两个是同父异母的弟弟。他父亲的兄弟姐妹又建立了一个个大家庭，并生有众多的子女；而在他母亲方面，只有两个弟弟结婚，并且只有其中一个弟弟生有孩子。这就使得卡夫卡有了许多的叔叔、舅舅、表兄、表妹、侄儿、侄女，甚至外孙、外孙女等，而他们的生活和经历又从不同的层面影响了卡夫卡的生活和创作。

卡夫卡的父亲对卡夫卡的影响无疑是至关重要的。赫尔曼·卡夫卡衡量他儿子是否获得成功，就是看他是否获得了生意场上的成功。在这一点上，父亲自己获得了成功；而卡夫卡却使他父亲非常失望，并由此而经常受到他父亲的责备。每个月各种账单到期的那一天，卡夫卡从小就记忆犹新，因为这总会引发家庭危机。正是这种生意场上的不断的需求、各种账单的期限为卡夫卡的作品提供了背景。他的许多小说中的主人公也都是那种饱受折磨的商人。然而，尽管卡夫卡在他的作品中对商人的世界进行了客观细致的描绘，他自己却并不喜欢那种商人的生活。

在卡夫卡的成长过程中，母亲方面的亲戚无疑对他的影响更大。在这一点上卡夫卡几乎同他父亲的观点完全相同，这大概是绝无仅有的；卡夫卡父亲便指责妻子的家族成员对卡夫卡具有不良的影响，以至于他不谙世事，缺少活力。

卡夫卡的确与他母亲方面的亲戚来往更多，也更为亲密。卡夫卡一辈子都梦想着逃离布拉格，逃离欧洲。他把布拉格比作是“小母亲的爪子”，这爪子似乎具有某种魔法，无论你怎样挣扎，也无法摆脱她的控制。他曾多次将他的逃离布拉格的梦想寄托在他的舅舅们身上。1902 年卡夫卡中学毕业后就想通过在西班牙铁路上工作的舅舅罗维的帮助，“找到一条摆脱目前这种困境的道路”，“去一个地方，一切都重新开始”。上大学后他又曾一度急切地想转学到慕尼黑，然后从那里去更遥远的地方。大学毕业后，他曾在一封致马克斯·布罗德的信中说："我舅舅不得不在西班牙给我们找工作，不然，我们就会在南美，或者去亚速尔群岛和马德拉群岛。"以后，他在布拉格一家保险公司工作，虽然工作令人失望，但卡夫卡对未来的生活却充满信心，因为他"至少还可以希望有一天到一个遥远的国家去，坐在办公室的沙发上，凭窗眺望远处的甘蔗田或穆斯林墓地"。卡夫卡的舅舅们不仅给他提供了逃离布拉格的希望和信心，还给卡夫卡的创作提供了丰富的素材。

卡夫卡的许多作品都与他的亲戚们有着非常密切的联系。譬如《美国》，这是卡夫卡创作的第一部长篇小说。卡夫卡一生没有去过美国，他一生所走过的地方没有超出中、南欧，他虽然广泛地收集过有关美国的素材，但他对美国的政治、经济、文化、历史没有做过专门的、深入的研究。卡夫卡对美国的了解，主要来源于1912年6月1日他出席的捷克政治家索库布的题为《美国及其官员体制》的幻灯报告会，同年，他还读过索库布的著作《美国》，另外，阿瑟·霍利切尔在报纸上连载的有关美国的旅行报告也给他留下了极深的印象。但是，仅凭这些道听途说、一星半点的有关美国的间接知识，卡夫卡就能够写出一部有关美国的小说吗？他是否还有其他更直接、更具体地了解美国的渠道呢？《卡夫卡的亲戚们》一书给我们提供了答案。

首先，卡夫卡有两个舅舅曾先后到过北美，在那里有过短暂的生活经历。另外，他还有一批表兄在美国。卡夫卡的这些表兄们就是卡夫卡创作《美国》的基础。"16岁的卡尔·罗斯曼受家里一个女仆的引诱，而且这女仆还为他生了一个孩子，因此他被他可怜的父母送往美国。"这是小说的开头一段，它是以卡夫卡亲戚的实事为依据的。卡夫卡有一个堂兄（罗伯特·卡夫卡），是他大伯的次子。由于受到家里厨娘的引诱，他14岁就做了父亲。卡夫卡小说中的那位被宠坏了的纽约商人的女儿克拉拉·波伦德尔的名字，则来源于罗伯特的母亲克拉拉·波拉塞克。

在卡夫卡那些移居美国的表兄中，奥托·卡夫卡（1879—1939）无疑最为杰出。他是卡夫卡大伯的长子。卡夫卡曾经见过这位表兄，1906年卡夫卡在给布罗德的信中提到了这位奥托。奥托最初抵达美国的经历和卡夫卡笔下的主人公非常相似。卡尔·罗斯曼最初到达美国时身无分文、语言不通的尴尬处境，就是奥托当时的切身体验；而奥托后来的发迹，他又成了小说中卡尔的舅舅爱德华·雅各布参议员的化身。

另外，卡夫卡非常钟情于中国文化，他说自己就是一个中国人。卡夫卡的家族给卡夫卡提供了了解中国、认识中国的机会和可能性。卡夫卡有一个舅舅名叫约瑟夫·罗维，他曾经到过中国。大约在1903年至1906年他担任一家贸易公司在中国的代理人，并通过各种方式给家人介绍和描述了自己对中国的深刻印象，譬如中国在文化上高度发达，但在技术上却一直停留在中世纪；没落的皇权只是在名义上控制着辽阔的大地，它对地方政权和官僚的影响力已是微乎其微。这些在卡夫卡的有关中国的小说中均有所表现。卡夫卡无疑从他舅舅那里找到了一个通往中国、认识中国的最直接的窗口。

总之，《卡夫卡的亲戚们》一书给我们提供了许多认识、了解卡夫卡的新视角和新材料。该书不以理论批评见长，而以材料翔实、新颖见功力，这在当今学术界“理论”泛滥、云山雾罩的背景下显得尤为珍贵，并给我们的学术研究提供了某些有益的启示。譬如我们是否也可以做一做《鲁迅的亲戚们》、《郭沫若的亲戚们》，乃至《李白的亲戚们》、《杜甫的亲戚们》等课题？我们是否应该在许多文学事件或文学人物被时间和历史湮灭之前，不急于去创建什么新理论、新方法，而是多做一些资料的整理和挖掘工作呢？

卡夫卡与格来姆

2003年，爱尔兰著名作家，2005年布克奖得主约翰·班维尔（John Banville）出版了一部新书，书名叫《布拉格：一座城市的幽暗记忆》（*Prague Pictures, Portraits of a City*），书中有这样一段话引起了我特别的注意和兴趣：

布拉格人一向偏爱各种雕像、小雕像和自动装置：布拉格著名的娃娃像杰祖拉特果……恰佩克的机器人和怪异的格来姆，令人惊异的变形，大师扬·施瓦克马杰动画中的人物……当然，这当中最为离奇的莫过于卡夫卡的奥德拉德克，一个星状的生物，像一卷线轴那样自行滚动——是它自己还是他自己？——游动于无名叙述者的房间，在“家中父亲的问题”片段中发出一阵大笑，听起来“好像落叶的沙沙声”。

且不说“机器人”一词原来出自捷克作家恰佩克笔下（“robot”这个词由恰佩克创造，由捷克文“ robata”，即“劳役”、“苦工”演变而来），单就那个“格来姆”，还有“卡夫卡的奥德拉德克”，它们之间究竟存在着怎样的联系或关系？“格来姆”是谁？它对于卡夫卡意味着什么？这些都是饶有趣味，而又颇有意义的话题。

“格来姆”（Golem），又译作“高蓝”。翻开由陆谷孙先生主编的

《英汉大词典》，对于该词的解释是：1.（犹太人民间传说中的）有生命的泥人；2. 机器人；3. 傻瓜。在希伯来语中该词有“初期、胚胎”或“本质、实体”的意思。该词曾出现于《圣经 · 诗篇》第139首：

> 我在暗中受造，在地的深处被联络；那时，
> 我的形体并不向你隐藏。
> 我未成形的体质，你的眼早已看见了；你所
> 定的日子，我尚未度一日，
> 你都写在你的册子上了。

据说在布拉格流传的有关格来姆的故事与犹太拉比尤丹 · 洛乌 · 本 · 贝扎尔（1520？—1609）有关。他是文艺复兴时期最伟大的犹太学者之一。他在梦中得到了耶和华的指引，午夜时分带着自己的女婿以撒 · 本 · 西门和门徒利未人雅各 · 本 · 查姆 · 萨森一起在伏尔塔瓦河岸用土块塑造了格来姆。他们围着格来姆转圈，反复咏唱《诗篇》，以激活格来姆的生命力。为了赋予格来姆以生命，洛乌拉比在其前额上写了希伯来文“Emeth”（真理）。另一说是拉比将一块写着无法言传的上帝名字的石片插到格来姆的舌头底下，格来姆就活了；反之，则取走那块石片。这是一个专门对抗基督教乌合之众的信仰保护者，是一个随时等候主人命令的活的小矮人。格来姆是一个有生命的假人，具有善恶两重性。当然，格来姆被禁止在安息日工作，这样，拉比不得不在每周五夜里将他额头上的第一个字母擦去，剩下的“meth”的意思就是“死亡”。可是，有一个安息日，拉比忘记了擦去它额头上的第一个字母。于是，格来姆开始狂躁不安、乱跳乱闹，把目之所及的一切都踩个稀烂。拉比闻讯及时从犹太教堂赶回来，抹去了它额头上的第一个字母，格来姆倒地、解体，失去了

生命，又变成了一堆土块。格来姆就像一个拒绝被顺服的宠物一样，不得不被除掉。拉比曾这样对格来姆说：

不要忘记这件事，要把它当成一个教训。即便是专门来到人世来保护我们的最完美的高蓝（格来姆），也能很轻易地转变为毁灭性的力量。所以我们一定要谨慎对待强者，就像我们仁慈而耐心地对待弱者一样。万事皆有其发生的时间和地点。

有关格来姆的故事流传很广，尤其是在布拉格的犹太人当中。格来姆的历史就像布拉格的犹太聚居区一样古老，早在耶路撒冷圣殿被毁之后，就有犹太人来到此地，那时犹太人的口头传说中已经有格来姆的故事了。据说格来姆的遗迹一直留在了布拉格的艾尔特纽教堂的阁楼里，而通向那个阁楼的入口则永远封锁着。虽然时过境迁，“高蓝（格来姆）这种神秘的力量几乎完全消失，但却在卡夫卡的作品中保持了巨大的生命力量”。这种“巨大的生命力量”在卡夫卡那里的集中体现，就是“奥德拉德克”。

卡夫卡的“奥德拉德克”出自他的短篇小说《家长的忧虑》，不是什么“家中父亲的问题”，该小说大约写于1917年夏天，后由作者收入小说集《乡村医生》于1919年出版。小说不长，译成中文后共1 036字。小说开头是这样写的：

一部分人说，“奥德拉德克”一词源于斯拉夫语，并试图以此来说明这个词的形成。另一部分人则认为，此词源于德语，斯拉夫语只不过对此产生影响而已。但是，这两种解释均不可靠，人们完全有理由认为，两者均不准确，尤其因为它们并没有赋予这个词以一定的意义。

那么，是否“奥德拉德克”就不存在了呢？非也。因为“要是的确不存在叫作奥德拉德克的生物，谁也就不会从事这样的研究了”。那么，“奥德拉德克”（Odradek）究竟是什么呢？“初一看，它像是个扁平的星状线轴（a flat, star-shaped spool for thread）”，“但是，这不仅仅是个线轴，因为有一小横木棒从星的中央穿出来，还有另一根木棒以直角的形式与之联结起来……整个线轴就能像借助于两条腿一样直立起来”。

奥德拉德克看上去“只不过是一种破碎的物品”，但它自成一体。“有关它的情况，无法较为详细的说明，因为奥德拉德克极其灵活，不容易抓住它。”“他交替地守候在阁楼、楼梯间、过道和门厅里。有的时候，他几个月不露面。”他身材矮小，居无定所，沉默寡言，只在极少的时候回答极简单的问题。它只知道自己叫奥德拉德克，除此之外一无所知。他会死去吗？不会的，至少暂时不会。他不伤害任何人，但任何人都不接纳他，他无所归属。

奥德拉德克是谁？他（它，在英译本中“he”和“it”也是混用的）的确像上文提及的犹太传说中的格来姆。在犹太先知看来，世界上存在两种相互矛盾的力量：一是“水平的”或叫“人类的”力量，它以科学、创造、容忍和怀疑的形式存在；二是与之相对的绝对的“垂直的”力量，即上帝的力量，它使人类变得渺小而无足轻重。无论是奥德拉德克，还是格来姆，都是人以科学、理性创造出来的，它们与人的区别正如人与上帝的区别。

奥德拉德克又像是卡夫卡自己。卡夫卡，这位20世纪西方文坛的“怪才”，生前默默无闻，去世后不久却成为文坛关注和评论的热点。但是，对于这位“怪才”如何理解、阐释和评价，评论界却一直众说纷纭：作为一个作家，他到底属于哪一个国家？哪一个阶级？哪一个流派？哪一种文化？哪一个“主义”？卡夫卡什么都不是，他无所归属，这正如奥德拉德克无所归属一样。

奥德拉德克其实就是犹太人的象征。有一次，卡夫卡的女友密伦娜问他是不是犹太人，这个问题使卡夫卡感到极为震惊：

> 您问我是否是犹太人。您一定是在说笑话。也许您真正想问的是，我是否属于那种战战兢兢的犹太人。……犹太人不安全的地位，他们自己内部的不安全，处在人类中的不安全，使得问题非常容易理解，即他们相信，只有那些握在手中，或咬在牙中的东西才是他们所占有的，只有那些触手可及的财产才给予了他们生活的权利，而他们一旦失去的东西就一去不复返。从最不可能的地方也有危险在威胁着犹太人——或者更准确地说，我们将这些危险去掉——便是被威胁所威胁。

接着，卡夫卡对密伦娜说，他没有任何责备她的意思，但是，“有时我真想把所有这些人都塞进我的衣柜的抽屉里去，稍等片刻，再将抽屉拉开一点点，看看他们是不是已经窒息了，如果没有，就把抽屉再关上，如此往复，直至终了”。卡夫卡对犹太人的忧虑，亦如《家长的忧虑》中的无名主人公对奥德拉德克的忧虑一样。

从词源学上考察，“‘奥德拉德克’（Odradek）的（Od）‘奥德’作为起源于斯拉夫语的接头词，被认为具有‘脱离、叛离’的意思”。这层意思似乎恰好可以用来限定和描述意第绪语——这种东欧犹太人的日常生活用语。1912年2月8日，卡夫卡在布拉格犹太人市政厅作了《关于意第绪语的演讲》。卡夫卡认为，被人们贬为“俚语”的意第绪语“产生于中古高地德语向新高地德语转化的时期”，“它完全由外来语组成。可是这些外来语并不在它里面安歇，而总是保持着接受它们时那种匆忙和活跃。民族的迁移在俚语中贯穿着发生，从这头跑到那头。所有这一切德语的、希伯来语的、法语的、英语的、南斯拉夫语的、荷兰语的、罗马尼亚语的，甚至拉丁语的因素在俚语中为好奇和轻率所左右着，要把这一切语言捏在一起，本身就需要力量”。而“俚语就是一切，是言词，是犹太音调，是这些东部犹太人存在的本质”。看来，奥德拉德克来源于意第绪语，而它的意思隐约地指向犹太人，或者就是指那些居无定所的东欧犹太剧团的演员。家长的忧虑其实就是欧洲人对那些欧洲犹太人的忧虑，尤其是对那些永远也不会同化的犹太人的忧虑。

总之，格来姆属于布拉格，卡夫卡同样属于布拉格，而奥德拉德克则属于卡夫卡。看来，所有这些都无一不打上了布拉格的烙印。布拉格，欧洲的神秘之都。这座被喻为“诱人的女妖”、“放荡的女人”和“邪恶的女巫”的城市，在可爱魅人中又具有一种撩拨人心的邪气。历史上深陷于抑郁、妄想和宫廷斗争之中的著名君主鲁道夫以及围绕他的众多占星者、炼金术士、魔术师和艺术家们惊心动魄的生平故事，将其神秘、荒诞且充满幻想的氛围延伸至今。当代作家安吉洛·马利·里佩利诺在《神秘的布拉格》一书中写道：“当我想为神秘寻找一个词汇时，我能找到的唯一的词语就是布拉格。她像彗星一样，阴沉而忧郁；她的美仿佛一团激动人心的火焰，在风格特异的艺术家手中被夸张变形，扭曲倾斜，散发出衰败的忧伤气息，在无休无止的幻灭中痴昧地欢笑不已。”在这里，我们仿佛又听到了卡夫卡笔下的奥德拉德克那没有肺的笑声，“像是落叶发出的沙沙声”。

卡夫卡的寓言世界

我们先读卡夫卡的一则寓言，这则寓言的篇名就叫作《论寓言》，卡夫卡写道：

实际上，所有这些寓言仅是表示：不可理解的就是不可理解的——这点我们早就知道了。但我们却必须每天苦心焦虑去思索，“思索它”是一个特殊的问题。

关于这点，有一个人曾说过：“何必这样勉强呢？只要跟随寓言，你自己就成为寓言，根本不必每天苦心焦虑了。”

另一个人说：“我敢打赌，这也就是一个寓言！”

第一个人说：“你赢了。”

第二个人说：“但不幸地，只是寓言式的赢了。”

第一个人说：“不，实际上，你是寓言式的赢了。”

“跟随寓言”、“成为寓言”，最后是“寓言式的赢了”，这大概可以看作是对卡夫卡的一生的一种最为简略的描述和概括了。

卡夫卡有一句名言：“我们需要的书，应该是一把能击破我们心中冰海的利斧。”这句寓言式的名言已经展示了卡夫卡的创作内容及创作方法的基本特色。卡夫卡曾经说过：“有一个寓言，正捏着生命的痛处……”卡夫卡的创作虽然通常被认为主要是小说，但我以为，把它们看作是“正捏着生命的痛处”的寓言似乎更为合适，并且，卡夫卡的一生也可以看作是一则伟大的寓言，而所有对卡夫卡的理解和阐释也只能是“寓言式”的理解和阐释。下面我们将对卡夫卡的寓言世界作一个约略的描述。

《判决》写父亲判决儿子立即溺死，儿子便飞快地跑去投河自尽。小说情节虽然十分荒诞，但寓意却十分深刻。这篇小说通常被看作是一篇关于“父子冲突”的寓言。“父子冲突”不仅是表现主义的重要主题，而且也是整个西方现代派文学的重要主题。陀思妥耶夫斯基、波德莱尔、艾伦·坡、萨特等作家对这一主题都有过十分出色，而又令人震惊的描写。萨特年轻时曾说，他在跟父亲一起相处的几年里，具体地懂得了什么是阶级斗争。当然，卡夫卡在表现“父子冲突”的同时，也着重表现了父子之间的共存和联系。人们面对父亲的权威，常常陷入两难境地：既想冲破束缚，又不得不乞求帮助；既恐惧，又依赖；既憎恨，又敬爱。小说寓意的这种多重性、矛盾性、复杂性初步确立了卡夫卡独特的寓言式的创作风格。

《变形记》是卡夫卡最著名的小说，这部小说写人变成甲虫。小说被普遍认为是一则关于当代西方社会人的异化的寓言。人变成甲虫，在现实生活中显然是不可能的，但是在寓言中却不仅可能，而且真实可信。总之，“人变为甲虫”成了现代西方人生存状态与心灵感受的寓言。

《诉讼》（又译作《审判》）是关于“审判”的寓言。小说既是对无罪的审判，也是对有罪的审判，同时又是对“审判”的审判。主人公约瑟夫·K莫名其妙地在自己的寓所里被捕了，最后被判处死刑，这是对“无罪”的审判；K在上诉的过程中渐渐认识到，在这个罪恶的世界里，自己作为其中的一分子，作为这个罪恶世界中的一个环节，虽然为罪恶势力所害，但自己也在有意无意地为害他人，这便是对有罪的审判；在所有这些审判的背后还有一个最后的总审判，卡夫卡说："我们发现自身处于罪孽很深重的状态中，这与实际罪行无关。《审判》是遥遥无期的，只是永恒的法庭的一个总诉讼。"这就是对"审判"的审判。

《城堡》是一则包罗万象的寓言。"城堡"虽然具体实在，但它背后的寓意究竟是什么，却一直众说纷纭。"城堡"寓意的复杂性、多义性，最后走向神秘，走向虚无，这便是"关于神秘的寓言"，或者说失去了寓意的寓言。

《在流放地》写一位上尉军官用一台特制的行刑器极其残酷地折磨并处死士兵，但等到新司令上任，宣布要废除这种刑罚制度时，上尉军官自己便毫不犹豫地欣然投入机器之中，同机器一起同归于尽。上尉军官已同行刑机器融为一体了。他既是虐待狂，又是受虐狂；既是罪犯，又是殉道者。这篇小说可以看作是一则有关罪恶、刑罚和殉道的寓言。

纵观卡夫卡的小说，我发现卡夫卡用心灵描绘的那个寓言的世界变得越来越小，越来越窄，其终点就是那个小小的鼠洞。起初，《美国》的主人公卡尔·罗斯曼面对的还算是一个广阔的世界；而《诉讼》中的约瑟夫·K的活动场所就缩小到大街上、走廊上和工地上了；《城堡》中的K进而被限定在客栈与村庄里；老光棍勃鲁姆费尔德便只能龟缩在自己的房间里；绝食大师更进一步，被关在铁笼里；杂耍艺人的世界就是一根秋千；最后，鼹鼠钻入地洞，处在永远的绝望中。卡夫卡的寓言世界由此而永远关闭。

卡夫卡与后现代写作

卡夫卡是说不尽的，今天，我们说什么似乎都可以扯上卡夫卡，卡夫卡与A，卡夫卡与B，卡夫卡与C，卡夫卡与……阿根廷当代著名后现代小说大师博尔赫斯非常推崇卡夫卡。他说："最初我认为卡夫卡是文坛前所未有、独一无二的；多看了他的作品之后，我觉得在不同的国家、不同的时代的文学作品中辨出了他的声音，或者说，他的习惯。"卡夫卡什么都是，卡夫卡怎样都行，卡夫卡无所不包，卡夫卡成了问题，卡夫卡的问题又引出无数其他的问题。这似乎恰好就是后现代的最重要特征之一。于是，卡夫卡悄然成就了后现代写作的诸多可能性，卡夫卡成了后现代写作取之不尽的源泉。"后现代主义特有的矛盾拒绝一切整齐有序的、可能暗藏着价值等级制的二元对立形式。这些矛盾的组成元素通常是多元的；其焦点在差异性上，而不是单一的他性；追根溯源，这些元素最有可能在后现代主义的名称之源——现代主义（或者说，在一次次被奉为正典之说后产生的现代主义'理想类型观'）那里找到。"其最典型的例证，就是卡夫卡。

卡夫卡的影响无处不在，卡夫卡的作品被广泛阅读，特别是在作家圈内，卡夫卡尤其受到那些后现代作家的青睐，譬如博尔赫斯、贝克特、尤奈斯库、海勒等。卡夫卡的创作具有后现代特征，而卡夫卡的思想和创作又直接影响和启发了后现代创作。马泰·卡林内斯库描绘了现代性的五副面孔：现代主义、先锋派、颓废、媚俗艺术、后现代主义。那么，后现代有几副面孔，又是怎样的面孔？我认为，后现代最重要的面孔就是它包含着各式各样的面孔、不断变化的面孔，甚至矛盾对立的面孔，总之，这副面孔就是不确定性。卡夫卡与后现代写作的关联主要便体现在这种不确定性上，而在后现代的这种不确定性面孔之中，或者说构成这种不确定性面孔的还有其他几副重要面孔，这就是延异、悖谬、语言游戏等，这些在卡夫卡的思想和创作中都有较为集中和明显的表述和描写。

第一，不确定性。美国当代理论家哈桑认为，后现代主义最重要特征之一就是不确定性（indeterminacy）。可以说，有关后现代主义的唯一确定的东西，就是它的“不确定性”。在后现代那里，甚至连不确定性也是不确定的，这就是“不确定的不确定性”。

卡夫卡虽然没有将不确定性当作自己的创作原则，但他作品所表现的不确定特征却是非常明显的。卡夫卡的作品缺乏整体的、明确的意涵。“如今谁要是还正经八百地想找出卡夫卡作品的整体意涵，多半会被认为头脑不正常。尤其是想在卡夫卡作品中‘寻找鸟笼’的人。鸟笼是空的，小鸟得继续自由地四处飞翔。连学术界也早已觉悟即便有一万两千种诠释，仍无法找出卡夫卡作品中隐藏的‘秘密’。”1913年5月3日，卡夫卡在日记中写道：“我内在的存在出现了可怕的不确定性。”加缪在论及《城堡》时引用了小说中奥尔加的一段话：“巴纳巴斯早上说他要到城堡去，我听了很伤心。这说不定是条冤枉路，这说不定是白过的一天，这说不定是一场落空的希望。”加缪继而评论道：“‘说不定’——卡夫卡的全部作品也就是这个调调儿。”卡夫卡小说的这种不确定性主要体现在四个方面：主题的不确定、形象的不确定、情节的不确定和叙述者情感的不确定。

卡夫卡认为，世界上“没有最终的东西，按照亚伯拉罕·林肯的观点，只要没有取得公正的解决，就不能说最终解决”。假若世界上的事不可能有最终的解决，小说自然也就不可能有结尾了。以《诉讼》为例，“卡夫卡认为，这场官司永远不应该一直打到最高法院，所以在某种意义上，这部小说本身是无法结束的；它可以无限地延伸”。不仅如此，“卡夫卡的每个警句都可以扩展为一部必然是未完成的小说，而他每一部篇幅较长的未完成小说又都可以归纳为一句警句”。卡夫卡在叙述故事时还喜欢使用一些不确定的词汇，如好像、看来、似乎、然而等，来加强或突出小说意义的不确定性。当代哲学家拉康认为，卡夫卡的作品体现“拆解中心自我”这一特征，而且，“这个拆解中心的自我部分源于个人与语言的含混关系。分析一下卡夫卡作品中的词语、词语的停顿和空白，将大有益处”。

作为后现代主义文学的代表作家的尤奈斯库非常崇拜卡夫卡，他说他第一次接触卡夫卡正是从《变形记》开始的。“我很晚才发现卡夫卡。我读的第一篇作品是《变形记》，它给我留下了很深的印象。”尤奈斯库一方面感觉到小说中有些可怕的东西，“尽管它是以完全非现实的形式出现的”，另一方面，他又认为人变成甲虫是非常自然的事情。因为，“每一个人都可能变成异类，我们大家都有可能变成异类。异类就出自我们自己，我们可能就有异类的面相。也就是说，我们身上那些异类的因素是可能浮现出来的。各民族群体一时表现出的非人道倾向，战争、造反、反犹太的暴行、群体的狂怒和罪恶、专制和压迫等等，这些只是我们丑陋的某些表现，那些属于我们精神的某些东西，无论在今天还是在历史上，都是常见的。我们的丑恶，有无数的表现形式，群体的或非群体的，刺激的或不那么刺激的，明显的或不那么明显的”。于是，尤奈斯库创作了著名的荒诞剧《犀牛》。

第二，延异。“延异”（differance）是后现代主义的核心概念之一，是解构大师德里达自创的关键性概念，旨在瓦解结构意义的确定性。

我们知道，索绪尔的语言学将语言符号划分为“所指”和“能指”，强调两者的关系是人为的，而语言的意义则完全由符号的差异所决定。这样一来，任何符号总是被其他的符号所限定，这就意味着任何符号的意义都不能最终被确定，而符号所代指的实物却永远的不在场，永远的缺席。德里达正是从这个意义上引申出了他的延异概念。“延异”这一概念除了包括以上这层意思，即语言符号的意义取决于符号的差异（difference）外，它还有另外两层意义：一、表示语言的意义必定向外“扩散”（differe）；二、语言意义的“延宕”（deferment），即语言的意义最终不可能获得。

在长篇小说《诉讼》中，主人公约瑟夫·K在他30岁生日的那天，突然在他的寓所里被捕了。“一定有人诬告了约瑟夫·K，他没有干什么坏事，一天早晨却突然被捕了。”但究竟是谁诬告了约瑟夫·K？约瑟夫·K究竟干了什么坏事？法庭究竟如何判决约瑟夫·K？对于这些至关重要的问题，小说一直没有给予明确的回答。叙述者总在延缓并转移这些问题。小说中“在法的门前”一节将这一特征更是表现得淋漓尽致。“第一个门卫后面还有数目不定的另外一些门卫，也许他们有无数个，一个比一个更有力量，因此禁止性更强大，被赋予了更大的推迟权力。他们的潜能是异义扩延，一种无限期的异义扩延，因为它的确持续了一天又一天，‘一年又一年’，直到（那）人的末日。异义扩延直到死亡，而死亡则因为已经终结而没有终结。正如门卫所表述的那样，法的话语不讲‘不行’，而是无限止的‘还不行’。因此就可以说，故事完美地结束了，但也可以从根本上说被粗暴地打断了、中断了。……法通过干扰与推迟‘发生’、介绍、交往、关系等方式来禁止，不许也不可能被接近的是异义扩延的本源：它不准许被表现或被表述，最重要的是不准被看透。这就是法的法，一种其主体我们绝不可能确然肯定的法的作用。它既不是固有的，也不是制定的，人们永远无法靠近它，它也永远不靠近它原初的固有发生地。”于是，主人公约瑟夫·K想方设法为自己洗清罪名的过程便成了小说描写的重点，至于小说的结局却是斩钉截铁的：K接受了莫名其妙的死亡判决，虽然他到末了都没有见过真正的法官。总之，关于《在法的门前》，德里达说：“这篇文本，除了无休无止的异义扩延（直至死亡），它不讲述任何确定的东西，不显示故事自身以外任何可辨认的内容，但是它仍然保持严格的无形状态。”

第三，悖谬。“悖谬”（Paradox）一词源于希腊文“paradoxon”。其中“para”意为“超越”、“超出”，“doxon”意为“观点”、“想法”、“设想”。“Paradox”意指“与普遍信念相矛盾的说法”、“看似矛盾、荒谬、不可信但却可能是真实的说法”。陆谷孙主编的《英汉大词典》将该词解释为：“似矛盾而（可能）正确的说法，似非而是的隽语”，也可以称之为“佯缪”。在后现代理论家看来，“悖论是矛盾的一种形式。它提出一种主张的同时又否定了这种主张（而且，反之亦然），它提出的有限定的陈述却只能由无限性来解决。这种悖论的无限性涉及无休止重复的可能性或是如环无端的圆形可能性”。

卡夫卡是一个深知悖谬，或者简直可以说是一个由悖谬构成的作家，而在他的作品中则充满了各式各样的悖谬。叶廷芳说：“卡夫卡整个一生都由一个逻辑范畴控制着：悖谬。它不仅支配着他的思维方式，也左右着他的生存方式，可以说，他的整个精神结构就是悖谬式的：一个方面表现的软弱，正意味着另一个方面必定是坚强，或者说，他在一个方面对软弱的牺牲，在另一个方面必定是坚强的增添。”卡夫卡是表现主义作家中最有创作成就而生活上最无成就者。他对父亲既爱又恨，既依赖又斗争；他与母亲的关系纠缠于爱与不理解之中。他在自己的亲人中间感觉比陌生人还要陌生。他一辈子都在努力逃离布拉格，但他永远无法摆脱布拉格，最终还是葬在这片古老而沉重的土地上。他的履历表平淡无奇：上学、工作、疾病、死亡，但在这平淡无奇中却隐藏着极为神秘的传奇色彩。他害怕孤独，但更怕失去孤独，为此他经受了数不清的痛苦和磨难。当他身体健康时，他是那么衷心地欢迎疾病的到来，而当他的生命即将结束时，他又是那么期待奇迹的发生、疾病的痊愈。他将写作视作生命和存在的理由，但他所精心挑选的理想工作却与文学没有任何关系。他白日上班时常常不得不让宝贵的时间任意流逝，而在夜深人静时他又不得不拼命写作。他生活中的两个时钟走得不一致，内心生活和外在生活相互撕扯着，无法协调一致。他忍受着生活，但又不可能忍受生活。最后，他在临终前终于将护理他的克劳普施托克博士难住了，他要求博士继续大剂量地给他用吗啡，“杀了我吧，不然，你就是凶手”。

可以说，卡夫卡的小说只不过是卡夫卡生活和思想悖谬的表征。翻开卡夫卡的作品，悖谬随处可见：城堡近在咫尺，但永远可望而不可即；莫名其妙的被捕与审判，法官对被告也一无所知；法门专门是为你开的，但你一辈子也进不去；推销员一晚上就变成了甲虫，被全家人唾弃；在流放地，行刑者突然自愿成为受刑者，让自己与行刑机器同归于尽；饥饿表演者的表演成了绝食，老光棍怎么也摆脱不了跟在屁股后面的两只赛璐璐球；人猿将自己的经历感想打报告给科学院；获得奥运会冠军的游泳健将其实根本就不会游泳……卡夫卡发现了阿基米德点，但他撬起的不是外部世界，而是自我。

美国黑色幽默作家海勒是一位深受卡夫卡影响的犹太作家。在他的《二十二条军规》中我们不时地可以看到卡夫卡的影子。小说中牧师受审的一段，颇有卡夫卡《诉讼》的味道：两个“政府派来的”军官不由分说把随军牧师带走了。路上，少校劈头就说：

"这就是你犯下的一项大罪，神父。"

"什么罪？"

"目前我们还不知道，"上校说，"但是我们会调查清楚的，我们肯定你的罪行是非常严重的。"

牧师于是被带到了底下审讯室，他在一张纸上写下了自己的名字。少校看过后"大失所望"、"满心厌恶"。他认定这不是牧师的笔迹：

牧师大为诧异，很快眨着眼睛："这当然是我的笔迹。"

"不，不是，牧师，你又在撒谎拉！"上校说。

"这是我刚才写的！"牧师恼怒地喊起来。"你们看着我写的。"

"问题就在这里，"少校痛苦地回答说。"我看到你写的，你不能否认这是你写的。一个人对自己的笔迹撒谎，就会对什么事都撒谎。"

看来，犯罪并不需要理由，受审就意味着犯罪。有罪与无罪的界限消失了，剩下的便只是文本问题和语言问题了。

第四，语言游戏。后现代主义在中心消解、主体消失后，过去一直作为工具和手段的语言，一跃而成了主体。另一方面，后现代主义又强调能指与所指的对应关系其实是人为的，语言的意义完全由符号的差异所决定。语言从来就不存在固定的意义和内涵。

像后现代主义者一样，卡夫卡也认为语言就是存在的家。卡夫卡认为，最能体现人的本质的是人的语言，"语言固然是人类最普通之事，人人都会讲，如同每只老鼠都会叫一样。但只有当卡夫卡的女艺术家、老鼠歌唱家叫唤时，她的叫声才摆脱了日常生活的桎梏，从而也使我们获得了片刻的解放"。正是语言使卡夫卡开始思考他与母亲、他与父亲的关系，以及"他是谁"、犹太人的归属问题。

卡夫卡在强调语言的存在论意义的同时，也意识到了语言的危机，并为此而深感焦虑。卡夫卡的思想曾受到奥地利哲学家马赫的影响。卡夫卡上大学时的科学教师戈特沃尔德是马赫理论的追随者。那时卡夫卡就对语言问题具有浓郁的兴趣，常就语言的哲学功能、力量和弱点等问题与同学们展开讨论。马赫认为，世界的真正要素不是物，而是颜色、压力、空间、时间这些我们称之为感觉的东西。世界便是由这些具有某种函数关系的感觉要素构成，科学知识绝不是客观实在及其规律的反映，而只是对感觉要素的一种"方便的描述"，也就是一种"经济思维"。科学理论和知识由词语、概念构成，而这些词语和概念只不过是一些经济简便的符号。对于那种"书不尽言，言不尽意"的语言危机意识，卡夫卡有着深切的体验。

卡夫卡现存的最早的小说《一次战斗纪实》（大约写于1903至1904年冬天）就涉及语言的疾病和语言的危机问题。小说中的胖子在听了祈祷者的倾诉之后，明白了祈祷者的问题所在：患上了一种"大陆上的晕船病"。这种晕船病的本质是：忘记了事物的真正名称。"语言的疾病不仅是一种现代性疾病，并且，它贯穿在整个人类历史当中。"语言和现实分离后使得一切都变得不再真实。我们原以为和现实的关系十分牢靠，十分稳固。但其实不然，我们和世界的联系只是外表的联系，因为这种联系是通过语言建立起来的。

卡夫卡的长篇小说《城堡》自1926年问世以来，有关的阐释和分析已经数不胜数。然而，我们悬置所有的有关评论和阐释，将小说当作一个有关语言的故事，或者一个语言的游戏来看，也许并不是没有道理的。英国学者理查德·谢帕德显然注意到了《城堡》中阿玛莉亚对奥尔嘉和K说的这样一段话："这是在讲城堡的故事吧？你们到现在还一直坐在一块儿？你来时不是说马上就要走吗，K？现在都快十点了。这些事和你到底有什么关系？我们这儿有些人是靠讲这些故事吃饭的……"如此看来，卡夫卡在这部著名的小说中或许只不过讲了一个有关城堡的故事，正如奥尔嘉也讲了一个有关城堡的故事一样，其实，还有许多人也都在讲这个故事。这个故事与我们许多读者或许并没有什么直接的关系。对于那些试图阐释卡夫卡这部“挑逗性作品”的批评家，任何阐释都可能招致同样“讥讽性的评论”。

梦幻般的内心生活

《美国》（又译作《失踪的人》）是卡夫卡创作的第一部长篇小说，写作于1912年至1914年之间。这也是他的三部长篇小说中出版最晚的一部，该书出版于1927年。小说没有写完，也属于卡夫卡在遗嘱中应当予以焚毁的作品之一。1927年，小说经过卡夫卡的朋友布罗德的编辑整理，以《美国》为书名出版。卡夫卡没有去过美国，但他对那里的民主制度很感兴趣，他也经常提及他的“美国小说”。小说虽然以“美国”作为书名，但写的却并不是美国，或者更确认地说，并不是以反映美国的社会现实为目的，美国在这里只是给小说提供了一个故事背景，就像《城堡》中的城堡一样。当代著名作家米兰·昆德拉曾诧异地问道：“卡夫卡的《美洲》（应译为《美国》），让人奇怪的小说：说到底，这个29岁的年轻散文作者为什么把他的第一本小说放在一个他从未涉足的大陆呢？”答案是：“这个选择表明一个清楚的意向：不搞现实主义；或者更应该说：不搞什么认真的。”看来，卡夫卡想要做的无非是“表现他梦幻般的内心生活”，“将现实转换成一种寓言，并循着神话追溯人类生存的痛苦”。而这一切似乎都印证了卡夫卡自己所说的，《美国》是“梦呓，是对永远不会成为现实的什么东西的回忆”。

卡夫卡从一开始就是一个独一无二的作家，卡夫卡的第一部长篇小说《美国》就具有鲜明的“卡夫卡式”特征。卡夫卡以后所有的作品，尤其是他的长篇小说，都可以从这里找到影子或根源。卡夫卡的朋友布罗德说得很明确：“至少在观念上，这部小说并没有与以后的创作完全分离，它第一次奏响了以后一再出现在卡夫卡的三部长篇小说中的主旋律，这‘孤独的三部曲’就像以后布罗德所说的那样：犯罪和惩罚，儿子们的反叛，父亲们的胜利，以及父亲们通过使用流放、最终处以孤独的死刑的权力。”这也就是说，《美国》的主题、形象以后将反复出现在卡夫卡的重要小说中，并且一以贯之地形成了卡夫卡自己独特的艺术风格。

翻开小说我们首先感受到的便是主人公的孤独感和陌生感，一个16岁的孩子被只身放逐到一个完全陌生的国度，还未下船就发现雨伞丢了，接着又迷路了，还担心着他的箱子丢了。当雅可布参议员把他认作外甥时，他感到震惊不已，他当时的表情引起了所有在场的人哄然大笑。卡尔对此完全不能理解，他心里想道：“我说的话绝对不会如此可笑。”然后他被舅舅领进了那幢高楼大厦，身处纽约繁华闹市，他就像一只迷途的羔羊。在乡村别墅，他备受折磨，一直处在担心和恐惧之中。由于他违背了舅舅的意志，再次被打发走。在去拉姆斯的路上，卡尔将两个流浪汉当作朋友，而他们除了将他身上有用的东西都搜刮干净外，还总想伤害他，并且偷走了他弥足珍贵的唯一的一张他父母的照片。在西方饭店，由于他不得已留下了喝醉了酒的鲁滨逊，被当作贼似的打发走，没有人相信他是清白的。逃出饭店，又被警察追捕，德拉马歇救了他，但他又被迫给他们当仆人。最后踏上了远去的火车……总之，卡尔就像是一只惹人生气的猫，被人们一次又一次扔到了门外，在这个陌生的世界里他所看到的永远是陌生的面孔，无所归属、无家可归。

这就是卡夫卡创作中一以贯之的主题：现代人的孤独感和陌生感，当然，这一主题在不同的作品中其表现形式也有所不同。譬如在《变形记》中，这种孤独感和陌生感就是通过“人变成甲虫”这一寓言形式表现出来。

《美国》中也有一场真正的“审判”，卡尔被烂醉如泥的鲁滨逊缠住不放，只得将自己负责的电梯托付给另一位电梯司机，然后将鲁滨逊送到寝室里去休息，当他回来时，他擅离职守一事被领班发现了。领班朝卡尔大声嚷嚷，“你未经允许就离开岗位，你知道这意味着什么吗？”审讯开始时，卡尔被吓坏了，他只是呆呆地瞪着领班那个黑乎乎的大嘴洞。

“你突然身体不舒服了？”领班狡黠地问道。

卡尔审视地看看他，回答说：“没有。”

“一次也没有不舒服过！”领班提高声音喊道，“那你一定是编了一个大谎言。你有什么理由？说出来吧。”

其实他现在申诉任何理由也没有人相信他，门房总管恶狠狠地说：“我也认出你来了，你是唯一一个不跟我打招呼的家伙。你有什么可骄傲的！……你这个小无赖！”卡尔后来终于明白，“若别人心无善意，你怎么也没法为自己辩护”。他所说的话，到后来全都变样了，不是他所指的意思了；他也知道，是好是坏，只能听任他们的评判了。于是，他被当作贼打发走了，就连对他有好感的厨房总管和特蕾丝也对此坚信不疑。

这种对无辜者的不分青红皂白的、没有任何申诉机会的审判同《诉讼》中的审判何其相似！一个晴朗的早晨，银行高级职员约瑟夫·K在自己的寓所里，莫名其妙的被捕了，K不知道自己犯了什么罪，来逮捕他的看守也不知道，只知道“你被捕了，这是事实”。在初审时，一位预审法官用确切无疑的口气问K：“您是房屋油漆匠吧？”预审法官根本不知道他是谁，于是K大声为自己辩护，但他最后终于明白了：“你们全是当官的，在我看来，也就是我刚才谈到的那帮贪赃枉法的家伙！……你们假装分成两派，一些人给我鼓掌，为的是引诱我讲下去。你们想尝试一下怎样捉弄无辜的人！”卡尔同K相比，只不过还保留了一些年轻人的天真和稚嫩。

另外，门房总管这一形象意味深长，他说：“我作为门房总管，凌驾于一切之上，因为旅馆的所有的门，就是说这个大门、三个中门和十个偏门，都在我的领导之下，那些数不清的小门和没有门的出口更是不在话下。”这番关于门的议论不由得使人联想起《诉讼》中那个著名的“法门的故事”，即关于“门”的故事。在这里，门房总管和门警就是生活的裁定者，世界的主宰，他们掌握了普通人进门和出门的权力，没有了进出门的权力也就失去了生活的权力。

总之，《美国》中的“美国”在失去了具体所指后，便成了一个语意漂浮的象征符号，批评家和读者也就可以根据自己的理解将其锚泊在任何一种稳定而清晰的意义上。譬如布罗德便认为小说探讨的是“个人进入人类社会的问题”，“同时也是个人进入天国的问题”；而更多的人却愿意将“美国”看作是一种人类美好社会的象征；也有人将小说当作是对美国社会的批评和揭露；当然，将“美国”当作是卡夫卡逃避布拉格的一种策略，或是一种对自由的向往，也不无道理。所以，由于小说中“存在着模棱两可的地方，不同的阐释者也就作出了各自不同的解释”。《美国》的这种寓意的丰富性和不稳定性，在卡夫卡的最重要的长篇小说《城堡》那里更是得到了淋漓尽致地发挥。

“失踪的人”与人的失踪

卡夫卡那部被布罗德称作《美国》的小说，常常也被译作《失踪的人》(*The Man Who Disappeared*)。其实，卡夫卡在书信中提到这部小说时就称它为《失踪的人》。“我正在写的这篇情节设计得没完没了的故事叫作《失踪的人》……情节完全发生在北美利坚合众国。”1914 年 12 月 31 日，卡夫卡在日记中写道，他完成的作品只是“《在流放地》和一章《失踪的人》”。不同的书名对于理解这部小说可能有着完全不同的意义。我国著名卡夫卡研究专家叶廷芳先生认为，“失踪者”也许更符合卡夫卡的“本意”。因此我们完全有必要从这一视角对小说重新进行分析和解读。

小说中“失踪的人”自然是指主人公卡尔·罗斯曼，小说正是通过描写他的一再“失踪”，表现了人的失踪，即人的价值失落、人性失落这一主题。卡夫卡在不经意间在他的第一部未完成的长篇小说中就捕捉并表现了 20 世纪最重要的文学主题。“16 岁的卡尔·罗斯曼被父母送往美国，因为一位（35 岁的）女仆引诱他，并生了他的孩子。”小说一开始，主人公就从他的家乡、他的祖国、欧洲大陆失踪了，他只身来到了美国。卡尔·罗斯曼是一个张大着眼睛的被放逐者，被放逐者对于放逐者来说，就是失踪者。放逐者希望被放逐者在一个完全陌生的世界永久地消失。

轮船抵达纽约港，手持竹制拐杖的先生上船问过卡尔的名字后说："我就是你舅父。"他是爱德华参议员。舅父知道卡尔受女仆引诱被父母抛弃的事后，特来此地接他。舅父的朋友波伦德先生邀请卡尔去纽约附近的小庄园里游玩。午夜时分，格林从纽约赶到这里，带来了卡尔舅父的一封信："我必须把你打发走……你违背我的意志做出决定，今天晚上离开我，那你今后一生都要坚持这一决定；只有这样，这才是男子汉的决定。"于是，卡尔离开别墅，重新上路。他又从舅舅的家中失踪，从繁华的纽约闹市失踪，消失在茫茫的流浪者队伍之中。

卡尔在流浪过程中受到两个流浪汉的欺骗。他后来认识了西方饭店的厨房总管，他们是老乡。总管给卡尔找了份电梯工的工作。流浪汉鲁滨逊喝醉酒来找卡尔要钱，卡尔不得不照顾他，他离开电梯后被领班发现了，领班立刻解雇了他。卡尔没有任何申辩的机会，他再次从西方饭店失踪，开始了避难流亡的生活。

卡尔从广告上得知某剧场招人。他以"内格罗"为名前去应聘，被录用为演员，后又改聘为技术工。卡尔遗忘了他昔日所做过的一切，甚至将父母赐予他的名字"卡尔·罗斯曼"也抛弃了。他疾步上了远去的列车。"他们乘车走了两天两夜。现在卡尔才知道美国很大……"这时的卡尔，没有过去，没有牵挂，没有了明确的身份，不知从何处来，也不知向何处去，卡尔终于从读者的视野中彻底消失。

以上就是卡尔失踪的大体过程，从某种意义上说，卡尔的失踪就是人的失踪。在尼采宣告了"上帝死亡"之后，后现代主义宣告了主体死亡、作者死亡，随之而来的便是文学中人物的死亡。德国著名基督教思想家、哲学家马克思·舍勒说："我们时代首开先例：人相对他自己已经完全彻底成问题了。"加缪说："如果我试图把握这个我确定的'我'，如果我试图给它下定义并要概述它，那就只会有一股水流从我手指流过。"福柯宣称："人是近期的发明，并且正接近其终点。”“人将被抹去，如同大海边沙土地上的一张脸。”某些后现代主义学者认为：“面对一个无法想象的现实结果（环境污染、种族大屠杀、主体的死亡），人感到巨大的震惊，丧失了固定的参照点。无论是世界还是个人自己都不再拥有统一性、有机性、意义。”总之，人的失踪是20世纪西方文学中的一个十分重要的主题。卡夫卡笔下“人的失踪”主要体现在以下三个方面：

首先，在宗教意义上，卡尔最初的失踪是人面对上帝的失踪。卡尔因为受到女仆的引诱而失去了上帝的恩宠，正如人类因为原罪而失去了上帝的恩宠一样。人一旦失去了上帝，失去了信仰，也就失去了生活的目标和意义，因而也就成了失踪的人。

卡尔被放逐使我们自然联想到人类始祖亚当因原罪而遭放逐的状况。亚当偷食禁果是因为夏娃的引诱，夏娃犯罪则因为蛇的引诱。耶和华神对亚当说：“你既听从妻子的话，吃了我所吩咐你不可吃的那树上的果了，地必为你的缘故受诅咒：你必终身劳苦……”于是，“耶和华神便打发他出伊甸园去……于是把他赶出去了”（《圣经·旧约·创世记》第三章）。卡尔也是因为受到女仆的引诱而偷食“禁果”，他因而遭到了父母的放逐。“他如此受到了惩罚，但他的过错是这样一种过错，只要提及它，他就足以获得别人的谅解了。”卡尔所犯的过错就是一种类似于原罪的过错。

卡尔为什么被放逐到了美国而不是世界上任何一个其他的地方，譬如非洲或者中国？卡夫卡没有明说，但肯定自有其中的道理。我们知道，“美国”在欧洲人心目中，就是被放逐人的生存之地。1620年12月，当英国第一艘载运清教徒移民的轮船“五月花”号抵达普利茅斯后，美国便成了许多欧洲人心目中被放逐者的生存栖息之地。1911年，也就是卡夫卡动笔撰写《失踪的人》的前一年，德语作家埃尔温·罗森出版了一部纪实作品《德国捣蛋鬼在美国》，书中有这样一段话："每当一个浪荡哥儿捣乱作恶，使全家饱尝其苦，不堪忍受的时候，德语国家的人们通常都会想到一个简单干脆得让人吃惊的办法：把这个败家子打发到美洲去，打发到美利坚合众国去。"

果然，卡夫卡笔下的《美国》，"充满了罪孽，而不是罪恶，其中罪恶和纯真都是和罪孽相关的"。并且，"在美国和在欧洲一样，孩子们都受到了家庭和社会的压制；他所犯下的罪行都是不可避免的，所犯下的错误也是由年轻和没有经验以及受可耻的敦促而造成的"。卡尔在一次又一次经受了美国的放逐生活后，在小说最后他又接受了新的引诱。卡尔看到一则广告。上面写着"俄克拉荷马大剧场"在克莱顿赛马场招收工作人员。于是，卡尔用身上仅有的钱买了地铁车票，踏上了去克莱顿的列车。这是又一次新的生活、新的事业和新的理想的引诱，卡尔的结局如何，我们却不得而知，因为小说没有写完，没有结尾。不过，从卡尔以内格罗为名去应聘来看，或许能透露出一丝未来的信息。内格罗（Negro）是一个黑人的名字，这个名字在字母的字数与元音的排列上与卡夫卡（Kafka）有着某些神似。这种神似是否意味着非洲黑人与犹太人有着相同或相似的命运？他们都失去了自己的家园，在世界各地漂流，无法摆脱受排挤、被驱逐，甚至被掠杀的命运。至此我们或许可以猜想，卡尔是否还会再一次经历放逐和失踪？而这一次失踪或许就是永远的失踪！

其次，在政治意义上，人因为追求自由而失去了自己的身份和地位，因而成为失踪的人。追求自由本来是人的理想，但是在现实生活中，人却迫不得已地不断颠覆对自由的追求。追求自由变成了对自我的放逐，这种情形在《失踪的人》中同样是显而易见的。

自19世纪以来，在许多欧洲人眼里美国就是一片自由的乐土，1886年，法国人民赠送给美国人民的巨型"自由女神"雕像就是证明。卡尔只身来到代表着自由与民主的美国，他失去了父母的庇佑，但却获得了一切由自己做主的自由。卡尔乘坐的轮船驶入纽约港，“这时，他凝望着早已在望的、阳光骤然强烈的自由女神之雕像。她那手持宝剑的臂膀像是重又高高举起：自由的空气吹拂着她”。不用说，真正的自由女神手中拿的不是宝剑，而是火把，因为宝剑通常代表着复仇和正义，而火把则象征着自由，小说中也的确提到了“自由的空气”。的确，美国的自由见证了卡尔一次又一次的失踪，或者说一次又一次地促成了卡尔的失踪。随后，卡尔面对自由女神雕像自言自语道：“真高！”“他压根儿没想到走开，结果被从他身边走过的越来越多的行李搬运工渐渐挤到了紧靠甲板栏杆的地方。”卡尔不知不觉中领略到了自由的力量，从此，“被排挤”成了卡尔摆脱不掉的命运。

卡尔刚来到美国，还来不及为离开家乡亲人而悲伤，立刻就为自己获得了自由而兴奋。卡尔来到了这样一个国家，在这里似乎什么都有可能，到处都是机会。卡尔首先要做的就是为遭受不公待遇的司炉主持正义，但卡尔并没有为司炉争取到正义和权利，司炉接受惩罚反而被认为是“活该”。卡尔在美国初次自由的行动并没有带来他所希望看到的结果。

随后，卡尔来到已成为参议员的舅舅家里，过上了富足悠闲的生活，但这也是一种近乎禁闭的生活，因此一旦有机会去郊外别墅，他便不顾舅舅的一再劝阻，毅然前往。在郊区的夜晚，他又一次体验到自由的快乐和幸福，但他也因而遭到了舅舅的遗弃。而舅舅的遗弃使他再次变得无牵无挂、无拘无束，他又自由了。

从此，卡尔开始了他真正自由的生活。他自由地选择了与两个流浪汉一道踏上通往拉姆斯之路，他又自由地选择了留在“西方饭店”当一名电梯工，最后他自由地选择了去“俄克拉荷马大剧场”应聘，寻找新的机遇。但是，卡尔的每一次自由都是以失去原有的身份和地位为代价的，他的自由就是一次次遭受放逐，最后，当他一无所有时，他彻底自由了，而那时他感受最深的就是孤独和凄凉。追逐自由终于走到了自由的反面：不自由；人在自由中最后变得一贫如洗，无所归属。德国著名哲学家海德格尔认为，人的本质逃避人，它不能遇到这个本质。人的所作所为正使他面临一个前所未有的困境：他日益使他周围的环境变得不可居住了。我们总是在我们周围的世界中遇到各种各样人的活动，尤其是在我们不需要的地方也常常不可避免地遇到这类活动。“在真理中，即在其本质中，人总遇不到它自己。”从某种意义上说，人的本质就是人的自由，但人总是同其本质擦肩而过，最后甚至走到了其本质的反面。

再次，在社会意义上，人在现代工业社会中，尤其是在官僚技术机构中失却了自身。卡尔最初是因为违背了家规而遭到父母的放逐，但他自己其实是受害者。卡尔受到家里35岁女仆的引诱，他对那位姑娘并无情感。父母为了避免交抚养费和丑闻，于是将他们亲爱的儿子打发到遥远的美国去。卡尔在家庭中失去了自己的位置，家庭的荣誉和原则显然比卡尔更为重要。随后，卡尔还未下船就初步领教了社会规则的力量。卡尔在船上结识了司炉工，司炉工向卡尔倾诉了自己所遭受的不公正待遇。然而，在卡尔的舅舅看来，公正代表着纪律和规则，而纪律和规则则由船长来代表。接下来，卡尔在舅舅权威的阴影下生活，舅舅代表着纪律和规则。在舅舅的公司里就运用美国的最新技术对人进行最严格和机械化的管理。在这套管理模式下，人的身体受到强化训练以达到最高效率。舅舅经营这一模式已经30多年了。在舅舅的世界里，人屈从于纪律和规则；一旦你违背纪律和规则，便将从这个世界消失。一天晚上，卡尔应邀赴波伦德先生在纽约郊区的别墅游玩，有忤逆舅舅的意思，也就是违背了舅舅的纪律，于是他被舅舅永远地逐出了家门。

稍后，卡尔在西方饭店的经历更是说明了公司纪律和规则的权威和力量。卡尔因为短时间离开电梯被领班发现了，于是领班抓住卡尔的衣领，将他几乎是提到钉在墙上的电梯工作规则面前，命令卡尔大声念。卡尔明白，他已经被解雇了。卡尔因为不跟门房总管打招呼而被记恨在心，因此他被解雇在所难免。当所有的人都变成了“常人”时，没有人还能保持自己独立的精神和品格。当“常人”蜂拥而出时，真正的人也就消失了。

小说中对交通工具，尤其是当时在美国已经相当普及的汽车的描写和遐想，表明卡夫卡已经预感到了机械时代人的异化和失落。“路上整天都有汽车一辆接一辆开过去，好像它们是从遥远的地方按一定数量发送过来，而下一个遥远的地方又期待它们以相同的数量开过去。这一整天，从清晨到现在，卡尔没有见到一辆车子停下来，也没见过有一个乘客下车。”机器越来越庞大，越来越密集，而人则变得越来越小，以至模糊不清、无法辨认了。整个社会就像一架巨大的机器呈现出一体化、统一化、精密化，“仿佛全都受了同一个刹车的控制”。个人就是社会这架庞大的机器的齿轮或螺丝钉，任何人稍稍自由的个人动作和自由都将使他脱离机器或被这架机器碾得粉碎。

以上即卡夫卡通过描写和叙述卡尔的失踪所展现的“人的失踪”的基本内涵及意义。从失踪的人到“人”的失踪，卡夫卡似乎感觉到了第一次世界大战中无数死亡的人，预见了第二次世界大战期间犹太人的集体失踪。人权的消失就意味着人的消失。小说的最后一章“俄克拉荷马露天剧场”写作于1914年10月，这时第一次世界大战已经爆发两个月了。1914年8月2日，卡夫卡在日记中仅写了这样一句话：“德国向俄国宣战，——下午去游泳学校。”卡夫卡心中的隐痛也许难以用言语来表达。这时奥地利当局正在全民总动员，卡夫卡的两个妹夫都应征入伍了。战争虽然没有在卡夫卡的创作中直接留下多少的痕迹，但对于卡夫卡的思想和生活的影响却极为深刻而持久。

卡夫卡的三部长篇小说其实可以看作是前后连贯一致的“三部曲”，描写一个人从出生到童年、青年、成年、壮年的成长经历。“至少在观念上，这部小说并没有与以后的创作完全分离，它第一次奏响了以后一再出现在卡夫卡的三部长篇小说中的主旋律。”三个主人公的共同特点之一，就是他们都是从纯真世界被驱赶出来的。“罗斯曼因为与女仆的性关系而被驱逐到了美国的新生活之中。约瑟夫·K则是因为无法证明自己‘法律上的无罪’而被驱逐到‘新世界’；而K则是因为城堡不能接受他到那里去的‘纯真’理由而被驱逐到了不确定的‘新世界’。”可以说，描写人的失踪是卡夫卡小说中一贯的主题，人的被驱逐就意味着人的失踪。卡尔是“一个张着大眼睛的被放逐者”，他的一次次失踪必定使面对他的读者不得不睁大眼睛。

关于“门”的思考

我们每天都要多次的进门、出门，却不知这门里原来还能讲出哲学来。二十世纪著名作家卡夫卡有一篇小小说，名为《法门的故事》（又译作《在法的门前》），讲的就是有关门的哲学。

小说的故事大体如此：“法院门口站着一个值班的门警。一个乡下人来到这个门警跟前，要求让他进去。”可是门警不让他进去。乡下人问，“以后我是否可以进去？”门警说，“那倒有可能，但现在不行。”接着，乡下人做了各种努力，他把自己所有的东西都送给了门警，门警笑着都收下了，但却并不放他进去，只是说，“我之所以收下你的土特产，是为了让你明白，你能做的事你都做了，但我就是不放你进去”。于是，乡下人开始了他的漫长的等待，直到他临死前，他终于忍不住向门警提了一个问题：“这些年来，怎么只有我一个人跑来要求进去呢？”门警回答说：“因为这门就是专门为你开的。”

这个故事充满了悖论：大门敞开着，却又有守卫；门警答应放他进去，又一直不肯放行；乡下人可以闯进去，但他自己又禁止自己进入；乡下人最终没有进去，而门又是专门为他开的。海南大学的张志扬先生进而发挥道：“门，既是范域的限定，又是这限定的缺口，既可破门而入，又破门而出，‘进入存在’或‘超出存在’。如果完全的隔就不必通了，完全的通就不必隔了，又通又隔，于是有门，所以，门是限定中的否定。门的肯定是在否定中或通过否定建立起来的。”“迄今为止，人建立世界，就是建立门。”经他这么一解释，简单的道理变得十分深奥起来。其实，人建立门的目的，就是让人进出；而与此同时，人建立门的目的也是为了不让人进出。门，既可以打开，欢迎你的到来；又可以关闭，拒绝你的进入。

看来，这个故事的寓意虽然含混，但却含混得清清楚楚；它如此深刻，又如此完整，以至于可以作出各种不同的解释，同时又根本不能再作任何解释。对于这故事，还是那位神甫说得好，“没有必要去把每一件事情都当作是真实的，人们只要把它当作是必需的”。这就是说，解释是可能的，但绝对的解释却是不可能的；接受是必须的，而理解却并不是绝对的。门里面是什么，可能什么都有，也可能是彻底的无。门，作为没有真理的真理，它守卫着自己，但它并不是自己守卫自己，而是由一个门卫守卫着，但门卫什么也不守卫，因为门一直开着，其实门里面什么也没有。

卡夫卡后来将这个故事写入他的长篇小说《诉讼》中，主人公约瑟夫·K莫名其妙地在自己的寓所里被捕了，最后被判处死刑；K在上诉的过程中渐渐认识到，在这个罪恶的世界里，自己作为其中的一分子，作为这个罪恶世界中的一个环节，虽然为罪恶势力所害，但自己也在有意无意地为害他人；在所有这些审判的背后还有一个最后的总审判。这里，每一次审判都是一道门，K总在进门，但他永远都处在门外，因为他永远也无法进入最后的那道门。《变形记》中的主人公格里高尔的命运也与他的出门、进门、开门、关门密切相关，格里高尔每次出门必受伤害，最后他被关在门内，孤独地死去。

卡夫卡就是这样一个站在门口的作家。卡夫卡什么都不是，但他又什么都是。他三次订婚，又三次解除婚约，最后一辈子没有结婚，他站在婚姻的门外；他视创作为最神圣的职业，但他却当了一辈子保险公司的职员，临终前他嘱托自己的遗嘱执行人，将所有的作品看也不用看的统统付之一炬，这次他站在作家的门口；他因为没有好好地生活过，所以特别珍惜每一分一秒，颠倒黑夜和白天的创作，使他过早地染上重病，年仅41岁便撒手人寰，原来他一直就站在生活的门口。

卡夫卡，这位站在门口的作家，虽然无所归属，但门里的人首先看到的是他，门外的人首先看到的也是他，他最终超越了门里门外，成为一个真正属于全世界的作家。

“法”门内外

卡夫卡的《诉讼》属于那种初看也还明白，越看却反而糊涂的小说。小说的情节并不复杂：主人公约瑟夫·K在他30岁生日的那天，突然在他的寓所里被捕了。“一定有人诬告了约瑟夫·K，他没有干什么坏事，一天早晨却突然被捕了。”小说开头一句便给读者留下许多疑问：谁诬告了约瑟夫·K？谁说“有人诬告了约瑟夫·K”？这是怎样的一种“诬告”？诬告约瑟夫·K干了什么坏事？他的姓为什么只是一个字母“K”？约瑟夫·K是怎样被捕的？这些疑问和不确定性贯穿在整部小说之中，期待着读者去寻找线索和答案。随后，K自知无罪，他想方设法为自己洗清罪名，但他最后认识到反抗是毫无意义的，默认了法庭的判决。于是，一天夜里，在一个废弃的采石场里K被判处了死刑……显然，卡夫卡的这部小说与“法”相关，可以说，小说中的一切都笼罩在“法”之中，而小说中那个监狱神甫所讲的关于“法门”的故事又是整部小说的核心。况且，卡夫卡的作品大多与“法”有关，“在他的作品中处处有法官的坐席，处处宣告被执行判决”。因此，探测小说中“法”的内涵及其界限，不仅对于理解这部小说是至关重要的，并且，对于理解卡夫卡的所有作品也是有意义的。但我以为，小说中的“法”又不是一个内涵单一确定的概念，它包含着至少三个层面含义；而“法”的内外界限也常常是不确定的、变化的，可以说，小说中的世界就是法门内外的世界，这也是卡夫卡自己的世界。

翻开小说，我们发现其中法庭、法官、检察长、警察、被告、律师，乃至看守、刽子手等都一应俱全，然而却缺少明确的原告。“有人诬告了约瑟夫·K”，这个“有人”是谁呢？并且这个“一定”在语气上也只是一种推测或猜测，直到小说结束时我们仍然不知道是谁控告了约瑟夫·K。如果没有其他人控告约瑟夫·K，那么约瑟夫·K的原告就应当是他自己了。“他只得仔细地回忆他的一生，就连最微不足道的行为和事件也得从各个角度详细解释清楚。”约瑟夫·K的自我控告了约瑟夫·K，正如卡夫卡的自我控告了卡夫卡。卡夫卡说，《诉讼》中的一切“皆出于我表达个人内心生活的欲望”。因此，通过卡夫卡的自我控告，我们便可以解读约瑟夫·K的自我控告。

卡夫卡的一生始终伴随着犯罪意识，始终存在某种对犯罪和惩罚的焦虑和恐惧。卡夫卡出生时，父亲的事业正处于兴旺发展阶段，父亲一门心思做生意，他的生活没有给任何其他事情留下空间和时间。母亲一门心思帮助丈夫，白天为他工作，晚上听他抱怨、发牢骚，陪他打牌，在他们49年婚姻生活中几乎天天如此。然而，不幸的是，他们却没有满足孩子的要求。卡夫卡作为这个家庭的头生子完全被忽略了，并受到了最为严重的伤害。卡夫卡一直保留着某种惊恐的想象，他认为父亲就是审判他的最后法庭。多年以后，卡夫卡在那封著名的《致父亲》的信中回忆起，他经常和妹妹奥特拉一起谈论并思考他父亲，但“并不是想要想出什么对付你的办法来，而是为了以全副精力，以幽默，以严肃，以爱、抗拒、反感、服从、负罪感，以脑袋和心脏的一切力量来详细研讨那在我们与你之间晃悠的可怕的诉讼，谈一切细节，一切方面，利用所有的机会，无论相距远近都来共同谈透这个问题。在这场诉讼中你总是声称自己是法官，但实际上，至少在绝大多数情况下，你同我们一样，是既弱小而又诚惶诚恐的一个当事人”。在谈到母亲时，卡夫卡这样写道：

她（母亲）太爱你了，她太忠实于你了，以至于在孩子的斗争中她未能成为一种独立的、持久的精神力量。随便说一句，孩子们在这方面的直觉被证明是正确的；多年以来母亲变得越来越依附于你。只要是有关她自己的事，她总是维持着她那最低限度的，但却美丽、温柔的独立性，基本上不伤害你。然而，随着时间的流逝，她已越来越盲目地、彻底地接受你对孩子们的裁决和指责了，这与其说是出于理智，不如说是出于感情。

这个成年人所不能平息的，是他那被遗弃的童年孤立无助的愤怒，其中充满了恐惧和仇恨，但这并不是直接针对母亲的，而只是针对那位将母亲偷走，并在一场不公平的斗争中将自己击败的竞争者。卡夫卡 36 岁时还抱怨说：“因为我是一个年幼的孩子，在反对父亲的斗争中失败了，但是这些年来，我一直没有使自己离开这个战场，虽然他仍然在那里一次又一次地击败我。”卡夫卡在这场战斗中所失去的是自信，所得到的却是无穷无尽的负罪意识，“想起这种无穷无尽时，有一次我在描述一个人时说得很正确：‘他担心羞耻将在他身后继续存在下去。’”卡夫卡所描述的这个人就是《诉讼》中的主人公 K，小说中的最后一句话就是：“他的耻辱应当留在人间。”

1885 年 9 月卡夫卡有了一个弟弟格奥克，但他在 1887 年春天死于麻疹；同年 9 月朱丽叶又生下一个男孩，但半年以后，即 1888 年 4 月亨利希也死了，他死于中耳炎。奇怪的是几乎没有人注意到这两个孩子的死，以及他们的死对幸存的卡夫卡的影响。卡夫卡本来就缺乏母爱和父爱，两个弟弟的出生无疑使卡夫卡进一步失去了父母的那点不多的关爱。两个弟弟的死则对卡夫卡父母的打击是灾难性的，父母更加无暇去关注渐渐长大的卡夫卡。卡夫卡对这两个闯来同他争夺母爱的竞争者必定怀有强烈的怨恨。卡夫卡希望他们远离他的生活，远离他的父母，并且，在最初的想象中他甚至想通过魔法将他们谋杀。然而，后来当事情没有按照通常的程序发展，卡夫卡的幻想竟真的变成了事实：他的两个年幼的弟弟都夭折了时，卡夫卡的内心又充满了犯罪感和恐怖感。两个弟弟的死给卡夫卡留下了如此沉重的精神负担，以至于他自己从来都没有觉察到。

卡夫卡的弟弟没有控告卡夫卡，但卡夫卡的内心的犯罪意识却挥之不去，抑郁成疾。弗洛伊德曾经说过，“每一个病人的症候和结果都足以使自己执著于过去生活的某一时期。就大多数的病例而言，这过去的时期往往是生活史中最早的一个阶段，如儿童期或甚至于早在吸乳期内”。卡夫卡给弗洛伊德的理论提供了一个典型的例证。

从小学到中学，卡夫卡将一系列考试看作是一次又一次公开或秘密的审讯。他每一次侥幸地通过考试，他相信都将给他带来下一次更为严峻的审讯。卡夫卡说：

我曾以为我是绝不会通过小学一年级的学习的，但我却成功了，甚至得到了一笔奖学金。我肯定我不能通过升中学的考试，但又成功了。这回我断定在中学一年级必然失败，但是，我没有失败，我一次又一次成功地向前走。

但是，成功激发起来的并不是信心，相反，我始终坚信，我成功得越多，结局就越惨。在内心深处我经常看到那可怕的教师秘密会议的场面（中学只是提供了一个最完整的例子，这些教师全都来对付我），他们开会讨论这一奇怪的、骇人听闻的案例，他们探讨我这个最无能，至少是最无知的人怎么会从中学的一年级溜进了二年级，然后又进了三年级，并如此类推。现在大家的注意力都集中在我身上了，我当然马上会被开除掉，这将给所有摆脱了噩梦的正义者巨大的满足。

1893 年卡夫卡参加了中学的入学考试，这就是一次严峻的公开审讯。这一年同卡夫卡一起进入布拉格德语中学的学生有 83 人，而经过一年又一年的考试淘汰，8 年之后，坚持参加了中学毕业考试的只剩下 24 人。对于卡夫卡来说，“每次考试，从一开始到最后，都是末日审判的预演。一次考试及格，并不能给他带来什么安慰；所有这些只是意味着，他又一次在法庭上蒙混过关了，并且，这只不过是在他无尽的罪孽的总数上又多加了一条”。1901 年，卡夫卡参加了大学入学资格的最后考试，在卡夫卡看来，这是一次血战，为此他经历了无数个不眠之夜。最终他通过了考试，但却没有什么值得夸耀的。据说卡夫卡的同学贿赂了希腊语教师的仆人，在考试前得到了试卷，卡夫卡也从中受益。无疑，卡夫卡又得为这次考试的成功应付来自内心的审判。

卡夫卡与他的第一个女友菲莉斯长达五年的恋爱史使卡夫卡充满了犯罪感。卡夫卡与菲莉斯曾两次订婚，又两次解除婚约。《诉讼》成稿于 1914 年 8 月至 1915 年 1 月间，卡夫卡去世后由好友布罗德在 1925 年整理出版。卡夫卡 1912 年 8 月 13 日在布罗德家里结识菲莉斯，两年后于 1914 年 5 月在柏林订婚，三个月后于 1914 年 7 月解除婚约。正是在解除婚约后的痛楚和自由中卡夫卡着手创作《诉讼》，但小说最终没有写完。

菲莉斯认识卡夫卡时是柏林一家公司的速记员兼打字员，24 岁。她头脑清醒，开朗大方，具有高度的协调能力和实际工作能力，而这些则正是卡夫卡所缺乏的。9 月 20 日他给菲莉斯写了第一封信。8 天之后卡夫卡收到了菲莉斯的回信。从此他们开始了长达五年的恋爱，在此期间卡夫卡给菲莉斯写了500多封信，这些信常常被认为是卡夫卡唯一完成了的、最长的小说。这些信记录了卡夫卡内心深处的另一场诉讼。五年来，卡夫卡与菲莉斯恋爱是漫长而又痛苦的，他们之间的关系基本上处于这样一种模式：一旦她退缩，他就责骂自己，进入一种极度的绝望之中，玩起自杀或疯狂的游戏；一旦她被书信中的这种柏拉图式的热情所折服，害怕他果然像他所说的那样做，让自己沉溺在结婚及其相关事宜中，甚至合乎实际的采取某种适当的步骤，他便在一种彻底的恐惧中逃逸，将自己包裹在软弱和疾病之中，乞灵于他的职责的禁欲主义要求，完全臣服于文学事业，扔掉所有他认为无法跨越的障碍物。这种循环往复的悲剧的最悲哀之处，就其对卡夫卡的影响而言，至少是激情和恐惧具有同等的创造力和同样的破坏性。这种埋藏在内心深处的恐惧并不亚于那种面对枪口的恐惧。

因此，一旦卡夫卡不得已必须面对婚嫁问题时，卡夫卡又下决心要解除这种关系。于是，菲莉斯找到了她的女友格蕾特·布洛赫，请她出面充当斡旋人。这位21岁的女子，也是一位速记打字员。格蕾特虽然相貌平平，但她那早熟的智慧和深切的同情心却给卡夫卡留下了深刻的印象，以至于他们的关系早已越过了一般朋友的关系。有一段时间，他给格蕾特写的信比给菲莉斯写的信，要多得多，也要长得多。格蕾特成了卡夫卡倾诉痛苦的对象，卡夫卡则成了格蕾特依恋的对象。而这暗中发生的种种变化和迹象，菲莉斯不可能不有所觉察。

1914年7月11日，卡夫卡来到柏林，准备同菲莉斯和格蕾特一起从这里出发继续前往北海旅游胜地格勒森多夫。然而，第二天早晨他发现，他在旅馆的房间已经变成了一间审判室，他自己站在了被告席上。菲莉斯是原告，她将格蕾特·布洛赫，还有她妹妹埃尔娜也带来了。卡夫卡的朋友恩斯特·魏斯无可辩驳地成了被告的辩护人。反对卡夫卡的证据是不可动摇和无可辩驳的。他写给格蕾特的大量的书信提供了充分的证据，菲莉斯从中引用了一些具有实质意义的控告性段落。

卡夫卡拒绝为自己辩护，一直保持沉默，“因为我没有什么重要的事要说。我意识到一切都失去了，也意识到通过某种令人惊奇的表白仍然可以在最后一分钟挽回损失，但我没有做令人惊讶的表白”。然而，当争论持续了几个小时后，菲莉斯终于被卡夫卡的沉默所激怒，宣泄和展露了她所深藏的痛苦。整个审判期间，卡夫卡都感觉到是格蕾特坐在那里审判他；而后来他渐渐地意识到，他总是被自己审判，并且自己也是死刑执行人。判决的结果就是正式的订婚被正式地取消了。

约瑟夫·K的审判与卡夫卡所指的在阿斯康尼切尔旅馆里的有关自己的审判，二者之间的联系是显而易见的。譬如，毕斯特纳是否就是指菲莉斯？或者格蕾特·布洛赫是否是这一形象的原型？尽管人们对此有诸多不同看法，但却无法否认她们之间的联系。1914年7月23日卡夫卡在日记中写道：“在饭店里的法庭……所有一切都处于躯体的疼痛之下。可怕的、沉重的痛苦之夜。”阿斯康尼斯切尔旅馆里的“审判”给卡夫卡留下了多么深刻的创痛，这在他的小说《诉讼》中可以找到足够多的证据和线索。日后，卡夫卡在一封致布罗德的信中写道：“我面临的情况是，悲惨地生活，悲惨地死去。‘仿佛活下去是耻辱’，这大概是《诉讼》这部长篇小说的结束语。”（卡夫卡在给父亲的信中也说过类似的话）布罗德则说得更为清楚：“K没有爱，从来不曾爱过，无论对B小姐或他的母亲，与职业的关系也只是例行公事、力求无误而已。这是他心中半潜的意识，折磨着他，但却是人类普遍之罪，为此缘故，他自己的良心对他提出了诉讼。”

《诉讼》是一部“同情弱者，暴露社会黑暗”的作品，卡夫卡是一个“预言的天才”，这大概是对这部小说最一般地理解了。叶廷芳先生说：“在卡夫卡笔下，这个既具体（被告分明看到了那个设在‘阁楼’上的法庭）又遥远（无人主持审判），既腐朽又恐怖的法院乃是现代资本主义法律机器的象征”，同时，《诉讼》又很自然地使人们联想起苏联的斯大林执政时期，中国的“文革”时期，以及德国纳粹的种种罪行。

卡夫卡在大学里学的是法律，并获得了法学博士学位，以后又在法院里实习过一年，1908 年他进入保险公司后，也一直从事与法律相关的工作。在最初为公司撰写的 1907 年和 1908 年的报告中，他便熟练地运用了许多法律条款，其内容涵盖了整个工业结构，还包括那些操作机动车的新问题。正因为卡夫卡对业务的精通，以及他的勤奋敬业，他很快就得到了升迁。1910 年，他工作一年后就被提升为正式职员，1913 年他被提升为副书记员，1920 年任书记员，1922 年，就在他彻底病倒退休之前被任命为高级书记员。卡夫卡写过一篇小说，题目就叫《关于法律问题》。因此，《诉讼》“忠实地再现了奥匈帝国刑事程序的很多细节”，当然不是什么奇怪的事情。美国当代法学家博西格诺甚至将他长达 80 万字法律教科书取名为《法律之门》，并将卡夫卡的小说《在法的门前》直接置于卷首。

卡夫卡是犹太人，但他不信犹太教；他与基督徒很亲近，但他更不是基督徒。不过，卡夫卡绝不是无神论者，他有着非同寻常的宗教意识和宗教情怀。卡夫卡有关宗教的原罪意识由来已久，并且非常强烈。卡夫卡说：“有时候我觉得，没有人比我更懂得原罪。”“没有什么别的东西比这种毫无根据的负罪感更牢靠地黏附在我的灵魂里，正因为它没有真实的理由，所以不管悔恨也好，还是弥补也好，都无法消除这种负罪感……”卡夫卡的朋友布罗德一再地强调这一点，并非是没有道理的。

犹太民族是一个十分重视法的民族，《圣经》中的“十诫”就是上帝为人立的法，以后拉比犹太教又被描述为“双重律法”的宗教，“因为拉比犹太教既有‘口传律法’，也有‘成文律法’，口传律法是对成文律法的解释和补充”。犹太教和基督教的主要区别就在于：前者恪守法律，后者笃信基督。在卡夫卡笔下，“法”“既不是希伯来《圣经》，也不是犹太律法”，它无处不在、无处不有，有着丰富的，甚至充满矛盾的所指和涵义，人们稍不经意就可能犯法，但它究竟是什么，却又不可言说、无法言说，同样充满了神秘性。譬如，1911 年年底卡夫卡就谈到，“犹太法典说：一个没有妻子的男人不是男人”。像 K 没有结过婚一样，卡夫卡什么也没有做，但他的独身生活便已犯了法，这是他内心深处隐秘的罪孽。

整部《诉讼》写的就是有关“罪与法”的问题。《在大教堂里》一章无疑是小说的高潮，主人公起初试图逃避法律的判决，继而又向不公正的法律进行挑战，但到头来反倒愈陷愈深，最后他被召唤到了大教堂。神甫与 K 素不相识，但他能明白无误地喊出他的名字。他知道 K 是一名被告，正是神甫要寻找的人。K 名义上是去陪一个意大利人参观教堂，实质上则是神甫让人叫他到这里来的。神甫让 K 扔掉手中的名胜古迹画册，扔掉世俗的奢华和理解，关注自己的罪、自己的问题。“他们认为你有罪，你的案子也许永远不会通过低级法庭这一关。”K 说：“这是一个误会。一个人怎么会无缘无故地被判有罪呢？”神甫说：“可是，有罪的人都这么说。”“判决并不是突然作出的，审判过程本身就会逐渐变成判决。”K 还想争取到更多的帮助，但神甫不以为然，“你过于依赖别人的帮助了，尤其是女人的帮助。”“你难道不能看得远一些吗？”针对 K 的自我欺骗，神甫给他讲了那个著名的“法门的故事”。最后神甫告诫 K：“写在纸上的东西是不会改变的，不同的看法往往反映的是人们的困惑。”“用不着把他的每句话都看作真理，只要当成必须如此就行了。”神甫讲的这些对于K来说过于深奥，过于陌生，K更加迷惑不解，“K虽然同神甫靠得很近，却不知自己身在何处”。他一个人在黑暗中也找不到出去的路。神甫说：“你首先应该知道我是谁。”“我是属于法院的……法院是不会向您提要求的。你来，它就接待你，你去，它也不留你。”

这里的法和法庭，如果不从宗教意义上去理解，还能从什么意义上去理解呢？在这部小说中，法庭代表上帝，“法，上帝的别称；上帝，法的别称”。K寻找法庭就是寻找上帝，正像那个法门前的乡下人，他在临死前，“在黑暗中看到一束亮光从法律的大门里源源不断地射出来”，但是，由于K认识不到自己的罪，所以他越努力反而离法庭越远，也就是离上帝越来越远。

K最终被判决死刑。他已经“意识到反抗毫无意义”。临死前他对自己的罪已有所觉察。他意识到在这个罪恶的世界里，自己作为其中的一分子，虽然为罪恶势力所害，但自己也在有意无意中危害他人，因为他也是这个罪恶社会中的一个环节。卡夫卡说：“一个诚实的、按照公务条例得到丰厚薪水的公务员就是一个刽子手。”因为“他们把活生生的、富于变化的人变成了死的、毫无变化能力的档案号”。卡夫卡还曾经说过：“我们发现自身处于罪恶很深重的状态中，这与实际罪行无关。《诉讼》那部小说的线索是我们对时间的观念使我们想象有‘最后的审判’这一天，其实审判是遥遥无期的，只是永恒的法庭中的一个总诉讼。”

总之，《诉讼》中的“法”门内外既壁垒森严，又常常没有边界。德里达说：“如果说法是想象出来的，如果说它的发源地与发生具有寓言的性质，那么我们就可以认为，即使法允诺或显现自己，它实质上仍然是不可接近的。想要找到它，为了站在它面前，尊重地与它面对面，或者把自己引荐给它并进入它——这个故事变成了不可能的事的不可能的故事。有关禁令的故事是个被禁止的故事。”当卡夫卡被迫认识到，他最终不得不将约瑟夫·K和他的小说双双扔给它们的命运去主宰时，那么，事实上，这里就没有谜，而只有多种意义的令人眩晕的相互作用，对这些意义的解释也就是沿着没有尽头的人生道路迈出的无数步伐中的一步。要服从法律的精神就得先掌握有关法律条文的知识。这样一来，所谓“法”的问题也就成了语言问题。于是，人们开始用崇拜语言来代替崇拜上帝，从严格地遵从上帝的意旨变成了对法律的遵从。然而，知识又培育起怀疑精神，并且，当法律条文引发出无限的模糊意义时，解释就成了人类永恒的任务。“这些法律由来已久，且非常古老，为了解释它们已经做了几百年的工作，而且这种解释也许已变成了法律本身。”在这无休止的“程序”中，每一代人都身陷其中，扩展并限制着他的前辈的解释，无限地堆积各种解释，理性正是以这种方式寻求真正的信仰。而这种信仰和理性的张力，这种根本不可调和的敌对双方之间的动态的、永远保持警觉的平衡就是犹太传统的灵魂，他们绵延不绝的生命力的源泉。约瑟夫·K的斗争，他就像他的作者一样无力将理性和信仰调和起来，这一灵感应当更多地归功于他的精神遗产，而不是精神病、文学或者政治。卡夫卡写作《诉讼》就是这种无休止的探寻中的一部分，现代读者阅读它在某种程度上也就是参与这种探寻。

请你猜谜：《城堡》解读

城堡近在咫尺，可你就是进不去；你在城堡附近的村子里转悠了一辈子，在生命弥留之际，有人告诉你，说："虽然不能给予你在村中的合法居住权，但是考虑到某些其他情况，准许你在村里居住和工作。"这大概就是卡夫卡最重要的小说《城堡》的故事情节了，只是这里的主人公不是"你"，而是K。

这个故事寓意着什么？大半个世纪以来一直是众说纷纭；面对这个谜语，各有各的解法。《城堡》写于1922年的1月至9月，但与卡夫卡的其他长篇小说一样没有写完。1926年卡夫卡的朋友马克斯·布罗德将小说整理出版。自《城堡》问世以来，有关《城堡》的阐释已经数不胜数。我们选择怎样的阐释？或许我们应该悬置所有这些阐释，而直接根据文本进行阐释？

卡夫卡的朋友马克斯·布罗德将卡夫卡的作品看作是宗教式的神谕。他认为，城堡就是"上帝恩宠的象征"。"《城堡》是一部无限制的一神论的长篇小说，在一神论的旗帜下约伯也曾将中间层撒旦拒之门外，在此旗帜下还有，'我们的上帝是唯一的上帝'这么一句话，这句话的意思是：一个没有任何恶的上帝，尽管预言家关于上帝之不可理解的那句话'我的道路不是你们的道路'，有时候，尤其在今天这样糟糕的时代是有效的；为此卡夫卡会乐意地罗列大量例子。"《城堡》的中心所在就在于表明，尘世间和宗教行为不能用同一个标准来衡量。从井底蛙的角度，从人类的角度来看，人类所有的诽谤和谩骂都只不过表示人类的智慧和上帝的安排是有差距的，虽然人类表面上拥有全部的权利，但事实上却常常由于不可理解的原因遭遇到不合理的待遇。这种人与上帝之间的不平等关系，这种人与上帝之间不可逾越的鸿沟，我们除了用神秘的幽默来叙述外，无法以更合理、更恰当的方式来说明。以人类的理智来看，上帝的意旨一会儿崇高、和蔼可亲，就像克拉姆先生所表现出来的一样；一会儿又像可以加以讽刺，可以善意或恶意地任意进行批评，以至于上帝的意旨有时候就像是那个非常卑鄙的档案室，那两个可耻、堕落、任性、无意义的捣蛋助手。总之，“不管你怎么做，永远都是错的”。这种人与上帝的区别，犹太人用一句谚语表现得相当精彩，“人类一思索，上帝就发笑”。人类愈思索，真理离他愈远；人类愈思索，人与人之间的思想距离也就愈远。因为人从来就跟他想象中的自己不一样。

德国当代思想家、艺术家汉斯·昆和文学评论家瓦尔特·延斯在其合著的《诗与宗教》一书中指出，他们在反复仔细地阅读了小说后，并没有在里面发现什么宗教的东西。“城堡”不可能是绝对或“天堂”，不能与神恩相提并论；村子也不可能是“人的世界”。但是，《城堡》虽然“不是一部直接的宗教作品，但却是一部在宗教上极其重要的作品”。“城堡不是恩宠，而是一种神秘的超验体验的表达，在这一体验中，超验始终是神秘的，讳莫如深的，令人恐惧的，但它仍然向人敞开了一条道路，并没有使希望成为不可能。”

德国思想家本雅明反对从神学角度诠释《城堡》，他认为，“这种诠释忽视了上层世界令人厌恶而又令人恐惧的方方面面，所谓‘得天独厚的王国’”。卡夫卡不是一位先知或者是某种特殊智慧的恪守者，“卡夫卡没有成功地将虚构变为学说。毋宁说卡夫卡是道德箴言的创造者，他将‘无以复加的神秘与无以复加的纯朴熔为一炉’”。总之，卡夫卡的作品是“一种个人和艺术的毁灭”。

布罗德还看到了《城堡》与犹太民族的隐秘而又深刻的关系。他说：“‘犹太人’这个词在《城堡》中没有出现。但显而易见，卡夫卡从他的犹太心灵出发，通过这么一个朴素的小说就今日犹太民族的整体处境所说的话超过了一百篇学术论文可以告诉我们的内容。专门的犹太民族的阐释与人类普遍的阐释是手挽着手的，不存在一个排斥另一个或干扰另一个的问题。”在布罗德看来，小说中K的遭遇和命运难道不是对犹太民族漫长的受难史的高度概括和描述吗？难道不是“犹太人寻找家园的譬喻”吗？卡夫卡作为一个“没有归属的”犹太人，一直在艰难而痛苦地寻找自己的归属。《城堡》的主人公其实就是作者自身的投影。

也有人将卡夫卡看作是当今社会里的预言家。布莱希特说过，卡夫卡是一个“先知式的作家”。在欧洲，“特别是在法国，人们很容易将卡夫卡的恐惧与幻境解释成为德国占领下现实情况的预述”。在美国，“卡夫卡不但抓住了所谓的现实以及关于现实的意识：美国的经理们多半做着噩梦，而美国的记者们认为自己有责任向读者保证，特权阶级的白日梦与噩梦并非来自卡夫卡。在有关越战的报道中，‘卡夫卡的’这个附加语已成为报刊的特用语。我们的时代自我理解为一个恐怖的时代，就连谜语和打油诗都避免不了这种基调，在玩笑之中总是夹杂着恐惧感。在这一意义上卡夫卡可以说是时代的代言人。卡夫卡显然击中了他的时代，也击中了我们的时代，就像灵魂的地震一样，被他袭击到的人就会认识到什么是恐惧”。卡夫卡预言了希特勒以及诸如此类的专制独裁统治。

美国普林斯顿大学哲学系教授考夫曼就在其编著的《存在主义》一书中将卡夫卡纳入其中。考夫曼说：“卡夫卡介于尼采和存在主义各家之间：他描绘出海德格尔在《存在与时间》中所说的人被‘抛入’

世界，萨特的无神世界，以及加缪的荒诞世界。”以《城堡》为例，“在小说的开头，我们知道这个城堡是Westwest伯爵的城堡，但往后这个伯爵在故事中就不再出现了。德文的‘west’这个字，意思是‘腐烂’。我以为在《城堡》书中，上帝是死亡了，而我们却面对着普遍性意义的缺乏”。卡夫卡所描写的就是上帝死亡之后个人的存在，普遍意义失落后对意义的追寻。因此，卡夫卡的故事绝不仅限于一种绝对的解释，而是可以引发出无数不同的解释。“我们面临并生活于其中的这个世界，抗拒每一种要去做强制性注释的企图：生活提供它的本身去作多方面的解释，这才是生活的本质。”生活的目的和意义不在生活之外，而在生活本身，这原本就是存在主义的基本观点。而加缪则“为卡夫卡戴上了一顶反法西斯斗士的帽子”，他将卡夫卡的主角提升为“一种荒诞而有悲剧性的英雄人物”，这也是众所周知的事实。

还有人将卡夫卡视为弗洛伊德学说的病案例证，认为卡夫卡的著作都是一些密码，只有通过弗洛伊德式的钥匙才能破译这些密码。卡夫卡为谁写作？又以什么方式写作？在这两个问题上他显然与众不同。他写小说，却不愿发表，甚至不愿给他的朋友看，小说看来是给他自己写的；他写信，目的是求得他人对自己的理解，是做给别人看的一个手势。因此，他在这里敞开心扉，灵活地运用了各种文学手段。这样一来，卡夫卡的某些文学作品反倒比他的信件更具有私人性质。卡夫卡的创作中充满了性象征。因此，在那些精神分析大师看来，卡夫卡的创作目的不过是通过文学来阐释弗洛伊德的精神分析理论。

有人干脆说，城堡就是卡夫卡时代奥匈帝国的代表；而实证主义者则认为，城堡就是卡夫卡父亲的出生地沃塞克，卡夫卡写《城堡》就是为了克服自己和父亲不愉快的经验。这是一部严格意义上的自

传体作品。小说中的弗丽达就是卡夫卡的情人、捷克女记者密伦娜，她的丈夫波拉克则成了小说中的克拉姆，而阿玛利亚则是卡夫卡的第二位未婚妻尤丽叶。这部小说在表现了“父子冲突”的同时，还着重表现了父子之间的共存和联系。人们面对父亲的权威，常常陷入两难境地：既想冲破束缚，又不得不乞求帮助；既恐惧，又依赖；既憎恨，又敬爱。按照索克尔的说法，“父子间的冲突是卡夫卡作品中最占支配地位的成分”。与父亲的冲突又使卡夫卡的作品适合于用心理分析的方法来加以解释，至目前为止，这方面的著述已经不计其数。

社会主义学者认为，《城堡》以更加独特地、更加启人惊醒的方式“表现了晚期资本主义世界的异化、物化和非人化现象”。“卡夫卡是一位关系到我们所有人的作家，他以最有力的笔触所表现的人的异化现象在资本主义世界已达到了可怖的地步，然而这种人的异化现象在社会主义社会也决不能说业已得到克服。”“卡夫卡同他同一辈绝大多数作家所不同的是，他所处理的问题乃是劳动与职业的问题，也就是机械化、工业化、商业化世界带根本性的问题。”“城堡”于是成了人的本质属性的象征。

社会学者认为，城堡代表“资方”，城堡描写的是资本主义的劳资关系，我国学者叶廷芳也曾持这一观点。他说：“城堡在这里是一种权力的象征，是整个国家机器的缩影。这个高高在上的衙门，看起来就在眼前，但对于广大的在它的统治下的人民来说，它是可望而不可即的。”小说的主题就在于对“城堡里的统治阶级的专制暴虐和腐化荒淫的行径进行了揭露和鞭挞，描写了压迫与被压迫的对立”。由此，便有人认为，《城堡》是批评官僚制度的，城堡是一个清晰可见的统治制度，其目的是保证权力的稳固。在这里，每个阶层都不愿作决定，因此形成许多圆圈，让老百姓一层又一层地绕着，绕到最后又绕回原地，最后变成人类生存的最大威胁。城堡是一个迷宫式的机关，人们既逃不出来，也进不去，并且永远也不知道其中的秘密。

艺术家认为，这部小说表现的是艺术理想与艺术实践之间的矛盾。中国当代著名女作家残雪 1999 年出版了一本专门解读卡夫卡的大著《灵魂的城堡——理解卡夫卡》，在这位特立独行的女作家的笔下，城堡是什么呢？它“似乎是一种虚无，一个抽象的所在，一个幻影，谁也说不清它是什么。奇怪的是它确确实实地存在着，并且主宰着村子里的一切日常生活，在村里的每一个人身上体现出它那纯粹的、不可逆转的意志。K 对自己的一切都是怀疑的、没有把握的，唯独对城堡的信念是坚定不移的”。原来，城堡就是生命的目的，是理想之光，并且，它就存在于我们的心里。

法国解构主义大师德里达无限崇拜和感激卡夫卡。在他看来，城堡就是法，它自己守护自己，自己证明自己。城堡就是“乌有”，K 无法进入城堡，任何人也无法进入城堡。“卡夫卡的文本也许是向我们讲述任何文本都处于法的前面。它是运用省略法讲述的，既推进之，又撤回之。”K 越努力靠近城堡，其实他离城堡越远。

凡此种种，其实我们每个人心中都有自己的“城堡”，正如我们每个人心中的卡夫卡都有所不同一样。我们每个人都可以以自己的方式理解和阅读《城堡》。我以为，K 的追求是单纯而又直接的，虽然颇有神秘色彩。K 的一切努力均是为了进入他梦寐以求的“城堡”。K 深夜进入城堡山下的小村子，他一直在为土地测量员的合法身份而进行不懈的斗争，他千方百计想进入城堡。他爱上了城堡长官克拉姆的情妇弗丽达，因为他以为弗丽达可以帮助他接近克拉姆，进而使他进入城堡。然而，酒吧女侍弗丽达在爱上了 K 后，一意要远离克拉姆，同他一刀两断，这原本是她对 K 爱情专一的决心和表示，但这又灭绝了 K 进入城堡的希望，因而 K 不得不离开弗丽达，转而去追求酒吧新来的女侍佩匹……K永远也无法进入城堡这一寓言，完全可以从宗教的角度去理解，这样我们便可以把“城堡”理解为“上帝”或者“天堂”。“走入城堡”便成为西方人所梦寐以求的“重返伊甸园”，或者说是卡夫卡以其独特的方式描述的人类的“天路历程”。这便是西方文化传统中的“走入”精神。但丁和班扬的作品大体上就是这一精神的具体体现。歌德在他的《浮士德》中将这一宗教精神转化为人类追求真理，追求无限的“精神历程”，而这一悲剧性的追求对卡夫卡却有着极为深远的影响。卡夫卡说：“我在阅读有关歌德的著作，浑身都在激动，任何写作都被止住了。”“歌德，由于他的作品的力量，可能在阻止着德意志语言的发展。”所以，“城堡”其实就是古老的“浮士德精神”的现代版本。

这也叫小说？

《变形记》大概应算卡夫卡最有影响的小说了，一般读者也许没有读过他的三部长篇小说《美国》、《诉讼》、《城堡》，但是，只要知道一点点卡夫卡，往往就读过他的《变形记》。《变形记》的确是卡夫卡最重要的作品之一，但显然不是他最难懂的作品。这部小说的故事其实十分简单，用一句话来概括，就是写人变成甲虫。“一天早晨，格里高尔·萨姆沙从不安的睡梦中醒来，发现自己躺在床上变成了一只巨大的甲虫。”接着，变成甲虫的格里高尔惊吓了秘书主任、父亲和母亲，他由此而被关在屋内，开始了他孤独的生活。随后，他又吓跑了三位房客，父亲一气之下拿烂苹果砸他。最后他被赶进屋内，锁在里面。又一天清晨，当老妈子过来准备打扫房间时，发现他已经死了。

这篇小说被普遍认为是一则关于当代西方社会人的异化的寓言。卡夫卡一笔带过了“人如何变为甲虫”的具体过程，着重写人变成甲虫后的灾难感和孤独感。人变成甲虫：甲虫便带着人的视角去看人类，它所看到的是一群多么冷漠、多么空虚的芸芸众生；从人的角度看虫性，甲虫就显得更加孤独、恐惧和不可理解了。格里高尔“说的话人家既然听不懂，他们就不会想到他能听懂大家的话”。主人公既是人又是虫，但它所体验的只是人与虫双面的痛苦；格里高尔既不是人又不是虫，他远离人与虫的世界，无所归属，只落得凄凉地死去。

“人变为甲虫”成了现代西方人生存状态与心灵感受的寓言。这就难怪当年17岁的马尔克斯在读到《变形记》时震惊不已，他心里想：“原来（小说）能这样写呀！要是能这样写，我倒也有兴致了。”卡夫卡的《变形记》创造出了一位伟大的诺贝尔文学奖的得主。

当然，就变形而言，这并非是卡夫卡的独创。古罗马时代的奥维德就写了《变形记》，但这里的变形是人类借以征服自然、支配自然的想象，突出的是神的权威。到了近代，果戈理也写变形，譬如他的小说《鼻子》，但这里的变形只是一种表现手法，为的是更好地表现小人物面对突发灾难无能为力的主题。有学者指出，卡夫卡令人吃惊地驾轻就熟地掌握了一种方法：即主人公变化为一种小动物。这种手法通常只有中国人能与之媲美。的确，在中国古典小说《聊斋志异》中写有大量的变形，但这里的鬼神狐怪往往都是理想中的人的化身，是一种美好理想的寄托。即便写人变成蟋蟀，也只着重写人变形后的事实与结果，并不在意人变成蟋蟀之后的心理感受。而在卡夫卡那里，变形是现代人被异化之后的一种外在表现形式，异化已经成为卡夫卡的一种世界观，“生活对于他和对于穷人是完全不同的；首先，对他来说，金钱、交易所、货币兑换所、打字机都是绝对神秘的事物，它们对他来说是一种莫名其妙的谜”。由于现代西方人普遍地被异化，卡夫卡又找不到异化的原因，所以，格里高尔突然莫名其妙地被变为甲虫实在是十分自然的事。

卡夫卡曾在一封给女友密伦娜的信中，描述过他的这样一次经历：“当时我卧在躺椅上，离我一步之遥的地方有一只甲虫摔了个底朝天，绝望地挣扎着，翻不过身来……一只壁虎爬的路正通向甲虫那儿，我想：这不是遭难，而是在同死亡作斗争，是天然的动物装死的罕见景象；当壁虎从它身上擦过去时，带着它翻了个身，它还是一动不动地趴了一会儿，然后突然超乎自然地沿着墙爬了上去。不知怎么，我好像从中又汲取到一点勇气……”卡夫卡观察虫子、体验虫子，最后自己也变成了一只虫子，他在早期的小说《乡村婚礼筹备》中这样写道：“躺在床上的我是一只大甲虫。”卡夫卡一生就像是这样一只虫子，他一直在逃避生活，渴望创作。他像虫子一样不被人理解，又像虫子一样冷眼观察人类的生活，彻底的孤独使他变成了虫子，变成虫子便意味着与这个世界保持了距离。卡夫卡的创作方式就是他的这种生活方式决定的，而生活方式又是命中注定的，所以，我们与其说卡夫卡是在这样写作，不如说他是在这样生活。

格里高尔一觉醒来发现自己躺在床上变成了一只巨大的甲虫，这在现实生活中是不可思议的，但是，如果将卡夫卡的小说开头改写成：“一天深夜，格里高尔终于进入了不安的梦乡，他躺在床上变成了一只巨大的甲虫。”你以为如何？你还觉得这也是小说吗？

变形：一个亲近心灵的主题

《变形记》是我们最熟悉的卡夫卡的作品，通常也被看作是卡夫卡的代表作。相对而言，这也是卡夫卡比较容易理解的作品，有关这篇小说的评论和注释已经数不胜数，甚至有学者认为，20世纪就是一个“变形的时代”。但是，面对这部大家较为熟悉的作品，有一个问题人们似乎注意不够，即小说中的主人公为何变成了甲虫？“一天早晨，格里高尔·萨姆沙从不安的睡梦中醒来，发现自己躺在床上变成了一只巨大的甲虫。”小说开头一句，主人公便已经变形。变形后的主人公首先问的是：“我出了什么事？”然后他所想到的是：“啊，天哪，我挑了一件多么累人的差事！”变形已经作为一种既定事实被主人公接受，他并不想追究“我为什么变形了？”而只想解决“变形后的我该怎么办？”这以后直到主人公最后被关在自己的房间里凄凉地死去，作者再也没有交代，甚至暗示过主人公变形的原因。1915年10月25日，卡夫卡在给库尔特·沃尔夫出版社的信中写到，他非常担心插图画家会在小说的封面上画一只甲虫。他叮嘱道：“别画那个，千万别画那个！我不是想限制他的权力范围，而仅仅是根据我对这个故事显然更深的理解提出请求的。这个甲虫本身是不可画的。即使作为远景也不行。”最后出版社显然采纳了卡夫卡的意见。在卡夫卡看来，主人公变成了什么似乎并不重要，重要的是他“为何”变形。

著名的奥地利卡夫卡研究专家索克尔说："假若下述两种情况中任何一种得以成立，变形肯定都不会发生：一、假若格里高尔对自己的差事和上司不抱敌意；二、假若他不顾自己的双亲，辞去他的差事，公开进行反抗。这个想法可以正面表述为：变形在格里高尔的内心矛盾中起着调和作用，是他反抗的愿望与对这一愿望立刻进行惩罚的渴望之间的中介。"也就是说，格里高尔既反抗上司，又不敢公开反抗；既渴望反抗，有觉得这种反抗有罪，于是才导致变形。但是，处在这种反抗与惩罚之间，为什么就一定会变形呢？为什么不是导致人格分裂、精神变态、自残或者自杀呢？显然，对于变形的分析离不开对于作者卡夫卡的分析。著名心理学家荣格说："变形——一个亲近我心灵的主题——乃个体化和自我实现的方式。"卡夫卡正是选择变形来表现"一个亲近他心灵的主题"。

《变形记》大约写于1912年11月17日至12月7日之间。这时的卡夫卡29岁，已经在工人工伤保险公司工作了4年。显然，卡夫卡描写变形与他的女友、家庭、工作，乃至他童年的记忆密切相关。小说对此也有所暗示。因此，"卡夫卡的小说是在解说他亲身的经历。""《变形记》的基本思想是父亲的一份'赠礼'：要求把自己当作小虫看待。"与卡夫卡的小说《判决》一样，《变形记》也是"卡夫卡的精神自传"。说到底，变形是卡夫卡逃避现实生活潜入创作生活、逃避外在生活进入内心生活的一种方式，一种策略，卡夫卡在变形的想象中将现实生活转换成了他的艺术世界。

卡夫卡有关变形的构思由来已久。早在1907年至1908年间，卡夫卡创作了一部未完成的小说《乡村婚事》，其中就有关于变形的描写：

难道我不能像我童年遇到危险的事情时所经常干过那样干吗？

我压根儿用不着亲自到乡下去，这没有必要。我只需把我穿着衣服的躯体打发去就行了……我此时此刻正躺在床上，全身盖着棕黄色的被子，任凭从微微开着的房门里透进来的小风吹着……

当我躺在床上时，我相信自己具有一只大甲虫（a big bettle），一只鹿角虫或者金龟子的形态。

……

一只硕大的甲虫，不错。于是，我装出正在冬眠的样子，把我的细腿贴在我的鼓起的肚子上。接着，我吱吱地说了几句话，这是对我那悲伤的躯体发出的命令，它紧靠我站着，弯着腰。我很快就吩咐完毕——它鞠了一躬，然后匆匆离去，在我卧床休息期间，它将妥善处理一切。

主人公拉班变成了一只巨大的甲虫躺在床上，而让他的躯体去乡下完成那令人厌烦的义务。看来，拉班“童年遇到危险的事情时所经常干过”的事情就是变形，通过变形逃避自己所厌烦的事情，而这也正是卡夫卡童年遇到危险时所经历和想象的事情。主人公拉班（Raban）与卡夫卡（Kafka）有两个相同的元音，其字母的数目也一样多；另外，拉比（Rabe）在德语中是渡鸦的意思，卡夫卡在捷克语中则是穴鸟的意思；因此，拉班这一形象具有非常浓郁的自传色彩。

卡夫卡童年的有关变形的记忆有时也转换成另一种形式，譬如“突然消失”、“轻松地死去”等。1920年，卡夫卡在一封致密伦娜·耶申斯卡的信中对自己的这种感觉作了极有说服力的描述：

当然我们也有死亡的愿望，希望“轻松”地死，但这毕竟只是一个小孩的愿望，就像我自己回到了学校，在数学课上，当我看到老师在他的笔记本上寻找我的名字时，那个有力的、恐怖的、现实的图像便会来同我的无知无识作对。在这种恐怖的似梦非梦状态中，我希望我能像幽灵一样飞起来，像我的数学知识虚无缥缈，像幽灵一样在学校的条凳上飞来飞去，有时穿越大门，在外面聚集，在美丽的天空中感到自由自在，整个世界我都了如指掌，但却没有教室里的那种紧张。是的，这就是“轻松”的。但是，事情并没有这样发展。相反，我被叫到黑板前去解一道难题，而解这道题所需要的对数表我却忘在家里了。我撒谎说我把它放在桌子里，心想老师会把他的对数表递给我。但是，老师要我回我的桌子取对数表，这时，我感觉到了我的恐怖，真正的恐怖，它成了学校里的恐怖，我无须任何的假装，桌子里毕竟没有什么对数表。老师（前几日我遇见过他）于是叫我是“鳄鱼”，并且立即给了我一个“不及格”，这实际上很好，因为毕竟不需要我解题了，除此之外，它是不公正的（我撒了一个谎，这是真实的，但没有人能够证实，这是不公正吗？）。好了，我不必展示我的可耻的无知了。总的说来，这也是相当的“轻松”的，在有利的情况下，一个人即使是在教室里也可以“消失”，可能性是无止境的，并且一个人也可以在活着的时候“死去”。

卡夫卡从童年时代起就喜欢上了“消失”的艺术，即突然消失在“玻璃墙”后面，因为他觉得所有那些他所认识的人都在跟他作对。他真心实意地相信自己无能、懒惰、记忆力差、笨拙、衣冠不整、不能合作，等等，这使他渐渐地从自我轻视发展到了自我仇恨，然而这里也还包含着一种古怪微弱的自满，甚至是骄傲，在这里他喋喋不休地夸耀自己的错误。自我鞭挞只不过是自暴自弃的一种方式，早在弗洛伊德和陀思妥耶夫斯基以前，明智的、大大小小的法官就知道，罪犯总是沉迷在他的罪行之中。但是，卡夫卡的自我贬抑，这种无意识中的满足或不满足，却都有着清晰的防护目的：使他离开竞争，脱离危险，使他能够在对抗的残酷时刻“消失”，就像他在教室里“消失”一样。

卡夫卡一辈子都处在工作和创作、家庭义务和个人理想的矛盾冲突之中。这种矛盾冲突是《变形记》的重要主题之一。主人公在变形后首先想到的是自己的工作和义务。“长年累月到处奔波。”“我若不是为了我父母亲的缘故而克制自己的话，我早就辞职不干了。”格里高尔虽然讨厌、甚至憎恨他的工作和上司，但为了家庭的利益他不得不拼命工作、委曲求全。格里高尔为了工作和义务焦虑不安、夜不能眠，最后在这种焦虑不安中孤寂地死去。

卡夫卡早在1907年就为选择合适的工作而伤透了脑筋。由于他有一个原则：即他所选择的工作不得与文学有任何联系，因为这种联系会降低文学创作的尊严。因此，卡夫卡选择了一份他并不爱的保险公司的工作，这给卡夫卡带来了一辈子的苦恼和痛苦，但同时也使他永远是一个业余作家，而不至于远离了生活的根基。以后，随着工作的压力和枯燥乏味愈来愈加重，他感到自己变成了一只负重的野兽。在以后的几年里，卡夫卡工作与创作、个人理想与家庭义务的矛盾非但没有得到缓和与解决，反而由于家里开设了一家石棉厂而变本加厉了。

1911年底卡夫卡的父亲以卡夫卡妹夫卡尔·赫尔曼的名义开办了一家公司——布拉格赫尔曼石棉有限公司，卡夫卡在这家公司里也有投资。卡夫卡最初希望自己只是作为公司里的一个沉默的伙伴，或者作为客人偶尔地去工厂里瞧瞧，日后却可以靠工厂的利润分红而生活，并从枯燥乏味的工作中彻底地逃离出来，专门从事自己所钟情的文学创作。但这无论如何不是他父亲和他那位雄心勃勃的妹夫所想的，这注定了卡夫卡将与他父亲及家人发生冲突。工厂越来越成为对卡夫卡的一种折磨，他感到自己就像一只受鞭笞的狗，“在工厂里所做那点微不足道的事将剥夺我自己使用下午几个小时的机会，这无疑会彻底摧毁我的生存，并且已经越来越限制我的生存了”。因此，当这种压抑和冲突进一步升级时，卡夫卡想到了自杀。在此关键时刻，由于布罗德的斡旋，卡夫卡的母亲在卡夫卡的父亲不知情的情况下，为卡夫卡找到了一个替代者，这就是他妹夫的弟弟。不过，后来由于战争的原因，原材料的缺乏，产品的积压，1917 年 10 月该公司正式宣告破产。卡夫卡管理者生涯也随之结束，虽然这并不是他所希望的。

因此，卡夫卡在创作《变形记》之前就有了一次变形的体验，他一边变成了他妹夫的弟弟继续在工厂里履行职责；一边却从工厂的事务中抽身出来从事他所热爱的文学创作。卡夫卡后来在《致父亲》的信中就将自己比作是“一条虫”：“你对我的写作和与之有关的、你不知道的各种因素所持的反感倒是比较正确的。在这方面，我确实独立地离开你的身边走了一段路，尽管这有点让人联想到一条虫，尾部被一只脚踩着，前半部挣脱出来，向一边蠕动。”另外值得注意的是，“总是站在他一边的”最小的妹妹“这次离他而去”必定使他感到痛苦和绝望。卡夫卡最小的妹妹叫奥特拉，生于 1892 年，比卡夫卡小 9 岁。1912 年卡夫卡在给菲莉斯的信中写道：“我最小的妹妹（已经 20 岁）是我在布拉格最好的朋友。”奥特拉从小就具有反叛精神、独立意识，尤其敢于公开反叛她父亲。她不仅对父亲挑战，而且对他赞成的任何事情都表示不满。而她给哥哥提供的则是没有危险的亲密，迟到的母爱。在卡夫卡最艰难、最痛苦的时候，奥特拉总是给他提供最无私、不求任何回报的帮助。但这一次奥特拉却没有站在他一边，而是对他“怀有巨大的不理解”。因此，卡夫卡绝望得几乎想从窗口跳下去。这种几近被抛弃的感觉在他后来创作的《变形记》中势必会留下某些痕迹。主人公格里高尔最后被一直关怀着他的妹妹所抛弃，这同卡夫卡当时的感觉恐怕不无联系。总之，由石棉厂引发的危机一个月后给卡夫卡提供了创作《变形记》的“动机和灵感”，卡夫卡终于找到了一种适当地表达自己的孤独、愤懑、焦虑和矛盾心情的方式。

卡夫卡创作《变形记》时他刚刚认识女友菲莉斯不久，正处在热恋之中，这对他的小说创作不无影响。1912 年 8 月 13 日晚上，卡夫卡在布罗德家里认识了菲莉斯。9 月 20 日他给菲莉斯写了第一封信，两天后他创作了他的另一篇著名的短篇小说《判决》，并将这篇小说题献给菲莉斯。8 天后他收到了菲莉斯的回信，当晚他又给菲莉斯写了一封长信。在两个礼拜没有收到菲莉斯的回信后，卡夫卡变得狂躁起来，10 月 13 日他又给菲莉斯写了封信。一周后菲莉斯那里有了回音。在此后的六个多月里，卡夫卡常常每天给菲莉斯写两至三封信。据说，卡夫卡创作《变形记》的灵感就产生于“某天早晨无望地躺在床上，发誓收不到菲莉斯的信便决不起床的时候”。

在恋爱的过程中，卡夫卡惯于用动物的比喻来进行自我贬低。比如他曾说过：“我比任何一条狗都更低地匍匐在地上……颜面丧尽。”格里高尔是一个单身汉，他曾认识“一家帽子商店里的一位女出纳员，他严肃认真而过分缓慢地向她求过爱”，她却对他“冷冷冰冰”，他们的婚姻无果而终。最后，格里高尔通过变形彻底逃避了自己结婚的责任和义务。

卡夫卡在《致父亲》的信中还提到了他的一位朋友略韦。略韦是卡夫卡最要好的朋友之一，甚至有人怀疑他们之间有过同性恋的关系。卡夫卡在略韦身上看到了自己的影子，而卡夫卡与略韦的认识与交往就在卡夫卡创作《变形记》的前一年。1911 年 10 月一个意第绪演出剧团来到了布拉格，略韦是这个剧团的导演、创办人和主要演员。略韦当时 24 岁，比卡夫卡小 4 岁，但在现实生活中他已经做了许多卡夫卡做梦都想做的事。卡夫卡对这位经历丰富、性情冲动而又温和的人物非常迷恋，有一段时间他天天去看略韦，他甚至请略韦到家里来，这使得卡夫卡的父亲非常恼怒。卡夫卡的父亲在谈及略韦时甚至说："谁同狗一起睡觉，起床时就会惹一身臭虫。"这句话深深地刺伤了卡夫卡。

略韦是犹太人的化身和象征。犹太人就像虫子和狗一样，这是长期积郁在卡夫卡心头挥之不去的情结。从这个意义看，《变形记》就是卡夫卡的"战书"。卡夫卡在他的《变形记》中倾注了犹太人的情感和愤懑，这应当是无可争议的。变形后的格里高尔被视作异类而遭到鄙视、唾弃，被追打、被隔离，最后孤独地死去，这些都不由得使读者想起几千年来犹太人的不幸遭遇和悲苦命运。

当然，卡夫卡描写变形的原因还很多，譬如资本主义社会及官僚制度对人的异化；宗教意义上人与上帝的疏离；古希腊罗马文学，尤其是奥维德的《变形记》对卡夫卡的影响；宗教文学，尤其是犹太宗教文学对卡夫卡的影响；中国文学，尤其是包括《聊斋志异》在内的有关动物的小说对卡夫卡的影响等，变形的原因多种多样，但卡夫卡笔下的变形终究与卡夫卡的生活和经历密切相关。

“甲虫”的秘密

有关卡夫卡的著述评论已经很多了，而在这些评论中有关小说《变形记》的则最为丰富，也最为深入，但是，“卡夫卡深邃多变的艺术本质，决定了任何单独的研究都无法充分把握住这篇多层次的作品。每一研究仅能在索解其奥秘的道路上前进一步；这个奥秘的核心，也许永远也不能揭露无遗。”《变形记》是说不尽的，正如卡夫卡是说不尽的一样。不过这里依然还有一个问题：即主人公为什么要变成“甲虫”，而不是其他的动物呢？这是一个读者普遍关心和焦虑的问题，但评论界对此却并没有多少分析和评论。古往今来，描写变形的作品数不胜数，但却很少描写人变成甲虫。为什么卡夫卡唯独偏爱甲虫呢？甲虫在这里还有什么特殊的意义吗？卡夫卡也描写过其他一些小动物，譬如老鼠、鼹鼠、狗等，但这只巨大的甲虫却是所有这些动物形象中最令人厌恶的。这只甲虫是巨大的，但能大到什么程度呢？它又是什么颜色的？1915年10月25日，卡夫卡在给库尔特·沃尔夫出版社的信中写道，他非常担心插图画家会在小说的封面上画一只甲虫。他叮嘱道：“别画那个，千万别画那个！我不是想限制他的权力范围，而仅仅是根据我对这个故事显然更深的理解提出请求的。这个甲虫本身是不可画的。即使作为远景也不行。”最后，出版社显然采纳了卡夫卡的意见，封面上没有出现甲虫。难道在卡夫卡看来主人公变成了甲虫并不重要吗？如果不重要，那他又为什么要变成甲虫呢？“这个甲虫本身是不可画的。”为什么不可画，是因为不重要，还是因为太重要了？既然不可画，那么，这只甲虫又是一只怎样的甲虫呢？我们究竟应该如何描绘它，或者想象它呢？

《变形记》中的甲虫，德语原文是“ungeziefer”，意为“害虫、害兽、寄生虫、吸血鬼”等。英文翻译为“a gigantic insect(昆虫，虫)”或“a monstrous vermin（臭虫、蟑螂等害虫，虱子、跳蚤等体外寄生虫)”。中文翻译成甲虫也许并不尽如人意，不过，在英国作家戴维·马洛维兹著文、罗伯特·科伦布配图的《卡夫卡》一书中，的确出现了一只巨大的甲虫，个头跟一般成年人相当。在小说中，这只甲虫究竟什么模样，老妈子曾骂过一句“老屎壳郎”。这个词包含两方面的含义：“一方面，它指某些对人有害，富于攻击性甚至嗜血的小动物；另一方面，它也指那些软弱无助，容易被捏死或踩死的小动物。”翻开大百科全书，甲虫属于“鞘翅目金龟总科中一较大的科。本科昆虫通称蜣螂，俗称屎壳郎……由于蜣螂都依哺乳动物粪便及其他腐败物质为生，故与农林生产无直接益害关系”。

甲虫属于昆虫类，昆虫弱小，昼伏夜出又令人生厌，任人践踏而又不伤害人类，这些特征恰好吻合格里高尔的性格特征。

格里高尔·萨姆沙无疑是弱者的典型。他是一位旅行推销员，过着极为艰苦的生活。每日早出晚归，在外奔波，吃着不定时的、劣质的饮食，甚至连生病的权利都没有。他工作了五年还从来没有生过病。况且公司也从来不相信它的雇员会生病。老板只相信医疗保险组织的医生，而医生则确信：除了健康的懒汉之外，再没有第二种人。他对这份差事极不满意，但他不得不继续在公司里工作，因为他父亲欠了老板的钱。他必须在公司里工作慢慢抵债。他有着对他发号施令的上司，却没有可以发泄愤怒和倾诉自己苦衷的对象。老板盛气凌人、居高临下，俨然是一个暴君。秘书主任仗势欺人，缺乏同情心和宽容。作为一个旅行推销员，格里高尔“几乎整年都不在公司里，很容易成为闲言碎语、飞短流长的牺牲品。对此他防不胜防，因为他对此等事情往往一无所知，待到他精疲力竭做完一次推销旅行，在家里亲身感受到那糟糕的、莫明究竟的后果时他才有所感悟”。

格里高尔作为一只巨大的甲虫，样子虽然有些令人害怕，但却没有害人之心，也没有害人的能力。它甚至都没有自卫能力，极易受到伤害。一只伸在他头上的脚，一把举在他背上的椅子，都很有可能置他于死地，而最后就是一只苹果要了他的命。

有关甲虫的大小和颜色，小说中并没有直接而明确的描绘，不过从下面的几段话中我们可以约略地猜测出来。变成甲虫的格里高尔曾爬到一只躺椅下面，“只是他的身体太宽，无法完全藏到躺椅的下面去”。一只躺椅的下面有多大？40厘米左右，不可能超过1米。另外，当妹妹和母亲搬走格里高尔房间里的家具时，格里高尔试图拯救那幅穿一身毛皮衣服的女士的画像，于是，他爬上去，紧紧地贴在镜框玻璃上，“至少这幅现在完全让格里高尔遮盖住了的画像如今是谁也拿不走了”。看来，甲虫的大小大体上相当于挂在墙上的画框的大小了。甲虫是什么颜色？小说中写道：也就在母亲和妹妹搬走格里高尔房间里的家具时，母亲“一眼看到印花墙纸上那个巨大的棕色斑点，她还没有来得及回过神来意识到她看到的是格里高尔”。原来甲虫为棕色。俄裔美国作家纳博科夫在《文学讲稿》中辟专章分析了《变形记》，他注意到了格里高尔变形后的那只甲虫，“他属于一种‘多足虫’（节肢动物）”，其颜色像蟑螂一样，为棕色。“奇怪的是，甲壳虫格里高尔从来没有发现他背上的硬壳下有翅膀。”他身体的长度大约三英尺左右，像狗一般大小。

格里高尔有反抗的欲望，但他具有更为强大的压制和惩罚这种反抗欲望的欲望。对于自己的那份累人的工作，如果不是为了父母的缘故而克制自己的话，他早就辞职不干了。他想走到老板面前，把他的意见一股脑儿全告诉他。“他非从斜面桌子上掉下来不可！”对于自己所面临的灾难，格里高尔曾试着设想：“类似今天他身上发生的事会不会有朝一日也让秘书主任碰上；其实人们必须承认这种可能性是存在的。”可最终他几乎什么反抗的行动也没有，他最具有反抗意识的行动只不过是爬到“墙上醒目地挂着那位穿一身毛皮衣服的女士的画像”上面，以免妹妹和母亲将它搬走。除了变形之外，他仍然是个“文文静静、明达事理”的人。

卡夫卡就是一个弱者。在家里，父亲是强者，自己是弱者；在学校里，老师是强者，自己是弱者；在社会上，官僚机构是强者，自己是弱者。作为一个业余作家，他对自己弱者的身份更加敏感。他认为：“作家总要比社会上的普通人小得多，弱得多。因此，他对人世间生活的艰辛比其他人感受得更深切、更强烈。对他本人来说，他的歌唱只是一种呼喊。艺术对艺术家是一种痛苦，通过这个痛苦，他使自己得到解放，去忍受新的痛苦。他不是巨人，而只是生活这个牢笼里一只或多或少色彩斑斓的鸟。”作为弱者，卡夫卡敬畏强者，痛恨权威，但他从不反抗。他所能够做的首先是逃避，有形无形的逃避，想象的现实的逃避。其次便是自我贬抑。卡夫卡将自己对权威的恐惧和愤恨转变成对自己的贬抑或某种心理疾病。每当他与权威相遇时产生冲突或者尴尬，他总是归罪于自己。最后他甚至以权威的眼光来审视自己、裁判自己。在那封著名的《致父亲》的信中，卡夫卡说：“我常想起我们常在一个更衣室里脱衣服的光景。我又瘦、又弱、又细，你又壮、又高、又宽。在更衣室里我已经自惭形秽，而且不仅是对你，而是对全世界，因为你在我眼里是衡量一切的标准。”卡夫卡就是“弱的天才”。卡夫卡有一句名言：“在巴尔扎克的手杖上刻着：我摧毁了一切障碍。在我的手杖上则是：一切障碍摧毁了我。共同的是这个‘一切’。”不仅卡夫卡是弱者，整个犹太民族在其他人看来都是弱者。在其他人眼里，犹太人的典型形象是：八字脚、鸡胸、懦弱，以牺牲身体为代价获取知识和地位。因此，卡夫卡终于将他小说中的主人公变成了小动物，变成了令人讨厌，而又毫无攻击力的小动物。卡夫卡的创作于是也就变成了“弱势文学”的经典表征。

甲虫还有一个特点，就是喜好孤独的生活。“步甲虫基本过着孤独的生活，极少能在同一窝穴里发现两三只住在一起。”“圣甲虫勇于出没其他动物不愿涉足的地方，它们总是迅速地占领其他动物排除的粪便，并飞快地把这些‘富有营养’的食物埋到地下仓库，以供它们自己和后代们长期享用。”奥地利卡夫卡研究专家索克尔认为，正是孤独使格里高尔最终变成了甲虫。“这种孤独状态使格里高尔的变形得以最后完成。因为，只要其他人还能理解他，他就不完全是虫子。他的精神无疑一直保持着人的本性；可是一旦失去人的嗓音，其他人就再也看不出他是人了。”

格里高尔是孤独的，因为没有人能够理解他。公司里的经理和秘书主任自不必说。在家里他比陌生人还要陌生。他说的话没有一个人能够听懂，他的心思没有一个人能够明白。“人们虽然再也听不懂他的话了，尽管他自己觉得他的话说得相当清楚，比从前清楚，也许是因为耳朵习惯了吧。”平日与他关系最亲近的妹妹，也不能理解他。“他永远也猜不中，妹妹一片好心实际上正在做着什么事。”

更有甚者，他的和解的愿望也总是适得其反。他试图安抚秘书主任，反而使自己失去了自己的嗓音。“你听见格里高尔现在的讲话声了吗？”“那是一种牲畜的声音。”从此以后，人们再也听不懂格里高尔的话了。当母亲被他粘在画上的形象吓晕过去之后，妹妹去找药，格里高尔爬过去想帮忙，将妹妹也吓了一跳。随后，格里高尔怀着最良好的愿望，设法平息父亲的怒气，但他只会使父亲更加愤怒，以致父亲奋力用苹果砸他。若不是母亲最后拦住了父亲，格里高尔早就一命呜呼了。当他被妹妹演奏小提琴的声音吸引出来，想象着“让她到音乐学院去学习”时，他惊动了公寓里的三个房客。于是，妹妹也变得忍无可忍，“我们必须设法摆脱它。我们照料它、容忍它，我们仁至义尽了嘛”。于是，当格里高尔忍着伤残的疼痛艰难地爬回房间时，他一进门，“房门就被急速关上，闩上门闩，锁了起来”。

最后，他的卧室成了他的囚室，彻底地与世隔绝，在痛苦的孤独中默默死去。在黑暗中，“不久他便发现，他现在几乎再也动弹不了了……他虽然感到浑身疼痛，但是他觉得，疼痛仿佛在渐渐减轻，最终似乎会完全消失……他认为自己必须离开这里，他的这个意见也许比妹妹的意见还坚决呢……然后他的脑袋便不由自主地完全垂下，他的鼻孔呼出了最后一丝微弱的气息”。

从某种意义上说，卡夫卡就是《变形记》中的那只孤独的、不幸的甲虫。卡夫卡还说：“光亮也许把人从内心的黑暗中引开。如果光征服了人，那很好。如果没有这些可怕的不眠之夜，我根本不会写作。而在夜里，我总是清楚地意识到我单独监禁的处境。”显然，与光亮相比，卡夫卡更喜欢黑夜；与自由相比，卡夫卡更多地体验到了“单独监禁的处境”。卡夫卡在孤独中体验到了甲虫的心境和处境，甲虫的孤独则表达了卡夫卡内心深处的渴望和绝望。

法国昆虫学家法布尔在《昆虫记》中这样描绘甲虫（金步甲）：“金步甲是消灭毛虫的能手……这虫类至今鲜为人知的一个侧面。这残忍地吞噬者，吞吃力所能敌的一切猎物的怪兽，自己最终也被吃掉了。被谁吃掉了呢？被自己的许多同类。”同类相食是许多昆虫的共同特征，从某种意义上说，格里高尔的死也因为同类相食。

1922 年英国小说家大卫·加尼特出版了小说《妻子变狐狸》，卡夫卡同事的儿子古斯塔夫·雅诺斯认为这是对《变形记》的模仿或仿制，卡夫卡不同意这种说法。他说：“他不是从我这里抄去的。原因在于我们的时代。我们两人都是从时代那里抄来的。比起人，动物离我们更近。这是铁栅栏。与动物攀亲比与人攀亲更容易。”因此，人变成甲虫恐怕并不仅仅只是个人的原因，更重要的还有时代的原因。

小说揭示了资本主义商业竞争中的冷酷与无情。德国学者古茨塔夫·勒内·豪克在《绝望与信心——论20世纪末的文学和艺术》一书中明确指出：“资产阶级社会的结构无论过去还是现在事实上都是建立在自由竞争基础上的，因而是建立在一种对抗关系上的，就是在同一阶级和同一阶层内部也是如此。个体之间这种被规定甚至是必然的敌对关系产生出无休止的焦虑；这种焦虑的形成远远不是力比多和出生行为所致，它与特定的外部世界，尤其是两次世界大战有紧密的联系。”卡夫卡没有经历第二次世界大战，但他对大战的到来多少有些预感。这里，由希望到失望，由失望到焦虑，由焦虑到绝望，卡夫卡对资本主义社会的思考和忧虑在他的小说中均有所体现。

在小说中，生意场上的小灾小病必须忽略不计。“我们买卖人——你可以说是晦气也可以说是福气——出于生意经往往只好不把这种小毛小病当作一回事。”秘书主任在格里高尔变形后来到他家，指责他玩忽职守，并以解雇相威胁。“您在公司里的地位绝不是最牢靠的。……近来您的成绩很不令人满意；现在虽然不是做生意的旺季，这一点我们承认；但是不做生意的季节是根本不存在的，萨姆沙先生，是不允许存在的。”在格里高尔家里吃住了几天的三位房客，因为发现他们隔壁有一只甲虫，便理直气壮地说：“我立刻解除我的房间的租约。我在这里已经住了几天，这几天的房租我当然一个子儿也不付，不但不付，我还要考虑，我要不要向您提出什么——您相信我吧——极容易说明理由的要求。”三位房客不仅不准备付房租，还准备向格里高尔家里勒索点什么。

而在格里高尔家庭内部，也同样缺乏温情，这里更多的还是利益关系。当格里高尔不再给家庭带来利益，而只是一味地制造麻烦时，他妹妹拍着桌子对父母说："这样下去是不行的。你们也许不明白这个道理，我明白……我们必须设法摆脱它。"父亲则立即表示赞同："她说得对极了。"而一旦格里高尔死了，父亲便庆幸地说："现在我们可以感谢上帝了。"母亲脸上"挂出一丝忧郁的笑容"。妹妹则变得越来越轻松愉快，她舒展她那富有青春魅力的身体，可以放心地去寻找一个如意郎君了。于是，他们一家三口愉快地乘电车出城郊游去了。

卡夫卡曾这样评价自己的《变形记》："梦揭开了现实，而想象隐藏在现实后面。这是生活的可怕的东西——艺术的震撼人心的东西。"看来，《变形记》是一个可怕的梦，但这个梦却揭开了现实；格里高尔并没有做梦，他的变形就是现实本身，这就是生活的可怕的东西。卡夫卡果然创造了"震撼人心的艺术"。

别有“洞”天

《地洞》是卡夫卡重要的短篇小说之一。《地洞》创作于 1923 年至 1924 年之间，那时卡夫卡与女友朵拉一起住在柏林，已重病在身。小说据说是一个夜晚写成的。卡夫卡在《地洞》里塑造了一只栖居在地洞里的动物，卡夫卡似乎跟踪记录了这只动物心理发展变化的轨迹，描写并展开了一个地洞里的世界，这引起了读者强烈的兴趣和诸多困惑。这只动物究竟是什么动物？作为动物，它何以有如此强烈的理性意识和思辨能力？作为卡夫卡的自我，它为何又演变成了一种生活在地底下的动物？地洞里的世界与野外的世界，哪里更安全？卡夫卡的地洞里的世界别有一番风景，另有一番意韵，任何试图理解和认识卡夫卡的读者都应该去那里驻足停留一阵。

小说开头写道：“我造好了一个地洞，似乎还蛮不错。从外面看去，它只露出一个大洞，其实这个洞跟哪里也不相通，走不了几步，便碰到坚硬的天然岩石。我不敢自夸这是有意搞的一种计策……当然，有的计策过于周密，结果反而毁了自己，对此我比任何人都知道得更清楚。”小说大体上可以分为三部分：第一部分是动物对地洞的介绍；第二部分描写动物离开地洞在野外逗留；第三部分描写动物返回地洞。

“地洞”建在什么地方，譬如什么国家、什么城市，我们不得而知。我们只知道一只不知名的动物造好了一个洞，它在洞内的真正入口处覆盖了一层可以移动的苔藓。洞内有一套完善的、小规模的迷津暗道，连接迷津暗道的又有许多通道。“通道上每隔一百米的地方，辟一个圆形的小广场”，这样的小广场有五十几处之多，“在洞穴的近中心处修建了一个中央广场”，整个地洞建得像一个城郭，或者说一个城堡。“地下室”连接着地面上的世界，它仍然属于地上世界的一部分；“地洞”将地上世界与地下世界隔开，建造这个世界就是为了根绝与地上世界的联系。

乍一看小说似乎写了一则动物故事：一只动物为了防御敌人而建造了一个地洞，但它总不满意，因为这个地洞仍然危机四伏，它没有真正的安全感。但是，这个动物究竟是什么，作者却语焉不详。显然，卡夫卡不会用心去写一部现实主义动物小说，这不符合他的创作原则，他甚至都没有研究过什么动物学。

“地洞”的主人是什么动物，我们不得而知，但它看上去显然不是“人”。它似乎是一只鼹鼠，但它也可能是某种猫科动物，因为它一觉醒来时“牙缝间还挂着一只耗子”。它和别的动物一样，通过狩猎维持生计。他的唯一任务就是建造地洞以抵御假想中的敌人。这些敌人，“我虽没见过，但传说中讲到它们，我是坚信不疑的”。这个动物通过“用手抓，用嘴啃，用脚踩，用头碰的办法”建造了地洞。他与地洞相依为命，“不管我遇到多大恐惧，我都能泰然自若地留在这里，无须设法说服自己，打消一切顾虑，把入口打开”。“地洞”的世界就是主人公活动的世界，他虽然也经常短暂地离开地洞，但这只是为了“检查一下地洞是否坚固”。倘若长时间离开地洞，他就会“感到受到惩罚似的难以忍受”。

地洞意味着什么？马克斯·布罗德说，卡夫卡写这篇小说“乃是他为新居和一个自己的家庭而感到喜悦”；而作为当时这个家庭的成员之一的朵拉则说：“这是一篇自传体的小说，而且兴许是一种预兆，预示着他将要回到父母家，结束那种自由，这种自由在他身上激起了惊慌失措的畏惧感。”如果说，在布罗德那里，卡夫卡在柏林的新居就是卡夫卡的地洞的话，那么，在朵拉那里，卡夫卡父母在布拉格的家才是卡夫卡的地洞，而他们在柏林的新居应当是一个真正自由的野外世界。

地洞是一个相对封闭的世界，野外则是一个无限开阔的世界。地洞里的主人公惧怕野外，但又需要时常去野外溜达。“我经常离开地洞——虽然只是很短的时间——去外面溜达，以便让自己冷静冷静，同时检查一下地洞是否坚固。要是长时间离开地洞，我会感到受惩罚似的难以忍受，但短时间出去走动走动，我以为也是很有必要的。”地洞里的封闭的生活是为了逃避野外的充满危险的生活，而野外的自由生活又是对地洞里的生活的一种诱惑和监视。

对于地洞里的主人公来说，在地洞里是相对安全的，在野外则充满了更多、更大的危险。地洞的安全终止于地洞的入口处，地洞外面没有任何安全的保障。在地洞里面，一切都被规划、被计算、被规定好了，这里的一切是受动物支配的；但野外的一切却都不在动物的掌控之中，它们自行生长和发展，不以地洞里动物的意志为转移。对野外的探访就是对地洞安全的放弃。因此，地洞里的主人公每跨出地洞一步都是经过深思熟虑的，也是非常困难的。“每当我走进出口时，我总有一种庄严感。住在家里时，我是避免到那里去的，甚至连通向天的任何一条最小的岔道儿我都是不迈步的”。而一旦走到洞口，这只动物就感到已经陷入一种巨大的危险的氛围之中。“有时候我好像觉得我的皮变薄了，不久仿佛我只能以赤裸裸、光溜溜的肉身站在那里，这时候，我的敌人以吼叫来欢迎我。说实在的，这样一种感觉足以致使出口本身失去对我的家屋的保护作用，但使我格外苦恼的，仍是入口的构造。”

当然，洞外的世界充满了诱惑。“在大森林中狩猎，我感到身上有一种在地洞里没有任何地盘包括城郭——哪怕它再扩展十倍——让它施展的新的力量。外面的伙食也更好吃，狩猎固然比较困难，很少成功，但其收获从任何方面讲都是价值更高的。”而地洞里则是比较安全的。布罗德说：“‘地洞’对它来说不仅仅意味着安全……它还象征着祖国，象征着一种道德状态，一个以诚实劳动为代价而获得的生存基础。”布罗德赋予了地洞太多的含义，这或许并不是卡夫卡的本意，但地洞与野外的对立却是始终存在的。

面对地洞和野外，地洞里的主人公内心充满了矛盾：它非常想去野外，但又根本不能去野外。野外成了地洞的对立面。这只动物造了一个地洞，然后自己被紧紧地束缚在地洞里，它再也不能自由地走到地洞的外面去了。地洞的存在否定了野外生活的可能性。表面看去，这只动物可以接受人家的邀请，到洞外去，这样的话，它就能充分领略野外的风光，无忧无虑地度日。但是，“其实不然，许多本来可以做到的事情并没有做到，地洞的事情忙得我团团转。我很快跑离洞口，不一会儿又赶回来。我在寻找一个合适的藏身之所，并守望着我的家门——这一回是从外面——一连几天几夜”。这样一来，与其说这个地洞属于这只动物，毋宁说这只动物属于这个地洞。它站在地洞的门口，仿佛就是站在自己的前面，“觉得自己既能一边熟睡，一边警惕地守护着自己”。地洞使这只动物完全失去了自由，它不可能到洞外去了，因为它已经完全献身于地洞了。即便这只动物有可能来到洞外，它在洞外的目的也只是为了守望它的家门，守望它地洞的安全了。它可以几天几夜地埋伏在洞外，乐此不疲，洞外生活的真正意义它已无从领略了。地洞里的主人公变成了地洞的奴隶，到头来并非地洞在保护这只动物，反倒是这只动物总在努力保卫地洞。

地洞里的主人公因为地洞而失去了野外的世界，失去了自由，但它并没有因此而得到安全，它仍然处于不安的焦虑中。“现在的情况是这样：地洞在实际上——而处于巨大困境之中的人们是顾不上观察实际的，甚至在岌岌可危之际，也必须经过努力方能投以一瞥——虽然是相当安全的，但绝对是不够的，难道在其中什么时候停止过忧虑吗”？

如果说，野外象征着人所面对的外部世界，那么，地洞便象征着人的内心世界。对于卡夫卡来说，内心世界就是他的写作世界了。卡夫卡对外部世界失去了安全感，于是他全身心地献身于创作，但他在创作中又一直疑虑重重，从来就没有对自己满意过，对自己的作品则苛求、猜疑，很少满意，他最后留给朋友布罗德焚烧所有遗稿的遗嘱就是证明。

小说开始时，地洞已经建造好了。主人公开始叙述自己在地洞里的生活和焦虑。它叙述自己的故事给谁听呢？显然不是其他的动物，因为它不跟任何动物来往。它是将自己的故事讲给自己听，它为地洞进行辩护，为自己的所作所为进行辩护。这有点像意识流。“我现在正处于我生命途程的顶点，就是在这样的时候，也几乎得不到一个完全安宁的时刻”，“我造好了一个洞，似乎还蛮不错”，“有的计策过于周密”，“它搞得这样万无一失”，“这一切都得煞费苦心，而神机妙算的欢乐有时是促使人们继续开动脑筋的唯一原因”。所有这一切都是为了“我安安稳稳地住在我的家里的最里层”。小说以第一人称“我”写成。那么，这个“我”，究竟是谁呢？因为这个“我”是地洞的建造者与栖息者，它与地洞密不可分。地洞的结构和特征将决定“我”是谁。

“我的地洞的最大优点是宁静（Stille，也译成寂静）。”但这种宁静随时可能被噪声所中断，宁静意味着安全，噪声意味着不安和危险，正是在这种安全与不安的张力中，主人公体验到了紧张和焦虑，而这应当就是小说的中心所在。对地洞的安全的担忧是主人公最重要的性格特征，这种担忧归因于主人公的小心谨慎，这种小心谨慎使主人公为了地洞的安全做了其所能做的一切，但所有这一切并不能从根本上消除不安。

“我”的重要特征之一就是不断地推论，对赞成与反对、有利与不利不断地思考。“假如我有某个值得信赖的人，可以把观察哨的任务交给他，那我就可以放心地下去了。”然而，如果这个我所信赖的人要求报酬呢？如果他想看一看地洞怎么办？“让他独自下去吧，这绝对无考虑之余地；我跟他同时下去呢，则他在我背后放哨给我带来的益处便成为泡影了。”如何维持信赖呢？“信赖一个人，在同时监视着他，或至少能够监视他的情况下是比较容易做到的。”这就奇怪了：信赖一个人，如何还需要监视？监视一个人，何以还能说是信赖？地洞里的主人公从来没有停止过思考、推理、计算和谋划。因此，“我”是一种理性的动物，而所谓理性的动物，通常指的就是人。如此看来，这篇小说绝不是动物小说，而是关于人的小说，关于人的自我的小说。

看来，地洞里的主人公其实就是人自己，从某种意义上说，就是卡夫卡自己，至少是部分的卡夫卡自己。像卡夫卡一样，“地洞”的主人宁可待在地洞里过一种安安稳稳的虫豸的生活，也不愿走出地面过一种人格分裂的人的生活。地洞就是卡夫卡精心建造的一个家，一个属于自己心灵的家。卡夫卡似乎有一种“恋鼠情结”，他在日记和书信中多次提及各种鼠类。他喜欢把自己想象成一只老鼠，喜欢待在深深的地洞里。1903 年 9 月 6 日，卡夫卡在给波拉克的信中提到了鼹鼠：“人们推崇鼹鼠和它的样子，但是可不要使它成为他们的圣者。”卡夫卡经常在不知不觉中自己变成了一只鼹鼠。但即便躲入地洞的卡夫卡仍然摆脱不了敏感和疑虑，并且，久而久之，这种敏感和疑虑便发展成一种恐惧与焦虑了。这种情形与“地洞”的主人几乎一模一样。它虽然造好了地洞，但仍然时时感到危险的存在。因为“敌人却从某个什么地方慢慢地、悄悄地往里钻穿洞壁，向我逼近”，“而且我的敌人多得不可胜数，我逃避了一个敌人，又落入另一个敌人之手，这种事情不是不可能的”。但这些敌人究竟是谁，它也不清楚，因为它也没有见过，不过它对敌人的存在始终坚信不疑。这正如它突然听到的“曲曲”声，既不知道它的来源，也不知道它的去向，但“曲曲”声却无时无处不在。“危险迟迟不来，而时时担心着它来”，久而久之，就成了“危险并不是想象的东西，而是非常实际的事情”。这就是对永远无法逃避的恐惧的期待。

最后，“地洞”的主人的推理和叙述更是充满了矛盾和不确定性。他造好了一个洞，似乎还蛮不错。它只露出一个大洞，但露出这个大洞只是一种分散人的注意力的计策。当然，有的计策过于周密，结果反而毁了自己。因为这个洞反倒使人感到有了探索的价值。真正的洞口在离大洞约千把米的地方，上面覆盖着一层可以移动的苔藓。这可以说是万无一失了，“世界上所能做到的安全措施也莫过于此了”。然而，如果有什么人踩到了苔藓，地洞就暴露了；如果谁有兴趣，就有可能闯进去把洞里的一切永久性地破坏了。因此，完全安宁的时刻是不存在的。所谓最安全的地方，往往就是致命之所在。然后，主人公设想了各种安全措施，但所有的安全措施其实都不安全。主人公整日整夜地提心吊胆、惴惴不安。如果说驱动和激发“地下人”进入解构过程的是“被扭曲了的由无休止的语言链条组成的社会交往过程中所出现的不稳定情感”的话，那么，“地洞”中的主人公便更像是“沿着无限延伸的能指链条”在滑动和倒退了。卡夫卡的生活和创作似乎也可以作如是观。

总之，卡夫卡的地洞里的世界是另一个世界，这里别有洞天，复杂微妙，变幻不定，动人心弦，这是他的生命在即将走到尽头时精心建造的又一个世界。这个世界既是他的希望和梦想，也是他的归属和坟墓，然而，即便在那里，他仍然没有找到他所追求与渴望的安全和宁静。海德格尔曾经说过，筑造就意味着栖居，人在大地上存在就是居住，“栖居的基本特征就是这样一种保护”。“终有一死的人总是重新去寻求栖居的本质，他们首先必须学会栖居。倘若人的无家可归状态就在于还根本没有把真正的栖居困境当作这种困境来思考，那又会怎样呢？”这个问题或许就是长期以来一直困惑着卡夫卡的问题，也是任何一个卡夫卡的现代读者所必须面对和思考的问题。

“猿猴变人”的启示

熟悉达尔文进化论的读者都知道猿猴是如何变成人的，但 20 世纪奥地利著名作家卡夫卡似乎并不认同这一理论。在他看来猿猴进化成人，并不需要漫长的进化时间，它可以在数年之内完成，甚至可以在一夜之间完成。随着猴子一声“哈罗”，猴子便跳入了人类社会。在卡夫卡笔下，猿猴为什么要变成人？它又是如何变成人的？猿猴变人的意义是什么？卡夫卡为什么独出心裁，创作这样一篇小说？对这些问题的思考和探索使我们不得不一遍又一遍反复阅读卡夫卡的短篇小说《一份为某科学院写的报告》。

小说写于 1917 年 5、6 月间。小说故事梗概如下：一只猿以他转变为人之前的生活为题材给某科学院写了份报告。不幸的是，他转变之后便忘记了过去，因此，关于过去的生活，他能向科学院讲述的很少。他在非洲被捕获，他的第一个清晰的回忆是一个笼子，他正是被关进那个笼子，用船运往欧洲的。他在那里忍受了无数凌辱。许多船员朝他脸上吐唾沫，嘲笑他，用棍子戳他，用烟头烫他。他很快就认识到，对他来说逃出囚笼的唯一途径就是变成一个人。经过艰苦的努力他成功地做到了这一点。他的努力达到了顶点，这一天他会喝杜松子酒了，这个一阵阵令他作呕的玩意儿，船员们却如此重视，这是他所不能理解的。此后他的进步十分迅速，尽管情况一度很糟，他的一位教师由于跟他接触差点儿自己也变成了猿。今天当他已经达到了普通欧洲人的智力水平时便沾沾自喜。他相当圆滑地讲到他作为猿而忍受的那些苦痛并且谄媚地、过分大度地原谅了人们对猿类的折磨。晚上，他回家去与他那半人半兽、疯疯癫癫的母猿做伴。

卡夫卡的小说是告诉我们：猴子为什么变成人？因为它要寻求一条出路。对于小说的主人公来说，“出路”（way out）显然是最为重要的。“出路”一词在小说中反复出现，无疑显示了其重要性。1784年11月，德国的一家杂志《柏林月刊》刊载了一篇文章，题目是《答复这个问题：“什么是启蒙？”》，作者是著名哲学家康德。二百年后福柯在《什么是启蒙？》一文中指出：“康德界定启蒙的方式几乎完全是否定性的，它是作为一个Ausgang，一个‘出口’（Exit），一个‘出路’（way out）而被界定的”。Ausgang（出口）与Aufklarung（启蒙）原本是意义相近的词，开头两个字母是相同的。从词源学看，德语Aufklarung首先是解释、说明、侦察的意思，而后才是启蒙的意思。英语Enlightenment则首先是启迪、教导、智慧、觉悟的意思，而后才是启蒙的意思。显然，我们不能仅仅通过英语的Enlightenment（启蒙）来理解德语Aufklarung（启蒙）的意思。总之，在康德看来，启蒙问题其实就是一个出路问题。原来卡夫卡小说中“出路”概念可能源自康德。

康德指出，作为“启蒙”的特征的“出路”是一个把我们从“不成熟”状态释放出来的过程。所谓“不成熟”是指我们的意志的一种特定状态，这种状态使我们在需要运用理性的领域接受别人的权威。康德说：“处于不成熟状态是那么安逸。如果我有一部书能替我理解，有一位牧师能替我有良心，有一位医生能替我规定食谱，等等；那么我自己就用不着操心了。”在卡夫卡的小说中，主人公红彼得（Red Peter）住在黄金海岸，像他的先辈那样过着无忧无虑的生活。这种状态在康德看来，就是不成熟状态。当红彼得被欧洲猎人击伤、捕获、囚禁，最终不得不开始模仿人类时，启蒙便发生了。

看来，卡夫卡的小说的确是在思考有关启蒙的问题。说到启蒙，就必定有启蒙者和被启蒙者，被启蒙者如果要摆脱愚昧和落后，他必须向启蒙者学习，而启蒙者则有义务和责任教育、引导、启迪被启蒙者。启蒙的首要任务是学习。“当你不得不学的时候，你就得好好地学；如果你想找一条出路，你就得学习；毫无顾忌地学习。你甚至会用鞭子监督自己；只要你稍有反抗，就会被撕成粉碎。”于是，猴子学会了握手、吐唾沫、抽烟、喝酒，尤其是喝酒，在小说中几乎被描写为一种庄严的“成人”的仪式：

有一天晚上——大概在举行庆祝晚会，有架留声机在播放音乐，一个军人在人群中走来走去——我趁人不备，悄悄地抓起一瓶由于疏忽而留在我笼子跟前的烧酒，我在众目睽睽之下，严格地按规定拔去瓶塞，然后把酒瓶放到嘴上，毫不犹豫地、嘴也不歪地像个内行的酒徒那样喝起酒来，我把两只眼睛睁得滚圆滚圆的，不断地摇晃着喉咙，的的确确把酒一饮而尽；之后，我不再像绝望者那样，而是像艺术家那样把酒瓶扔掉；我虽然忘记了抚摩肚子；但却作为替代用人类的语言简短明确地发出了一声“哈罗”，因为我不会别的，因为我感到事情紧迫，因为我酩酊大醉、神志不清，随着这声叫唤，我跳入了人类社会。

小说中的这个仪式性的饮酒必须以理论指导为前提，又被安排在某种庆祝活动期间，而且他使猿立刻变成人，并为船员们所认可，这一切具有浓郁的象征意义。这只猴子在他的仪式般的饮酒过程中完成他的文化启蒙和宗教启蒙，他正式地步入了人类社会。

当然，猴子最初的启蒙并非他自己的选择，他原本自由自在地生活在广袤的非洲大地上。然而，有一天，一支来自欧洲哈根贝克公司的打猎探险队将他捕获，他便失去了自由生存的可能。他被关在轮船统舱里的一只笼子里，“整个笼子低得我站不直，窄得我坐不下去。因此，我只得弯着一刻不停地颤抖的膝盖蹲着……以致笼子的铁条都嵌进了我背部的皮肉”。“我生平第一次没有了出路”，“我没有去路，但是我必须为自己找到出路，否则我就活不下去”。然而，摆在他面前的路只有两条：要么变得与人类一模一样，这样笼子上的铁条就可以搬走；要么“偷偷地溜上甲板，跳出了船舷，然后在世界海洋上颠簸一阵子，接着就淹死在海里”。而后者与其说是“出路”，不如说是“死路”。马克斯·霍克海默和西奥多·阿多诺在其合著的《启蒙辩证法》一书中指出：“启蒙的本质就是一种抉择，并且不可避免地要对统治进行抉择。人们总是要在臣服自然与支配自然这两者之间作出抉择。”而“臣服自然”自然是人类所不能接受的。因此，对于小说的主人公而言，真正的出路其实只有一条：那就是猴子变成人。于是猴子开始模仿这些人，走上了艰难的启蒙之旅。

猴子在模仿人类的路上蒙受了许多嘲笑、侮辱和惩罚。他的启蒙老师曾“把燃着的烟斗放到我的毛皮上，以致在几处我不易摸到的地方都开始冒烟了，但是他接着又用他那只慈爱的大手把火扑灭”。工夫不负有心“猴”，猴子终于学会了人类的语言、人类的行为方式和思想方式，他一跃而进入了人类社会。

当被启蒙者由猴子变成了人后，作为启蒙者的老师则“险些自个儿变成了猴子，他不得不放弃教学而进了一家疯人院”。此时，被启蒙者已经开始对启蒙者不满意了，他开始自己挑选甚至收容老师了。启蒙者与被启蒙者的关系完全被颠倒过来了。“我把双手插在裤袋里，桌子上放上一瓶葡萄酒，在摇椅上半躺半卧，望着窗外。有客人来，我就接待他，恰如其分地接待他。我的舞台经理就坐在前堂里；我一按铃，他就进来听候我的吩咐。”卡夫卡在这里也不无悲哀地对人类启蒙进行了讥讽，从启蒙者到被启蒙者，二者之间并不存在泾渭分明、一成不变的界限。

启蒙就意味着同化，这是一个关乎弱小民族生存和发展的问题，更是一个关乎犹太民族生死存亡的问题，对此卡夫卡感同身受。1784 年，早在康德回答《柏林月刊》提出的“什么是启蒙”这一问题之前，莫斯·门德尔松（Moses Mendelssohn，1729—1786）已于两月前对同一问题给予了回答。门德尔松是 18 世纪德国和奥地利犹太解放运动的先驱，著名犹太哲学家。在福柯看来，这就是“德国哲学运动与犹太文化的新发展的相遇”。“犹太思想与德国哲学面对同样的问题，一直是一个问题”，“由于这发表于同一刊物的两个文本，德文 Aufklarung（启蒙）和犹太语 Haskala 意识到它们属于同一个历史；它们正试图证明他们由此而来的同一个进程，这或许是一种宣布接受一个同一命运的方式”。因此，德国哲学与犹太文化所关注的问题常常是一致的，在某种意义上说，德国哲学中的“启蒙”问题，也就是犹太文化中的“同化”问题。

所谓“同化”（assimilate）就是抹去或忘却自己本民族的传统、个性甚至语言，认同并融化于他民族的传统、品格和语言。在卡夫卡所处的时代，“同化”是每一个犹太人所必须面对的严峻问题。犹太人面临两难境地：是与德语同化，还是继续保持自己的语言文化传统？从整个中世纪到 18 世纪，犹太人一直忍受着被隔离的屈辱。但是，除了反犹太法案以及对犹太人的迫害外，犹太教传统一直在建构一种完整的生活，即在他们与基督教周边环境之间筑起一道清晰的分界线。只要犹太人还存在着，只要他们完整地保存他们的宗教传统，并将这种传统一代代传续下去，那么，不屈不挠地对年轻人进行犹太式教育就一直是犹太团体最关切的问题。这种教育涵盖了一切正式的场合，从最小的孩童时代开始，至少在原则上是这样，贯穿于他的一生，识字是作为真正的犹太人的一个方面，而最小的要求是参加宗教仪式。在传统观念上，一个男人如果连犹太法典都不能阅读的话，那他就不是一个真正的犹太人。因此，一个同化后的犹太人的生，也就是一个真正的犹太人的死。

在卡夫卡的小说中，主人公正面临着这种"生存还是毁灭"的选择。红彼得被关在铁笼子里，他是孤独的。他站不直，坐不下，"身陷精神上的囹圄"。他心里明白，"我必须为自己找到出路，否则我就活不下去"。而出路就是"我只好不当猴子"。"一只过去的猴子通过什么样的方针，才能闯入人类的世界，并在那儿定居下来"，"假如我变得和他们一模一样，笼子上的铁条就可以撤走"。于是，他强迫自己接受训练，他与人握手、喝烧酒、抽烟斗、说人话……直至"猴性翻着筋斗匆匆离我而去"。总之，"我没有别的出路"。犹太人为了避免受迫害，往往不得已与其他民族同化，或皈依基督教，但这一切并不能使犹太人改变自己的命运和不幸遭遇。历史已经一次又一次地证明了这一点。

阿多诺与霍克海默在其合著的《启蒙辩证法》中指出：文明是以奴役自然——包括外在世界的自然和自我内在自然——为代价而获得的。所谓历史就是弃绝的历史、压制的历史。启蒙就是知识的体系化，就是将多样性归于一个原则之下。如此看来，"同化"就意味着不自由，而自由就是非同一性。如果"同化"就是启蒙这枚铜币的另一面的话，那么，启蒙并不意味着自由，它离自由很远，甚至与自由背道而驰。

什么是自由？现代西方自由主义奠基人贡斯当认为，"自由是只受法律制约、而不因某个人或若干个人专断意志受到某种方式的逮捕、拘禁、处死的权利，它是每个人表达意见、选择并从事某一职业、支配甚至滥用财产的权利，是不必经过许可、不必说明动机或理由而迁徙的权利”。猴子变人的过程被呈现为简单的模仿；如果说，问题在于如何找到出口，那么，这个出口意味着逃避，而不是相反。逃避是不得已的，没有选择的，因此正好与自由相反。“我来自黄金海岸”，那时候，“我”是“无拘无束的猴子”。主人公最初是自由的，当他有一天不得不选择启蒙时，他便失去了自由。启蒙是可能的，因为人是自由的；自由的人不可避免地会走向启蒙。但是，事情的发展并不能因此而颠倒过来：因为需要启蒙、必须启蒙，所以可以剥夺人的自由。于是，启蒙的逻辑变成了强权逻辑：任何人都不具有不启蒙的自由。启蒙成了自由的原因，而不是结果。因为启蒙而失去了自由，人因此便失去了自己最本真的属性。

没有选择的自由只是出路，根本不是自由，而人们常常将出路当成了自由，这就是欺骗。所幸的是，猴子在变成人之后对此有着非常清醒的认识：

我故意不说自由。我指的并不是这种在各方面都自由自在的伟大的感觉。作为猴子我也许知道这一点，我也结识了一些渴望这种自由的人。可是就我来说，不论过去或是现在，我都不要求得到自由。顺便说明一下：在人们中间，有人常常拿自由欺骗自己。如同自由被视为最崇高的感情之一一样，相应的欺骗也被视为一种最崇高的感情。

启蒙不仅不等于自由，人们甚至常常因为启蒙而失去自由，或被剥夺自由。启蒙因而走向了专制和独裁，这就是启蒙所带来的恶果。霍克海默和阿多诺认为，“我们并不怀疑，社会中的自由与启蒙思想是密不可分的。但是，我们认为，我们同样也清楚地认识到，启蒙思想的概念本身已经包含着今天随处可见的倒退的萌芽”，“启蒙带有极权主义性质”。在他们看来，启蒙可能把人们引入到一个最黑暗的时代，引向了法西斯主义，引向了晚期资本主义。20世纪是人类历史上最血淋淋的世纪，这多少与启蒙有关……最残酷的集体主义和最能够发展人性光辉的个人尊严，都在启蒙之中。以前不可能出现这样的情况，假如没有启蒙精神引导的科学技术的发展，很多20世纪所目睹的怪现象都不可能发生。卡夫卡在有生之年，似乎已经隐约地预感到了这一点。第二次世界大战期间，由于德国法西斯的种族灭绝政策，大约有500万犹太人被屠杀。卡夫卡的三个妹妹全部死于纳粹的集中营。其中他最喜欢的妹妹奥特拉，不愿意依靠她的雅利安丈夫躲过一劫，同时也是避免连累他，主动和丈夫离婚，毅然向纳粹当局表明了自己的身份。1943年，她去了奥斯维辛，自然一去不返。卡夫卡自己若不是1924年去世的话，也不可能幸免于难。

当然，作为小说家，卡夫卡的叙述有着自我解构的特征。小说由第一人称叙述完成，叙述者不久前由猴子变成了人。“尊敬的科学院的先生们！承蒙各位邀请我向贵院呈交一份我过去所经历的猴子生涯的报告，我感到十分荣幸。”但是，报告的真实性十分可疑，科学院的科学性也大打折扣。叙述者脱离开猴子生涯已将近五年，成功地变成了人。“要是我执著地坚持自己的出身，执著于青年时代的回忆，我是不可能取得这样的成就的。”我正因为放弃了自己的出身、回忆或记忆，才变成了人；而失去了出身、回忆或记忆的人何以能叙述自己变成人之前的生活？猴子变成人之后才学会了人的语言，而那些不能纳入人的语言的猴子的生活何以能被人所叙述？那些遥远的、模糊的记忆何以能够成为科学的证据？因此，小说的主题并不是确切无疑的，它仅仅是“一个报告”。小说中主人公的形象也是模糊难辨的，他由猴子变成人，但其实他身上还保留着许多的“猴性”。

每当夜深人静，当他离开喧嚣热闹的宴会或聚会独自回家时，“总有一只半驯服的小黑猩猩在等待着我，这时，我又像猴子那样，让自己从她那里得到无穷的快乐”。主人公究竟是人还是猴子？到了小说的末尾，我们仍然不敢确定，这正如小说中一再提及的自由。卡夫卡在精心建构一个主题的同时又悄悄地将它解构了，这无疑又体现了卡夫卡一贯的创作风格和特色。

塞壬们的“沉默”

大凡熟悉欧洲文学与文化的读者，想必都知道“女妖的歌声”这个故事。这个故事出自荷马史诗《奥德赛》。故事说的是古希腊英雄奥德修斯远征特洛亚城后航海回家，途经咯耳刻海岛，听说岛上有两位塞壬女妖，人首鸟身，她们用迷人的歌声诱惑航海者，然后将他们吞吃。于是，奥德修斯听从了喀耳刻的建议，用蜡封住了同伴们的耳朵，同时吩咐同伴们将他自己绑在桅杆上。一旦奥德修斯恳求、命令同伴们为他解开绳索，他们反而将他捆得更牢……这样，奥德修斯便成了唯一一位听到过女妖的歌声而又幸存了下来的航海者。

这个故事在世界上，尤其是在欧洲流传了几千年，它已经成了人们耳熟能详的故事，塞壬的歌声也成了“狡诈”或者“挡不住的诱惑”的代名词。几千年后，1917年奥地利著名作家卡夫卡写了一篇小小说，题目叫《塞壬的沉默》。在卡夫卡笔下，奥德修斯不仅让人将自己牢牢地箍在船桅上，而且还用蜂蜡堵住了自己的耳朵。这样，奥德修斯不仅没有听到女妖的歌声，而且也没有听到女妖的沉默。而沉默原是比歌声更厉害的武器，“现在，塞壬却有一种比歌声更厉害的武器，那就是沉默，虽然塞壬没有这么做过，但也许可以想见，某人可以平安逃脱歌声的魔掌，面对沉默却束手无策”。寥寥几笔，就将流传了几千年的古代经典神话给消解了。

我们知道，有关女妖歌声的故事有两点非常重要：第一，这个故事告诉我们，希腊英雄是怎样经过塞壬的岛屿，而又没有成为那致命的歌声的牺牲品的；第二，它解释了为什么奥德修斯既能尽情欣赏女妖的歌声，又能安然无恙地躲过女妖的魔爪。在荷马史诗中，这个故事并非由诗人直接叙述出来，而是由主人公奥德修斯对法雅西亚国王等缓缓道来，采用的主人公说故事的手法。因为整个故事都是奥德修斯的亲身经历，只有他一个人既听到了女妖的歌声，又成功地逃离了她们的魔爪。他是女妖歌声的唯一证人。我们所知道的有关塞壬的一切都来自奥德修斯。所以，只有他才有资格来讲述这个故事，也只有他讲述的故事才是真实可信的。因此，我们不得不相信他所说的，这也就成了荷马史诗存在的基础，奥德修斯性格形成的基础。然而，一旦我们开始怀疑奥德修斯讲故事的资格，我们也就必然怀疑他所讲述的故事的真实性。这样一来，整个荷马史诗的真实性也就开始动摇，奥德修斯的性格也变得可疑起来。

这便正是卡夫卡所做的。在卡夫卡的小说中，故事的叙述者已从第三人称变成了第一人称。叙述者不再是奥德修斯，他已不再是女妖歌声的唯一证人。当奥德修斯不仅让人将自己牢牢地箍在船桅上，而且还用蜂蜡堵住了自己的耳朵时，他作为叙述者的身份也就被取消了。叙述者在这里变成了一个无名无姓、性格模糊的声音。这个叙述者知道奥德修斯不知道，或他不可能知道的事情。卡夫卡由此便彻底背离了荷马的叙述传统，开始按自己的方式重述古代神话。

在荷马史诗中曾起过至关重要的作用的船员们，在卡夫卡的小说中也消失了。唯一暗示他们曾经存在的证据是，奥德修斯“让人将自己”牢牢地箍在船桅上。卡夫卡有意忽略了船员们的存在，让奥德修斯独自去面对塞壬。因为，如果水手们也像奥德修斯一样戴上锁链、堵上耳朵，那么，他们也会像奥德修斯一样听不到女妖的沉默，但却能目睹女妖的风采，并能分享奥德修斯战胜女妖的那种无与伦比的幸福。显然，这一切与卡夫卡的小说无关，卡夫卡的全部注意力都集中在奥德修斯和女妖身上。

但是，蜂蜡却是必不可少的。正是蜂蜡才使得我们的英雄没有听到女妖的沉默，并作出了错误的判断，“塞壬们在歌唱，他却充耳不闻”。蜂蜡使奥德修斯成功历险而又免遭灭顶之祸。但是，蜂蜡也使得奥德修斯从可靠的证人变成了幸运的受益者。这一变化必然导致叙述角度的变化。奥德修斯的叙述必然被一个更权威、更知道事情真相的叙述所代替。

这种叙述者、叙述角度的变化又必然影响读者的接受效果。在荷马史诗中，由于历险的故事是由历险者亲自讲述，读者或听众就仿佛身临其境，他们的喜怒哀乐就是叙述者的喜怒哀乐，叙述者和接受者之间因而也就没有了距离。而卡夫卡却渴望这种距离，他希望读者明察，在叙述者与所叙述的事件之间总是存在着距离，叙述者对他所叙述的事件并非最有发言权。我们不仅没有眼见为实的奥德修斯来讲述这个故事，也没有其他证人可以充当这个叙述者。在小说的最后，卡夫卡还特意加上了一段“补遗”，“尚须附带一笔的是，塞壬传说还有一个补遗流传下来，据说……”这表明有关塞壬的传说还在继续变化，现今读者看到的只不过是这个正在变化着的传说的最近一个版本。被蜂蜡堵住了耳朵的奥德修斯无法给我们讲述当时真正发生了的事情，也没有其他人更了解这个故事的真实情况。那些水手们，作为潜在的证人早已消失得无影无踪；那位叙述者不过是各种传说的编辑者，他对于故事的真实情况也不过是道听途说，知之甚少。

关于这篇小说，可以评说的地方还很多，譬如女妖的形象、她们的无意识，以及奥德修斯的智慧，等等，不过，说到这里，我们也就大约可以窥见卡夫卡消解古代神话的用心了：他试图通过消解神话来发出自己的声音，通过消解神话的真实性来重新认识现代人凡俗生活的价值和意义，通过对古代神话进行颠覆性阅读来完成现代性叙述方式的转换。

“通天塔”神话

作为基督教文化的经典，《圣经·创世记》中有关“通天塔”故事，可谓人所皆知：诺亚的子孙们往东迁移到示那平原，“那时，天下人的口音、言语，都是一样”，“他们就拿砖当石头，有拿石漆当灰泥。他们说：‘来吧！我们要建造一座城和一座塔，塔顶通天，为要传扬我们的名，免得我们分散在全地上。’”于是，耶和华说：“看哪！他们成为一样的人民，都是一样的语言，如今既做起这事来，以后他们所要做的事，就没有不成就的了。我们下去，在那里变乱他们的口音，使他们的语言彼此不通。”其结果就是：耶和华使他们从那里分散在全地上；他们就停工不造那城了。因为耶和华在那里变乱天下人的言语，使众人分散在全地上，所以那城名叫巴别（Babel）。而那座未建成的通天塔就是“巴别塔”。

几千年来，有关巴别塔的故事在世界各地广为流传。以后巴别塔又引申出许多众所周知的意义：譬如一切不可能建成的高塔和建筑；某些不可能实现的计划或理想；以及某种声音或语言，乃至某一区域的混乱无序等。巴别塔甚至成了“空中楼阁”或“混乱”的代名词。几千年后，1920 年，卡夫卡重写了这个故事，这便是他的小小说《城徽》。卡夫卡以自己独特的方式重读经典、消解经典、重构经典，由此引发了读者强烈的好奇心和长久的思考。《城徽》不长，全文如下：

起初，在建巴别塔的时候，一切还算井井有条；的确，这项工程也许过于庞大，人们太多地考虑到向导、译员、工匠的住处以及道路联络，以至于忘了尚须从事数百年自由的劳动。当时甚至流行着这样一种看法：无须多少时间，就可以很快地把塔建成；这种看法只要稍许加以夸大，人们定会吓得连地基也不去打。人们是这样陈述理由的：整个计划的核心，只是建造一座通天塔的念头。除了这个念头之外，其他一切都是次要的。这个想法，一旦人们领会了他的重要意义，便再也不会打消掉；只要还有人类存在，也就会有将这座塔建造成功的强烈愿望。但是，就这一点而论，人们不必为未来而忧心忡忡，正相反，人类的知识与日俱增，建筑艺术已取得了进步，而且将继续取得进步，一百年之后，我们花一年时间才能完成的工作，也许在半年里就能完成，而且更好，更耐久。所以，干吗现在就竭尽全力，拼死拼活地干呢？要是能够希望在下一代人的时间里建成这座塔，这也许还有点意义。但是，这绝不可以指望。更容易让人想到的是，下一代人凭借他们完善的知识，会觉得上一代人的工作不好，会把已经建成的部分拆毁，以便重新开始。这样一些想法使得人心涣散，于是，人们更多地关心建造一座工人城市，而很少关心建塔。每个同乡组织都想占有最好的市区，于是发生了无休止的争吵，乃至发展到流血的战斗。这些战斗旷日持久；对于首领们来说，它们可是个新的论据：也因为缺乏必要的专注，建塔的事就得非常缓慢地进行，或者宁可在大家缔结和约之后才进行。但是，人们并没有把时间仅仅用在战斗上，在战斗的间歇，人们也去美化城市，这样，必然又诱发新的嫉妒和新的冲突。第一代人的时间就这样过去了，往后几代的时间并没有好一些，只是伎俩不断得到提高，随之而来的是，战斗的狂热也与日俱增。需要补充的是，第二代人或第三代人业已认识到建造通天塔的荒谬，但是，由于大家彼此已紧密地联系在一起，以致谁都不愿离开这座城市。

所有在这座城市里产生出来的传说和歌谣，都充满了对一个预言之日的渴望，到了那一天，这座城市将被一只巨大的拳头连续迅击五下而粉碎。所以，这座城市的市徽也是一只拳头。（洪天富译）

卡夫卡主要从两个方面重写了圣经故事：首先，在圣经中是由于神的愤怒，才导致人间语言的混乱；而在卡夫卡那里，语言的混乱则不是因为神的惩罚，它原本就是人们工作的条件。在圣经中神对人类的傲慢和自以为是非常恼怒，人类竟敢和神一比高低，造一座通天塔，因此，神通过使人类说不同的语言，从而无法进行沟通和交流，于是通天塔只好半途而废；而在卡夫卡那里，人类在一起建造通天塔原本说的就不是一种语言，也正因为这样，他们才需要翻译（interpreters）。并且，“当时甚至流行着这样一种看法：无须多少时间，就可以很快地把塔建成”。

卡夫卡在小说的一开始就颠覆了圣经中巴别塔故事的基础：人类原初说的并非是一种语言，即亚当的语言，也就是上帝的语言。据《圣经》记载，语言起源于耶和华对各种事物的命名：“神用土所造成的野地各样走兽，和空中各样飞鸟，都带到那人（亚当）面前看他叫什么。那人怎样叫各样的活物，那就是它的名字。那人便给一切牲畜和空中飞鸟、野地走兽都起了名。”人类的语言由此诞生。由此看来，语言和事物的原初存在是自然的、和谐的，它们之间的关系是一一对应的，并且是唯一的，这中间不存在偶然性和任意性。而卡夫卡首先抛弃的，就是这种陈腐的有关语言起源的理论。在他看来，多种语言并存原本是建造通天塔的前提条件。卡夫卡已经敏锐地意识到了语言的危机，语言的偶然性和任意性等问题，而这正是20世纪欧洲学术界最为关注的问题之一。

1916年瑞士语言学家索绪尔在法国巴黎出版了他的重要著作《普通语言学教程》。索绪尔思想中最根本和最有启发性的思想，就是将现实世界和语言世界基本上分离开来，他将语言符号划分为“能指”（声音书写记号）和“所指”（观念和意义），而能指和所指的联系完全是任意的，当然，这种“任意的联系”一旦成为集体习惯或约定俗成后，就不再是完全任意的了。所以，索绪尔说：“完全任意的符号比其他符号更能实现符号方式的理想，这就是为什么语言这种最复杂、最广泛的表达系统，同时也是最富有特点的表达系统。”索绪尔在这模糊不清、浑然一片的能指和所指之间终于找到了某种联系、划定了某种界限、确立了某种意义。

索绪尔指出了语言符号的偶然性和任意性，但他同时认为，这种偶然性和任意性一经确立，也就具备了某种规则和意义。但是，以后的语言学家们比索绪尔走得更远。他们将索绪尔那里原本就不大牢靠的能指与所指的关系彻底粉碎、颠覆，他们强调能指与所指的对应关系完全是人为的，语言的“意义”完全由符号的差异和关系所决定。阐释语言系统中语言符号的意义，其实就是以新的能指符号取代有待阐释的能指符号的过程，是由一个“能指”滑入另一个“能指”的永无止境的倒退。美国当代理论家詹姆逊说得很明确：“我们原以为是所指的东西，即原来在某个层次上对于某一类能指来说确实是所指的东西，却在一种无穷退行中自己变成了另一个层次上对于更底层次的所指来说的指意系统。”在这一过程中，符号所指代的实物实际上是永远不在场，也就是说，“能指”永远被限制在一个语言符号之内，永远不能触及所喻指的实体。

卡夫卡否定了最初的、唯一的语言，承认语言的偶然性和任意性，但他并不否认语言交流的价值和意义，也正因为如此，人们在最初建造通天塔时，太多地考虑了译员，因此“一切还算井井有条”。

卡夫卡的这一思想同索绪尔非常相似，而与后现代主义语言观却相去甚远。

其次，卡夫卡对圣经故事的改写体现在他转移了故事的重心和焦点。在圣经故事中，中心问题是多种语言产生的渊源问题，而在卡夫卡那里则成了城市是如何建成的问题。所谓通天塔，它几乎都还没有开始建造，它仅仅只是一个“念头”。“除了这个念头之外，其他一切都是次要的。”而在这个念头之上，他们已经开始建造一座工人城市，“人们更多地关心建造一座工人城市，而很少关心建塔。”最后，确确实实出现在地平线上的是一座向四周蔓延的新兴城市，而那座通天塔则永远停留在人们的“念头”之中。

随后城市引发争吵、引起战斗。“每个同乡组织（nationality，应译作“民族”）都想占有最好的市区，于是发生了无休止的争吵，乃至发展到流血的战斗。”并且，这种战斗会一代代延续下去，“战斗的狂热也与日俱增”。人们已经认识到建塔的荒谬，但他们彼此之间已不能分离。在这里，争端并非像圣经中所说的那样，是起源于上帝的惩罚，而成了多民族密集杂居的自然结果。在圣经中多种语言起源的神话，在卡夫卡那里变成了这座新兴城市将被“一只巨大的拳头连续迅击五下而粉碎”的神话。古老的神话变成了现实的寓言，因为早在卡夫卡写作这篇小小说的前一年，即1919年9月10日，奥匈帝国已经被分裂为五个新的国家：波兰、奥地利、捷克斯洛伐克、匈牙利和南斯拉夫。奥匈帝国终于被一只巨大的拳头击碎，一分为五。

卡夫卡亲历了奥匈帝国的统治以及这一帝国的灭亡，他对语言的意义和价值有着刻骨铭心的体验和认识。卡夫卡生活的奥匈帝国，其实占人口多数的民族既不是奥地利人，也不是匈牙利人，而是捷克人、斯洛伐克人、克罗地亚人、路德尼斯人、斯洛文尼亚人、罗马尼亚人以及波兰人。早在1774年帝国主义就颁布了基本教育法案，其目的在于解决这些不同民族的文化同化问题，因为语言的分裂会导致政治的分裂以及管理上的问题。这样一来，所有的小学都规定德语为必修课，并将德语指令为中学以上的唯一教学用语。同时，在国家和政府机构的所有的商务活动中也都采用德语，这一政策实际上相当于强迫所有少数民族德语化。于是，少数民族语言便面临着灭绝的危险，语言的灭绝便意味着民族的消亡。因此，保存民族语言成了各少数民族的首要任务。

在诸多的对抗中，最根本的语言冲突不可避免地发生在学校里。"捷克孩子属于捷克学校"，它成了捷克民族主义者和反对中央政府的领导者的战斗口号和行动纲领。与此同时，犹太人也又一次面临两难境地：是与德语同化，还是继续保持自己的语言文化传统？

但是，面对哈布斯堡王朝的专制统治，面对城市化、工业化的大潮，犹太传统的力量毕竟是脆弱的。当时的统治者也认识到，如果广大的犹太人没有德国化，或与别的什么民族同化，那么，他们也就不会最有效地脱离他们的过去、他们的传统以及他们的语言。因此，哈布斯堡王朝出台了一套有关的政策和法令，强化和突出了德语在奥匈帝国的至高无上的地位。这样，到了卡夫卡出生的那个年代，至少在波希米亚和摩拉维亚，德语已经完全替代了意第绪语，这使得捷克人有充分的理由更加激烈地反对犹太人，而犹太人在缺乏选择的情况下越来越倾向于认同德国少数人的政治和文化，但这并不是一种平等的接受。

1889年卡夫卡就是在这种语言背景下走进了布拉格的德语小学。这是一所被四周捷克语包围着的学校。19世纪末，随着捷克人口的迅速增长，布拉格说德语的少数人的比例正在迅速下降，从1880年第一次语言普查的14.6%，到1889年，即卡夫卡上学的头一年便下降成 13.6%。那时这个城市的总人口是 303 000；其中 41 400 人将德语言作为他们主要的第一语言（到了 1910 年这个比例下降到了 7.3%，或者说从总人口的 442 000 下降到了 32 000）。

在文化上无根的犹太中产阶级，除了认同捷克语或德语外，别无选择。1880 年的第一次语言普查，事实上不亚于一次面对公众督查的信仰表白，这同时也表现出这种两难处境。对这一问题的最初反应是，在波希米亚的犹太人中只有三分之一将捷克语作为他们的第一语言；而 10 年之后，便上升到超过了 50%。布拉格的情况也显然如此。1890 年，城里大约 25 000 犹太人中有四分之一——这个数字一直稳定地保持到了 1939 年年底——在家里也只讲捷克语；而到了本世纪初，捷克语已经正式成为布拉格 55% 以上的犹太人的主要语言。

在卡夫卡的时代，这便是争取语言权力的斗争。这场斗争的目的已不再是为了争取语言的平等地位，而是为了取得捷克语在波希米亚的优先地位，这引发了捷克语与德语最为严峻的冲突。1891 年布拉格街道上的德语标志都换成了捷克语，这是一个小小的胜利，但却有着广泛的情感上的意义。1897 年，“十二月风暴”在布拉格爆发，一场反德国的新语言法运动变成了三天的反犹太人暴乱。尽管灾难巨大，但却没有资料记载；根据以后发生的事来看，这些还只能算作是暴风雨来临之前的警报，而算不上真正强劲的飓风。然而，对于犹太人的自尊、他们的市民意识，以及他们与捷克人的关系而言，这场灾难都是巨大的。很难想象，这场灾难在高度敏感、充满负罪感的卡夫卡身上没有留下什么印记。他从来就不属于任何抽象的社会或政治的一代，所有对他的触动都是触动了他的个性。几天来暴徒横扫城里的每一条街道，袭击每一个他们认为是“肮脏的犹太佬”的人，这一定使卡夫卡注意到他那难以消除的身份。1898 年由巴德尼总理颁布的语言标准化法令，给予了捷克语和德语同等的地位，这引起了一场流血的动乱。为了平息动乱，皇帝不得已对巴德尼施行了火刑，并废除了新法。1919年，当卡夫卡病休后回保险公司上班时，公司已经发生了重大变化，其中特别引起卡夫卡注意的就是，公司在一切正式场合都不再使用德语，而改用捷克语。

在卡夫卡看来，任何个人的完美无缺都同他的母语是分不开的，人只有在他的母语中才能呈现出他的完整性和丰富性。“语言是故乡的有声的呼吸。可是我是个严重的哮喘病人，因为我既不懂捷克语，又不懂希伯来语。两种语言我都学。但这好像梦似的。我们在外面怎么能找到应来自内心的东西呢？”对于卡夫卡而言，从孩提时代起就一直萦绕在他心中的，那份无论如何也摆脱不掉的孤独，其实也就是这种失却了“语言”之家后的孤独。作为一个西方犹太人，他一生下来就被各种陌生的语言包围着，在各种异国语言的裹挟下漂浮，无所归属。他所说的，以及他所写的语言，都不是他自己的，而每当紧要关头，这种语言便在他的心灵深处背叛他、反对他：

昨天我突然想起，如果我并不那么爱我的母亲，就像母亲应该得到的，以及我能够做到的那样，那么这就是因为我说德语的缘故。犹太语中的母亲不是德语的Mutter（母亲）……Mutter在犹太人听来，有一种特别的德国味；这除了有基督徒的华丽外，在潜意识中还包含着基督徒的冷漠。用Mutter来指代犹太妇女不仅是滑稽可笑的，而且是陌生的。我相信，只有关于犹太人居住区的记忆才是犹太家庭应该保存的，即便是德语中的Vater（父亲），也同犹太语中的父亲一词有着根本不同的意义。

正是语言使卡夫卡开始思考他与母亲、他与父亲的关系，以及

“他是谁”、犹太人的归属问题。而在一个失却了希望和信仰的时代，这些问题又非常具有普遍意义。从某种意义上说，对于一个被异化了的西方犹太人的命运的思考，也就是对那些被异化了的西方人，乃至整个人类命运的思考。

总之，卡夫卡通过重写通天塔的故事，再现了奥匈帝国的衰亡史：由于多民族的密集杂居形成了城市，城市的存在导致语言的争端，语言的争端伴随着流血战争，而流血战争又必然导致城市的毁灭。而犹太人在这一历史变故中，肩负了最多最大的痛苦和不幸。这也许就是卡夫卡通过《城徽》这篇小小说试图告诉读者的最重要思想。

失去寓意的寓言

《一道圣旨》是卡夫卡的一篇著名的小小说，大约写于1917年，它原是卡夫卡的另一篇重要小说《中国长城建造时》中的一个片段，但这篇小说显然没有写完，卡夫卡生前没有发表。1919年《乡村医生》结集时，卡夫卡将这个片段收入小说集，题名为《一道圣旨》，分别在慕尼黑和莱比锡出版。“由于这篇小说的特殊意义”，卡夫卡小说集的英译者将它作为“导论式寓言”列于篇首，可见其在卡夫卡全部创作中的地位和意义。因此，我们在阅读卡夫卡的其他小说之前，比如在阅读《变形记》、《诉讼》或《城堡》之前，先阅读这则小小寓言，将是十分必要的，而且也不失为理解和把握卡夫卡的一条捷径。

卡夫卡的这篇小说是一则典型的现代寓言，充分地体现了卡夫卡的思想及其创作特色。《一道圣旨》不长，译成中文后约600字，全文如下：

有这么一个传说：皇帝向你这位单纯的可怜的臣仆，在皇天的阳光下逃避到最远的阴影下的卑微之辈，他在弥留之际恰恰向你下了一道圣旨。他让使者跪在床前，悄声向他交代了旨意；皇帝如此重视他的圣旨，以致还让使者在他耳根复述一遍。他点了点头，以示所述无误。他当着向他送终的满朝文武大臣们——所有碍事的墙壁已拆除，帝国的巨头们伫立在那摇摇晃晃的、又高又宽的玉墀上，围成一圈——皇帝当着所有这些人派出了使者。使者立即出发；他是一个孔武有力、不知疲倦的人，一会儿伸出这只胳膊，一会儿又伸出那只胳膊，左右开弓地在人群中开路；如果遇到抗拒，他便指一指胸前那标志着皇天的太阳：他就如入无人之境，快步向前。但是人口是这样众多，他们的家屋无止无休。如果是空旷的原野，他便会迅步如飞，那么不久你就会听到他响亮的敲门声。但事实却不是这样，他的力气白费一场；他仍一直奋力地穿越内宫的殿堂，他永远也通不过去；即便他通过去了，那也无济于事：下台阶他还得经过奋斗，如果成功，仍无济于事；还有许多庭院必须走遍；过了这些庭院还有第二圈宫阙；接着又是石阶和庭院；然后又是一层宫殿；如此重重复重重，几千年也走不完，就是最后冲出了最外边的大门——但这是决计不会发生的事情——，面临的首先是帝都，这世界的中心，其中的垃圾已堆积如山。没有人在这里拼命挤了，即使有，则他所携带的也是一个死人的谕旨。——但当夜幕降临时，你正坐在窗边遐想呢。

这里，“有这么一个传说”，英译文是“有这么一个寓言”（so a parable runs）。作者一开始就指明了这则小小说其实就是一则寓言。西方学者认为，“卡夫卡建构了现代寓言的话语方式，也建构了我们理解寓言的方式”。我们知道，传统的寓言通常都是有寓意的，这些寓言都邀请读者去发现或阐释隐藏其中的寓意。那么，《一道圣旨》的寓意是什么呢？它的寓意又是通过怎样的手段实现的呢？下面我们从四个方面来加以阐述。

首先，这则寓言的人物主要有：皇帝、使者和卑微的臣仆。其故事的基本结构是，皇帝欲通过使者将他的谕旨传达给他遥远的臣仆，即那些卑微之辈。就这一故事结构而言，它也许源于古老的犹太教或基督教传统：即上帝通过中介将他的旨意传给他的子民。《圣经·旧约》中的《摩西五经》，据犹太教传说，就是上帝通过摩西所宣布的“律法”。“摩西到神那里，耶和华从山上呼唤他说：‘你要这样告诉雅各家，晓谕以色列人说：我向埃及人所行的事，你们都看见了……如今你们若实在听从我的话，遵守我的约，就要在万民中作属我的子民……’摩西去召了民间的长老来，将耶和华所吩咐他的话，都在他们面前陈明。百姓都同声回答：‘凡耶和华所说的我们都要遵行。’摩西就将百姓的话回复耶和华……”（《出埃及记》第19章）如此反复多次，摩西在耶和华与百姓之间传递着信息，他是上帝的真正使者。由于他的下传上达，在耶和华与百姓之间真正架起了一座理解与沟通的桥梁。

然而，在卡夫卡的寓言中，皇帝将圣旨传达给了使者，使者却无法将圣旨传递给臣民；而臣民的思想则更是无法传达给皇帝。如果这里的皇帝是代指上帝的话，那么，这则寓言的意思就是：上帝的恩宠永远也无法送达给他的子民。皇帝的使者无法将圣旨送达给他的子民，正如K无法进入城堡；人类无法获得上帝的恩宠，正如上帝的恩宠永远也无法送达人类那里。那些等待着来自上帝的信息的人，就像那些在绝望地等待着“皇帝”的圣旨的人一样，伴随他们的将是黑夜渐渐降临。

另外，在卡夫卡的寓言中，“弥留之际”的皇帝、“死人的谕旨”等意味着上帝的死亡，而上帝死亡后留给人类的则是永远的黑暗和孤独。“当夜幕降临时，你正坐在窗边遐想呢”，上帝死后，他的臣民，包括所有的读者“你”，都将无所作为，只能在窗边无望地遐想，黑暗将笼罩一切。这便是尼采宣布“上帝死了”之后，人类存在的真实处境；这也就是人类在失去信仰之后的孤独和焦虑。卡夫卡再一次在他的寓言中透露出某种宗教信息。

当然，尽管卡夫卡有着浓烈的宗教意识，但他不是犹太教徒，更不是基督教徒，因此，从宗教意义理解和阐释卡夫卡尽管是有道理的，但并不是最恰当的，更不是唯一的。这样，我们便有必要，也有可能从其他的角度来重新阐释和理解卡夫卡。

其次，皇帝是至高无上的，但他已躺在死亡之床上，随时可能离开这个世界。他除了向使者发布圣旨外已毫无作为。身处蛮荒之地的臣民，徒然地等待着那永远也不可能送达的皇帝的圣旨，在遐想中打发时光。而那位使者更是身陷困境，他非常努力，也非常刚毅，“一会儿伸出这只胳膊，一会儿又伸出那只胳膊，左右开弓地在人群中开路；如果遇到抗拒，他便指一指胸前那标志着皇天的太阳：他就如入无人之境，快步向前”。但尽管如此，他也只是白费力气，他永远也到达不了他的目的地，永远也不能将皇帝的密旨送达给那些遥远的臣民，永远也不能完成他的使命。不过，这显然不是使者的错，他已经尽力了。因为他面对的是一个迷宫，一个永远也找不到出口的迷宫。迷宫中有无数的障碍：1.“一直奋力地穿越内宫的殿堂，他永远也通不过去”；2.“下台阶他还得经过奋斗，如果成功，仍无济于事”；3.“还有许多庭院必须走遍”；4.“过了这些庭院还有第二圈宫阙”；5.“人口是这样众多，他们的家屋无止无休”；6.“垃圾已堆积如山”；7.“没有人在这里拼命挤了”；8.“他所携带的也是一个死人的谕旨”，如此等等，没有尽头。任何个人的努力和奋斗都不能改变现实和命运，这一切准确地表达了卡夫卡的悲观绝望的情绪。

卡夫卡的这种悲观绝望情绪有着深刻的社会历史原因。这则寓言可以说是“奥匈帝国官僚机构的一个例证”。卡夫卡生活在奥匈帝国时期（1867—1918），当时的捷克就属于这个帝国。奥匈帝国的生产方式已经资本主义化了，但政治上却实行君主立宪。它对外侵略扩张，对内奉行高压统治，在当时的欧洲是个相当落后的政权。在欧洲统治了七个世纪的哈布斯堡王朝，在卡夫卡的心中始终是个不可抗拒的魔影。19世纪迅速发展起来的资本主义则像一只硕大无比的巨兽，吞噬着无辜的一切，卡夫卡自己也未能幸免于难。卡夫卡非常熟悉中下层阶级，尤其是因伤致残的工人的贫困不幸的生活，但他又没有能力帮助他们摆脱困境。而作为一个没有自己的国家，在欧洲漂流的无根的犹太人，他对自己异乡人的身份也有着非常痛切的感受。在自己家里，他父亲则像一位真正的"暴君"，时时刻刻威胁着他的生存。他一辈子都在想方设法地逃避父亲，逃避布拉格，但最终也未能走向独立和自由。这一切使得卡夫卡具有非常深切的孤独感、恐惧感、焦虑感和负罪感。而这些深切的感受，又往往表现为一种弥漫在卡夫卡作品中的悲观绝望情绪。

再次，皇帝下了一道圣旨，他向使者交代了旨意，并让使者复述了一遍，他最后点头表示所述无误。看来，意义是确乎存在的。"皇帝派出了使者。使者立即出发。"这便意味着意义已经发送出去，发往接受者那里，意义已进入了传播过程。然而，皇帝与他的臣仆却分隔两地，相距遥远，使者面临着数不清的障碍，他无法将圣旨送交皇帝的臣仆。尽管使者"是一个孔武有力、不知疲倦的人"，并且非常尽职尽心，但他仍然无法完成皇帝托付给他的重任。意义就在这一传播过程中被阻碍、被延宕，并且一点一点地失去意义。等到使者最后冲出了最外边的大门（但这是决计不会发生的事情），"他所携带的也是一个死人的谕旨"，这时谕旨已变得毫无意义了。卡夫卡在这则寓言中要说明的似乎是：意义交流、传播的困难性，及其不可能性。作家要将自己心灵的图像传达给他人，寻找到一种适合于自己的表达方式，是十分困难的，甚至是不可能的。如果意义的确存在的话，意义的传播途径是多种多样的，意义的传播过程则是漫长而困难的，并且，意义最终是无法传达给接受者的。意义总是在传达给接受者之前，就已经失去了意义。这就是语言的悲哀，也是人类的悲哀。

卡夫卡非常强调语言的存在论意义，但是，在言和意的关系上，在将语言作为媒介和工具时，卡夫卡又存在着深刻的危机意识。卡夫卡有一句与此类似的名言，“我写的与我说的不同，我说的与我想的不同，我想的与我应该想的不同，如此这般，陷入最深的黑暗之中”。这种“书不尽言，言不尽意”的危机意识，卡夫卡有着深切的体验。他说：“对于超越物质世界的一切问题，语言仅能略示梗概，但几无半分正确可言，因为语言能够从物质世界取来论述的，仅限于它能够把握得住的事物，而它所能叙述的，也仅止于暗示而已。”联系卡夫卡的代表作《城堡》，我们便能更好地理解卡夫卡的语言观。物质世界就好比是卡夫卡笔下的“城堡”，语言就好比是K试图进入城堡的种种努力，K能略示城堡的梗概，了解到他能够了解的有关城堡的一切，但是，城堡的中心他永远也进不去，非但如此，甚至连什么是真正的城堡，他也不知道。卡夫卡这种对语言的限度的认识，具有浓郁的现代意义，同解构主义的语言观有许多相通之处。

最后，在卡夫卡的这则寓言中，皇帝的谕旨显然是至关重要的，所有的人物都与谕旨有关。然而，这道谕旨的内容究竟是什么，除了皇帝和使者外，没有任何人知道。这位垂死的皇帝显然十分重视他的谕旨，他“如此重视他的圣旨，以致还让使者在他耳根复述一遍”。这道圣旨也是非常隐秘的，皇帝悄声向使者交代了旨意，他没有让任何其他人知道圣旨的内容。这引起了读者对这道谕旨的浓烈兴趣。然而，皇帝究竟在他的谕旨里隐藏了什么机密？他为什么一定要将这一机密传送给他遥远而卑微的臣民呢？这些遥远而卑微的臣民果真喜欢他们的皇帝吗？皇帝与臣民以前传递过谕旨吗？那时采用的是什么方式呢？那时传递的谕旨是什么内容呢？这些卑微的臣民将会收到垂死的皇帝的谕旨吗？……所有这些问题，我们在读完寓言后仍然一无所知。传播学告诉我们，“任何讯息（message）都是已知和未知、预料之中和预料之外的结合”，“信息是不确定性的减少”。但在皇帝的圣旨中却只有“未知”，没有“已知”；只有“意料之外”，没有“意料之中”。作为信息源的皇帝的圣旨非但没有使无确定性减少，反而增加了更多的不确定性。这样我们便开始怀疑，皇帝下达的那道谕旨是否果真有意义。也许皇帝最初向使者交代旨意时，他交代的便只是一些没有意义的符号。皇帝和使者完成了某种庄重的仪式，仪式是必须完成的，而仪式之后的事情却是无足轻重的，就连他们自己也不奢望圣旨能传达到接受者那里。

正如我们不知道皇帝谕旨的秘密是什么一样，我们也不知道卡夫卡这则寓言的真正寓意是什么。我们永远是寓言的旁观者，永远不可能获得真正的寓意。卡夫卡拒绝给他的读者提供任何秘密的信息，甚至卡夫卡自己也不知道其中的秘密，卡夫卡送到读者手中真正的“皇帝的圣旨”，就是一个寓言，一个几乎可以做任何解释而又拒绝作任何解释的寓言，一个失去了传统寓意的寓言。

关于鼹鼠的学术研究

当代学术研究已经取得了许多令世人瞩目的成就，也呈现出越来越多、越来越严峻的问题。学术研究的目的是什么？研究人员之间的关系如何？学术研究的价值和意义在哪里，这些都属于学术研究的根本问题，但迄今为止却并没有得到很好的解决。读卡夫卡的短篇小说《乡村教师》，发现里面对这些问题早已有所思考、描述，或者暗示、隐喻，这不能不引起我们的兴趣和关注。

小说的内容并不复杂：在一个偏远的乡村附近，据说出现过一只巨大的鼹鼠，一位“上了年纪的乡村教师写了仅有的那么一篇论述那件事情的文章（《一只鼹鼠，其身体之大，前所未见》）”，但这篇文章在社会上没有引起反响。小说的叙述者“我”是城里一位年轻的商人，他为教师抱不平而重新写了一份研究报告，但这份报告同样没有引起重视，反而招致了讥笑和嘲讽。乡村教师和年轻商人也由此产生了矛盾和误解。小说最后，乡村教师来访，坐在“我”的桌子旁一声不哼。“我”等待乡村教师离去，但他却没有离去的意思，“我”则不知道乡村教师究竟是什么意思……

小说中“巨鼹出现”是人们关注和研究的中心和焦点，围绕这一问题，专业研究人员和非专业研究人员之间，非专业研究人员之间、专业研究人员之间产生了许多误解和争论。这些误解和争论给我们提供了许多的警醒和启示。

首先，任何学术研究都不可能是纯粹的、非功利的。任何学术研究都是人为的，所有的人则可以分为专业研究人员和非专业研究人员。专业研究人员的研究自然是功利的，因为他们的任何研究既是自己的职责和义务，又是他们得以晋升和获奖的条件和筹码，他们的一切生活资源大体都来源于此。他们因为他们的“专业”而出卖他们的“研究”。所以，所有的专业研究人员的研究都是有局限的，有时甚至是致命的局限。只有业余的研究人员的研究才有可能是非功利的，但这也只是可能，而不可能成为现实。小说中的乡村教师就是这样一个业余研究人员。他是一个小人物，他的本职工作是教学，但他却自觉自愿地利用自己所有的业余时间，穷毕生经历研究巨鼹出现的现象，其精神就像一个殉道者。他似乎是为了研究而研究，为了学术而学术，一切似乎只为了将巨鼹现象研究透彻，并将他的研究成果公之于众。但是，他并非没有个人的私利和愿望，他盼望因此而出名，期待因此而被调进城里去工作，他希望因此而获得更多的收益，以抚养他众多的孩子。“他甚至相当虚荣而且也想捞钱。”当然，他的研究也招来致命的非议和非难：“一个乡村教师除了追求大鼹鼠以外，是否就没有更有益的事可做了。”

熟悉卡夫卡生平的人都知道，乡村教师在某种程度上就相当于卡夫卡自己，只不过卡夫卡是献身于文学创作。卡夫卡就是这样一个将写作视作生命的业余作家。卡夫卡希望做一个纯粹的作家，进行完全非功利的写作。他为此殆尽竭力，甚至英年早逝。但他对自己的写作和工作均不满意，因为他既不可以专心致志地写作，又不可以全心全意地工作。

其次，所有的研究人员之间是相互隔膜和误解的，无论是专业研究人员与非专业研究人员之间，还是非专业研究人员之间，或是专业研究人员之间。

专业与非专业研究人员隔膜如山，不能相互理解，并且根本就不愿意相互理解，他们更多的是相互讥讽和怨恨。乡村教师是非专业研究人员，并没有人要求他进行研究，但他不得不研究。他进行研究凭的是热情和激情，最后他把这种研究似乎当成了一种信仰。“乡村教师是多么有毅力，多么忠实于他的信念。”但他“毕竟学识有限，根基浅薄，无法对那个现象作出彻底而又恰当的描述，更不用说提供说明了”。因此，他的研究成果并没有得到多少好评，反而遭到了权威人士的非难。几年以后他对文章进行了小小的增补，“令人信服地控诉了他在那些最不应该不明事理的人身上所见到的那种懵懂无知”。他克服重重困难终于见到了一位学者，但他马上发现学者囿于无法克服的成见不可能理解他的成果。在他报告他的研究发现时，学者是那么心不在焉、假装思索，“显然他觉得这件事整个儿都非常滑稽”。即便以后由于年轻商人的介入和帮助，这件事也许会引起一位教授的注意，他甚至会委托一个年轻的大学生去调查此事。大学生于是便写了一篇文章，为这样一件奇特的事进行辩护，但他“因此会遭到大家的嘲笑”。而且这种可能性还只是“也许”，而不是事实。

非专业研究人员之间的误解和猜忌并不见得就少一些。年轻商人也不是专业研究人员，他写文章力不从心，“尽管就掌握这个领域全部必要的知识而言我远比教师强”，他的文章也不成功。况且，他也不了解学术界的章程。他之所以介入此事，纯粹是为了为教师进行辩护。但是，他们两人研究的初衷和出发点就不一样：“我关心的不是他的那个主要的意图，即证实那只大鼹鼠确曾出现过，我关心的是为他的正直的品行辩护。”因此，“到头来，我这个本想声援教师的人便会为他所不解，很可能非但帮不了他的忙，自己反倒需要一个新的帮助者”。乡村教师对年轻商人的研究也有所耳闻，但他却给年轻商人的研究设置重重障碍，他以为年轻商人是在跟他作对呢。

最后，他们相互之间的敌意越来越严重。“世界上的人品质恶劣，而有人却在推波助澜”，乡村教师就是这样猜度年轻商人的。

专业研究人员之间同样是相互争斗和嫉恨，他们还具有更多的冷漠和麻木。学术界有自己的学术章程、规则和潜规则。学术圈外的研究进入不了学术界，而学术圈内呢？“每一个新发现将立刻被纳入科学宝库的总体之中，因此在某种程度上就不再是一种发现了，它便整个地升华了，消失了，人们得有一种经过科学训练的眼力才能将其辨认。有人会将一个新发现同一些我们从未听说过的原理联系在一起，在学术争论中，同这些原理联系在一起的新发现又会被抛到九霄云外了。……我们在旁听一次学术讨论会时，以为是在讨论那个发现，而其实讨论的完全是别的事情，下一回我们以为是讨论别的事，不是讨论那个发现，可是讨论的却恰好正是那个发现。”学术圈外的人试图进入学术圈内，而学术圈内的人则老死不相往来。小说中的学者和教授没有任何交流，作者对此也没有任何描述和暗示。

第三，学术研究不可能获得真知。我们通常认为，学术研究的最高目的就是获得真知，然而真理在哪里，我们又如何能获得真知？一只鼹鼠的出现原本是平常的，但一只特别大的鼹鼠出现便超乎寻常了。这就使得乡村教师的研究有了价值和意义。但是，即便是站在同一条战壕里，即便同样是从第一手资料进行研究，乡村教师和年轻商人的研究结论却并不一样。“在一些关键问题上我们的意见并不一致，尽管我们两人都自以为已经证明了那件主要的事情，即证明了那只鼹鼠的存在。”而专家们则认为这件事是滑稽可笑的，“几年前我们就曾对它捧腹大笑过。自那以后，文章的作者没有变聪明，我们也没有变愚蠢。不过要我们第二回笑，我们可是笑不出来了”。专家们根本不读那些业余研究人员撰写的文章。叙述者“我”为了给发现巨鼹的乡村教师辩护和声援，决定写一篇文章，但他马上对这个决定后悔起来。他为了让人心服口服，便决定不援引教师的文章，因为那篇文章只会使他感到迷惑。乡村教师对他的研究工作有所耳闻，可是乡村教师不知道。“我（年轻商人）是在顺着他的思路干还是在和他对着干。是啊，他甚至多半还以为是后者呢，尽管后来他矢口否认，我却有证据，证明他曾给我设置过种种障碍。他设置起障碍来很容易，因为我是被迫去重复他已经进行过的研究，因此他总是可以先我一着。不过，这却是对我的研究方法所作的唯一公正的指责了，而且是一种不可避免的指责。但是，由于我立论严谨，敢于自我否认，那种指责也就显得苍白无力了。除此之外，我的文章却没有受到过教师的任何影响，在这一点上我也许甚至过于吹毛求疵，简直就好像迄今为止还没有人研究过这件事情似的，似乎我是第一个听目击者作证的人，是第一个整理那些材料的人，是第一个从中得出结论来的人。”不仅真知未能证实，又引发了发现权、著作权、版权等诸种问题。

诚然，曾经有人见过巨鼹，但后来的人都只见过乡村教师描述巨鼹出现的文章，谁也不可能再次亲历巨鼹出现。那么，怎么可以证明巨鼹确实存在呢？“那个现象根本就没有弄清楚，而人们也没有怎么费劲去搞清楚它。”“一只那么大的鼹鼠肯定是件稀罕事，不过人们也不能要求全世界的人老是把注意力集中在它上面，更何况鼹鼠的存在未曾用确凿的证据加以证实过，人们无法把那只鼹鼠拿出来给人看。”鼹鼠也许根本就不存在，我们所能见到的只是有关鼹鼠的文字，以及有关这些文字的文字……用后结构主义的话来说，就是从能指到能指，根本就不触及所指。“我们原以为是所指的东西，即原来在某个层次上对于某一类能指来说确实是所指的东西，却在一种无穷退行中自己变成了另一个层次上对于更底层次的所指来说的指意系统。”如果鼹鼠根本就不存在，讨论鼹鼠的文章又有什么意义呢？如果真理不存在，我们又如何可以获得真知呢？如果真理不存在，捍卫真理的激情和热情又有什么意义呢？

《乡村教师》开始创作于1914年12月18日，距今已将近100年了。卡夫卡在隔天的日记中写道：“昨天几乎是在无意识的情况下写了《乡村教师》。”1915年1月6日，卡夫卡宣称“暂时放弃《乡村教师》”。从小说没有真正的结尾来看，它确乎是被作者放弃了。一个世纪以前卡夫卡“无意识”的写作，不幸却言中了我们这个世纪学术研究的困惑和通病。卡夫卡最终放弃了他的写作。我们在读过卡夫卡后又该放弃些什么呢？是写作还是学术？

“朋友”克尔凯郭尔

美国学者伯尔特·那格尔指出：“克尔凯郭尔对卡夫卡有一个向心力，这是无可争议的，卡夫卡本人也曾多次说过这样的话。”1913年8月21日，卡夫卡在日记中写道：“今天，我得到了克尔凯郭尔的《法官之书》。正像我所预料的那样，虽然，他的情况同我有本质的区别，但是，我们俩还是十分相似，至少可以这样说，他和我生活在世界的同一边。他像朋友一样，证明我是正确的。”以后，卡夫卡又比较深入地研究过克尔凯郭尔。他在给朋友奥斯卡·鲍姆的信中说：“克尔凯郭尔是照耀在我几乎不可企及的地区上空的一颗明星。”

卡夫卡与克尔凯郭尔的确有许多相似的地方。他们的外部生活都平淡无奇，内心生活却丰富而又充满痛苦。他们的父亲都出身贫寒，但通过自己的艰苦奋斗，后来都经商致富，跻身上流社会。他们与父亲的关系矛盾而复杂，既恨又爱。他们都遵从父命，上大学时选择了自己并不喜爱的专业：一个学神学，一个学法律。他们都有过订婚而又解除婚约的不幸，他们都对性生活充满恐惧。他们都依念孤独同时又害怕孤独。克尔凯郭尔不是一个系统性哲学家，卡夫卡更没有系统的哲学思想：他们都非常关注个人，而不关注群众或者政治。克尔凯郭尔运用寓言、故事和叙事性譬喻来言说他的哲学，卡夫卡则认为他的全部创作就是“捏着生命痛处”的寓言。他们都身染肺病，卡夫卡去世时41岁，克尔凯郭尔则享年42岁。并且，他们的作品在当时都不能被人们所理解，而是到了存在主义那里才一起被发现，并被他们奉为精神先驱。

当然，卡夫卡与克尔凯郭尔也有许多不同之处：克尔凯郭尔在25岁时便与父亲彻底和解，而卡夫卡那封试图与父亲沟通的信却至死也未送到父亲的手中。克尔凯郭尔的父亲去世时给他留下了相当可观的遗产，使他一辈子可以专心致志地从事创作而衣食无忧，克尔凯郭尔有钱而又有闲；卡夫卡则终其一生是一位业余作家，他必须将大量宝贵的时间花费在保险公司的业务上，他一辈子都不得不为衣食问题而操劳，他无钱更无闲。克尔凯郭尔是一个真正的基督徒，卡夫卡则没有坚定而明确的宗教信仰。在论及克尔凯郭尔时，美国专家安德森说："没有任何别的哲学家像克尔凯郭尔那样生活得近乎与自己的哲学一致。……克尔凯郭尔把他的一生都押在了他的信念上。他放弃了个人的幸福，放弃了与他人的真正交往，放弃了同时代人对自己的理解和赞成，把自己孤独的生存致力于揭露亲眼目睹的人类困境，致力于理解他自己对个人生活的指导原则的选择。这样的一生过去、将来和永远都包含着某种英勇的东西。"卡夫卡与克尔凯郭尔的最大不同也许在于：前者献身于文学创作，后者则委身于宗教。

卡夫卡与克尔凯郭尔都是孤独的，但他们孤独的原因、孤独的目的，乃至孤独的方式却并不相同。克尔凯郭尔作为面对上帝的个人，感到孤独；而作为渴望与上帝相遇的个人，又需要孤独。卡夫卡无所归属，所以他孤独；为了写作，他又需要孤独。克尔凯郭尔孤独，因为他是一个个体主义者。而生存个体的实现，需要以孤独为前提。除非你花时间独处，否则你不可能知道你是谁，也不可能判断出什么对你是重要的。虽然每一个个体的存在是历史的、现世的，并且被给予了种种现成的行为模式，但是每一个个体都必须做出自己的选择，而选择本身是没有参照的、绝对的。因此，选择就是选择孤独，或者说孤独地选择。卡夫卡孤独，因为他失却了自己固定的身份和位置。他什么都不是，但他又什么都是；他无所归属，但他又是超越了归属的世界性作家。卡夫卡在给朋友布罗德的信中将他害怕孤独而又热爱孤独的矛盾心理表达得更加淋漓尽致："极度的孤独使我恐惧。实际上，孤独是我的唯一目标，是对我的巨大的诱惑，不是吗？不管怎么样，我还是对我如此强烈渴望的东西感到恐惧。这两种恐惧就像磨盘一样折磨着我。"卡夫卡把握不了外部世界，便逃避、退却，一头隐匿在自己的私生活里，投入自己的有限的自我之中。卡夫卡因为身份地位的或缺不得已成了一个孤独的"个人"。

克尔凯郭尔有关恐惧的概念对卡夫卡显然有着十分深刻的影响。恐惧是克尔凯郭尔一生挥之不去、摆脱不了的概念，为此他专门写了一本书，书名就叫《恐惧的概念》。恐惧充满了克尔凯郭尔的一生。克尔凯郭尔对他的过去，他的现在，他的将来充满恐惧，对他的罪恶，他的爱也充满恐惧。"恐惧"也是卡夫卡的基本概念。"在卡夫卡的日记和信里，我们可以经常看到'恐惧'这两个字。"卡夫卡说："我的本质是：恐惧。"的确，对恐惧的逃避和期待其实就是卡夫卡的生存方式。卡夫卡的创作无疑可以看作是对克尔凯郭尔"恐惧"概念的形象描述。

卡夫卡既不是基督徒，也不是犹太教徒，但他也说不上是无神论者，因为他也总在祈祷。卡夫卡是一个总在怀疑的祈祷者。他认为，"写作是祈祷的一种形式"。卡夫卡通过写作表现了他的怀疑，又通过写作实现了他的祈祷。克尔凯郭尔是一个坚定的基督徒，虽然他对现世的基督教会有许多激烈的批评和嘲讽。他因为信仰，因而也充满激情。克尔凯郭尔认为，必须在世俗生活和宗教生活之间做出选择，二者必居其一，非此即彼，没有调和的余地。卡夫卡则认为，真正的冲突不是人的力量与神的力量完全对立，而是正常人生活和作家生活之间的冲突。卡夫卡不希望“非此即彼”的结局，而希望“即此即彼”，二者兼得。他逃避选择，只是在万不得已时他才选择了他最割舍不下的写作。

无论是何种方式的孤独，其结果都必然伴随着恐惧，而走出恐惧的最好方式、或者说最后方式，或许就是祈祷。由孤独到祈祷，卡夫卡和克尔凯郭尔走的是同一条路，尽管他们的出发点和终点并不一样。克尔凯郭尔写过一则寓言，题目叫《难以解读的信》。“假设某人拥有一封信，他知道，或者说相信，这封信中包含着他认定的自己一生幸福之所系的信息，然而信中的字迹却暗淡而纤细，几乎难以辨认。于是，他会浮躁而焦虑地投入所有可能的激情去解读，一忽儿读出一种涵义，一忽儿又出现另一种解释。因为他相信，只要确切地读懂每一个词，他就可以顺理成章地解释全篇。但除了最初的疑惑以外，他从没有得出过任何结论。他愈来愈焦急地凝望着那封信，而他愈是凝望，看见的就愈少。他的双眼有时会噙满泪水，这种情形发生得愈频繁，他看见得也就愈少。随着时间的推移，信上的字迹变得愈来愈模糊，愈来愈难以辨认，直至最终信笺本身也破碎无踪，留给他的只剩下眼中的泪水。”这则寓言颇有卡夫卡《一道圣旨》的意蕴。这里，不论信的内容寓意着什么，若以这则寓言来比拟卡夫卡的创作，大概也是再恰当不过的了。

“精神领袖”尼采

尼采对卡夫卡的影响是不言而喻的，但凡论及卡夫卡的著述都会提及这一点。尼采在卡夫卡的思想和创作中留下了深刻的印痕，以至于不很好地理解卡夫卡与尼采的关系，我们简直就不可能真正地认识卡夫卡。当然，清理他们之间的关系还有利于我们更深层地理解和认识尼采。但是，遗憾的是，专家学者对这一问题的专门论述并不多见，在国内甚至连专门论述这一问题的论文都几乎阙无。卡夫卡是如何接近尼采的？尼采又是如何影响卡夫卡的？尼采究竟在多大范围和程度上影响了卡夫卡？尼采的思想和艺术究竟在卡夫卡的创作中留下了怎样的印痕？尼采与卡夫卡的主要异同及其原因是什么？对这些问题的理解和认识我们都还比较笼统和模糊。因此，思考并探索这些问题应当是有意义的。

尼采对卡夫卡的影响，最早可以追溯到卡夫卡上中学的时代。大约在1899年，16岁的卡夫卡发现了尼采。当时，处于青春骚动中的卡夫卡对任何激进的思想都非常敏感，他迫切地渴望找到适合于自己的思想和表达方式。不过，对于卡夫卡来说，抽象的理念，无论是哲学的、政治的，还是宗教的，都只有边缘的、即逝的兴趣。卡夫卡不是一个系统的思想家；那些非常接近系统的概念，事实上总是受到排斥。不论是正规的逻辑，还是综合的定理，对于那使他全神贯注的神秘的宇宙都提供不出任何有意义的解释，他不得不去寻找适合于自己的解释方式。同时，他渴望能捕捉到19世纪思想的主潮，运用任何对他漂浮不定的自我有所帮助的思想。尼采的义无反顾的反传统思想、他的诗意的、寓言式的表达方式以及他身上体现出来的激进的时代精神，无疑从多方面满足了卡夫卡的需求。

也就是在上中学的时候，卡夫卡通过他的同学波拉克发现了由费迪南德·阿韦纳里乌斯编辑的杂志《艺术卫士》。杂志主编是德国作曲家瓦格纳的侄女的丈夫，该杂志深受尼采的影响。1902年2月4日，卡夫卡在给波拉克的信中写道："我们可以毫无羞怯心地谈论铺路石和《艺术卫士》。""《艺术卫士》对卡夫卡的影响是巨大的，它震撼了他，使他脱离了知识的孤立状态。"这以后，卡夫卡又读了尼采的《查拉图斯特拉如此说》、《悲剧的起源》、《道德谱系学》等著作。卡夫卡经常给人朗读《查拉图斯特拉如此说》中的部分章节，他对《悲剧的起源》更是推崇备至。1900年，当时正在布拉格郊区罗斯脱克村度假的卡夫卡与当地邮电局长的女儿塞尔玛·罗比兹捷克·尼·科恩有过一段短暂的罗曼史，1955年科恩在一封给马克斯·布罗德的信中回忆道："……中间有一棵很老很老的橡树，我们常常坐在树下，弗兰茨和我，还是两个孩子，他给我读尼采，显然并不在乎我是否能够理解。"卡夫卡在这里朗读的就是《查拉图斯特拉如此说》。

1903年10月23日，当时在布拉格德语大学学习的卡夫卡听了一次学术报告，报告者就是后来成为卡夫卡挚友的布罗德，报告的题目是《叔本华与尼采》。布罗德后来回忆说："这个报告引起了小小的震动，这是由于我当时是激烈的、狂热的叔本华的信徒，任何对我奉若神明的这位哲学家的论点的哪怕微不足道的反对意见我都一概认为是亵渎神明；而尼采则被我一口咬定，不加掩饰地说成是个'骗子'。"报告会后，卡夫卡陪布罗德回家，卡夫卡不同意布罗德有关尼采的观点，一路上争论比较激烈，他们"各自为自己所爱的作家辩护。”也就是从这次争论开始，布罗德成了卡夫卡终生的朋友。

卡夫卡从上大学起至1906年，经常去布拉格著名的社会活动家范塔家里讨论各种哲学问题。范塔是尼采的崇拜者，讨论的题目自然经常会涉及尼采。这使得卡夫卡越来越深入地接触到越来越多的尼采的思想。总之，尼采与卡夫卡的关系复杂而深刻，持久而又有所变化。这里，我们不妨先从以下三个方面来加以分析和考察：

一、弱者与超人。卡夫卡被人们称为“弱的天才”，是有一定道理的。卡夫卡有一句名言，“在巴尔扎克的手杖上刻着：我摧毁了一切障碍。在我的手杖上则是：一切障碍摧毁了我。共同的是这个‘一切’。”卡夫卡在生活中常常是一位弱者。他体弱多病，在父亲强健的身体面前总是自惭形秽。他在与父亲的斗争中总是一位失败者。他曾三次订婚，但却终生未娶，没有妻子，没有儿女。他热爱生命，又过早谢世。1917年，他34岁时患了结核病，以后久治不愈。1922年终因健康原因而提前退休。1924年病逝，年仅41岁。他热爱文学，但临终前又多次立下遗嘱，执意焚稿。然而，正是生活中的弱者成就了卡夫卡，使他创作的形象成了20世纪所有弱者的代表。卡夫卡说：“我们力图了解某种弱点，当然是以开玩笑的方式表现出来的，仿佛我们要努力抓住在我们面前慢慢奔跑的小孩子。我们像一只鼹鼠打地洞，满身黑茸茸的毛，从我们打的沙洞里站出来，伸出可怜的小红脚，怪可怜的。”卡夫卡由此也就成了文学中的强者。

尼采似乎是一位强者、一位超人。他倡导的就是一种超人哲学。“超人就是大地的意义。”超人说：“我的热烈的意志，重新迫使我走向人类：如铁锤之于石块。”“尼采的超人乃是强大的生物，强大得足以过永远受罪的生活，甚至能从这种诅咒中悲剧性地获得酒神式的狂欢。”尼采认为，最高的伦理是生物学的。善就是权力，强力；恶就是软弱、懦弱。“正义在我心中说：‘人是不平等的。’”尼采说，人生来就不是平等的，也不应该是平等的，因为大自然弱肉强食、适者生存，天经地义。而现代社会却破坏了这种不平等，现存的法律、道德、宗教、文化一味地在保护弱者，限制强者，这样便使得强者变弱，弱者更弱，这便是社会的退步，人类的堕落。因此，我们应当废除现存的制度、法规、道德、习俗、宗教等，还原一个生存竞争的社会。尼采举了一个例子，他说，对于那些跌倒在地的人，你宁可再去推他一下，也不要伸手拉他一把，因为依赖别人搀扶的人，即便站了起来，也会重新倒下。

但是，尼采同时也是一位弱者。他一生体弱多病、敏感多疑。在这一点上，尼采较之卡夫卡有过之而无不及。尼采年轻时曾一度想过行伍生活，获取英雄功勋，但因身体太弱，眼又近视，终于未成为军人。他曾当过几天战地看护，但一看见血就发晕，终于只好远离战场，告别了他的英雄梦。因此，有人说："原来，在他那战士的盔甲里隐藏着一个弱女子的灵魂。"尼采虽然26岁时就在瑞士巴塞尔大学任教授，但35岁时就因病退休。1889年，他45岁时突然病倒在都灵的一条大街上。他一生中最后的11年因患精神分裂症一直神志不清。1900年死于魏玛。终年56岁。如果不算尼采神志不清的11年，则卡夫卡与尼采的生命的岁月非常接近。

看来，卡夫卡虽然是一位弱者，但在他身上又常常透露出强者的气息和精神，在他的作品中也随处可见超人的影子；尼采是一位强者，但他病弱的身体承受不了强力的重压，终于在精神分裂中不治而终。

二、图像与理性。德国著名卡夫卡研究专家瓦根巴赫说："卡夫卡阅读了尼采的作品之后，确实也掌握了'许多形象思维方式，他用形象思维改变了一些抽象的概念'，这对他后来的文学创作很有促进作用，使他能以形象思维的方法，从日常生活的具体细节中，联想到事物的本质。卡夫卡同尼采一样，喜欢形象思维，反对抽象思维。”

卡夫卡是一个以图像进行创作的作家。他所要做的无非是“表现他梦幻般的内心生活”，“将现实转换成一种寓言，并循着神话追溯人类生存的痛苦”。他的全部创作可以说是“梦呓”，是“闭上眼睛的图像”。但是，卡夫卡又是一位非常理性的作家，不过，他理性思考的内容往往通过非理性的形式表现出来。卡夫卡创作的这一特征，从某种程度上说，得益于尼采。

尼采是一位对20世纪世界文化有着深远影响的哲学家，但他不是一个学院哲学家，他的哲学是一种文艺性哲学，这正如卡夫卡不是一位专业作家，他是一位哲学性的业余作家一样。著名哲学家罗素曾这样评价尼采：“他在本体论或认识论方面没有创造任何新的专门理论；他之重要首先在伦理学方面，其次因为他是一个敏锐的历史批评家。”尼采所关注的对象和内容其实也是文学所关注的对象和内容。尼采的语言是诗的语言，散文的格局。他的文风充满生命性、力度、矛盾重重、狂喜、嚣张、刺激，引起读者强烈的痛苦和欢乐。尼采没有严格的著述计划，但他写得清楚统一。尼采是一位爱好用格言或寓言写作的哲学家，他的许多著作都是某一时期所写的格言或寓言的汇集。这一点，对卡夫卡就有着直接而又深远的影响。

另外，卡夫卡创作的又一卓越风格“简明”，看来也得益于尼采。尼采曾说：“这是我的野心，要在十个句子中说出其他人在一本书里说出的话——或其他人在一本书里没有说出的话。”卡夫卡的确做到了这一点。在卡夫卡那里，“看起来像是没有艺术性的散文，却能立即激动智性和心灵，并且把我们运送到卡夫卡式的世界中去”。

三、祈祷与狂人。卡夫卡一方面在最大胆地怀疑，另一方面又在最虔诚地祈祷。美国学者埃利希·海勒说：“卡夫卡的精神是现代人的精神——自足的，聪慧的，怀疑的，讥诮的，善于开这么个大玩笑：把我们周围那个真真切切、触手可摸的现实当作真正的、最后的现实——，然而这是一个生活在与亚伯拉罕的灵魂粗暴联姻中的精神。所以他同时知道两件事情，两件事情都有同样明确性：没有上帝；必须有一个上帝。这是诅咒的外部特征：智力使他做着绝对自由的梦，而灵魂知道它那可怕的奴役。”卡夫卡是一个总在怀疑的祈祷者。他认为一本书就“应该是一把能击破我们心中冰海的利斧”，“写作是祈祷的一种形式”。卡夫卡通过写作表现了他的怀疑，又通过写作实现了他的祈祷。

尼采是一个狂人。他在 19 世纪末宣布“上帝死了”。他预言，他出生后世界将以此为界限分为“尼采纪元前”和“尼采纪元后”，前后的世界是如此截然不同，这都因为有了尼采。早在 1859 年，15 岁的尼采就写下了这样的诗句：

不要问我：
你的故乡在何方。
我决不受空间的限制，亦不受
时间的约束，
我像苍鹰一般，自由自在。

他还写道：“我飞向未来，飞得太远了：恐怖攫取住我。当我张望四周，看！时间是我唯一的伴侣。”“在我梦中，我立于天之涯，海之角，手持天平称量这世界。……仿佛一只熟的苹果自呈于我手中；一只熟透的苹果，世界这样落到我手中。”

正因为尼采是一位“狂人”，所以，他要“重估一切价值”，用批判之锤重评昔日的一切偶像（真理）。为了寻找新的价值蓝本，他找到了古希腊的悲剧精神。这种精神到苏格拉底与柏拉图以后便衰微了。古希腊悲剧精神体现了生命的激情和无穷的能量，这就是权力意志（will to power），而超人就是权力意志的化身。超人必然超越现代人，正如现代人已经超越了猿人一样。最后尼采在狂热地呼唤超人时陷入疯狂之中，他死前心灵成了耶稣和恺撒角逐的战场。尼采认为，艺术是权力意志的一种表现形式，真正的艺术必须摒弃理性，艺术世界就是“梦与醉”的世界。尼采的哲学为现代主义文学怀疑一切和反传统这一总的创作倾向提供了理论依据，无疑也给卡夫卡提供了精神支柱和理论导向。

诚然，我们可以从卡夫卡的作品、书信、日记中找到太多太多的与尼采的思想和言论相同或相近的文字，但是，这并不等于说卡夫卡接受尼采是全面而没有保留的。卡夫卡是一个具有独创性的作家，他虽然一度非常推崇尼采，但却并没有因此而失去自己的原创思想和个人品格。卡夫卡对于尼采的无神论思想、超人哲学、权力意志等均有所保留，至于尼采思想中所透露出来的民族主义、种族主义思想，以及对犹太民族的不友好态度，卡夫卡更是不置一词、不敢苟同。

“想到了”弗洛伊德

卡夫卡与弗洛伊德属于同时代的奥地利人：一个是伟大的作家，一个是杰出的心理分析学家。卡夫卡的朋友布罗德曾经说过，“不可否认，卡夫卡的情况可以作为弗洛伊德的潜意识理论的一个案例。这种解释太容易了。事实上，卡夫卡本人对这些理论是非常熟悉的，但并不很重视，只是把它当作事物非常粗略的和近似的图像。他认为这些理论在细节上并不是很恰当的，特别是关于冲突的本质。”卡夫卡在日记中也的确证实了这一点，1912 年 9 月 23 日，卡夫卡写道：

在 22、23 日夜间，从晚上 10 点到清晨 6 点，我一气呵成写完了《判决》。由于一直坐着，我的腿如此发僵，以至都不能将它们从桌子底下移出来。当故事情节在我面前展开时，我处在极度的紧张和欢乐之中……夜里我多次将批评的重点落在我自己身上……写作期间我的情绪是：高兴，比如说，可以给布罗德的《阿卡狄亚》提供某些优秀的作品，当然也想到了弗洛伊德。

卡夫卡在创作中自然而然地想到了弗洛伊德，这没有什么可奇怪的。卡夫卡对弗洛伊德及其理论是比较熟悉的。卡夫卡上大学时有一位专攻心理学的朋友奥托，他后来曾去维也纳跟随弗洛伊德继续研究心理分析，并参加过弗洛伊德组织的“星期三晚间研讨会”。卡夫卡与他的亲密交往，无疑使卡夫卡增加了对弗洛伊德的了解。1899年奥地利作家卡尔·克劳斯创办了《火炬》月刊，他在这份杂志上经常刊登攻击弗洛伊德的文章，而这份杂志卡夫卡是非常熟悉的。卡夫卡当时还听过克劳斯的有关弗洛伊德理论的讲座。1913年，卡夫卡结识了一位朋友，名叫恩斯特·魏斯。他是一位犹太医生，早年在维也纳学医时他便发现了弗洛伊德。他对卡夫卡的思想和创作有一定影响。

卡夫卡与弗洛伊德的个人身世和经历有许多相同或相近之处：他们处在同一个时代，弗洛伊德生于1856年，比1883年出生的卡夫卡大27岁，死于1939年，比1924年去世的卡夫卡多活了42岁。弗洛伊德生于莫拉维亚一个小镇弗莱堡，以后主要在维也纳受教育和行医；而卡夫卡除了在欧洲有过几次短暂的旅行和逗留外，一辈子都没有离开过布拉格。这些地方当时都属于奥匈帝国，由哈布斯堡王朝统治。他们都出身于资产阶级家庭，卡夫卡的父亲经营纺织品、百货；弗洛伊德的父亲是一个羊毛商，只不过弗洛伊德很小的时候他父亲的生意就败落了。他们都是极端敏感的犹太人，接受德语教育，虽然都精通或熟悉多种语言，但他们的母语都是德语。当时欧洲的排犹主义情绪给他们留下了刻骨铭心的印象。但是，他们两人却采取了不同的方式来对付或挑战这种环境：卡夫卡越来越多地将自己封闭起来，越来越深地去探索自己的心灵和人类的灵魂；弗洛伊德则反而更加增强了他的反抗和叛逆情绪，并发愤图强、有所作为。面对充满敌意的外部世界，卡夫卡变得越来越内向；弗洛伊德则变得越来越外向。有趣的是，弗洛伊德的外在成功最终却是通过对人的内心世界的探索而获得的。

卡夫卡的生活和创作似乎给弗洛伊德的理论提供了一个绝好的例证，可惜弗洛伊德并不知道卡夫卡。根据弗洛伊德的理论，卡夫卡大概可以算得上最典型的“弑父娶母”病例了。卡夫卡在那封著名的致父亲的信中袒露了他与父亲的关系：“许多年后，我还一直保留着这种惊恐的想象：那个巨大的男人、我的父亲，审判我的最后法庭，深夜里向我走来，毫无理由地把我从床上拽起来带到阳台上去——换句话说，这才是他所关心的，而我则是无足轻重的。”在“父子矛盾”中，母亲似乎一直站在父亲一边。在这场争夺母亲的斗争中，卡夫卡永远是一个失败者。在这种情况下，卡夫卡怀恨他父亲，甚至想谋杀他父亲，都应当是十分自然的想法。

更有甚者，年幼的卡夫卡本来就没有获得多少母亲的关爱，而当他的两个弟弟分别在1885年和1887年出生时，卡夫卡对这两个闯来同他争夺母爱的竞争者更是怀有强烈的怨恨。“卡夫卡一定希望他们远离他的生活，并且，在最初的想象中他试图通过魔法将他们谋杀。”事情后来果然按照他的想象发展，他的幻想变成了事实。格奥克1887年春天死于麻疹；亨利希1888年死于中耳炎。卡夫卡在无意中“谋杀”了两个年幼的弟弟。弟弟的死给卡夫卡心灵留下了沉重的负罪感，以至于他从来都没有觉察到，而多年后他在作品中却泄露了他的这份压抑的情感，这也许就是他的作品中充满了犯罪、赎罪和惩罚的原因之一。

在这种背景下，卡夫卡完全有可能接受弗洛伊德的思想和学说，并将其灌注到他的文学创作中去。卡夫卡非常重视梦的意义和作用，他的某些有关梦的观点与弗洛伊德颇有相同之处，尽管我们目前还没有材料证明，卡夫卡曾经读过弗洛伊德的《释梦》。布罗德认为：“若没有弗洛伊德，卡夫卡也许从来不会对自己的梦给予那么多的注意。”“卡夫卡似乎只对自己的梦感兴趣。”1910年，卡夫卡第一次写日记就记下了自己的梦。以后他在致女友菲莉斯的信中曾数十次谈到梦，他说他几乎天天梦见她。卡夫卡说过，“我们只是以自然性质的无法理解的高速度走过真正的事件之前或者之后经历它们，它们是梦幻般的、仅仅局限于我们心中的虚构”。他说，他的小说《司炉》是“梦呓”，是“闭着眼睛的图像”。另外，在创作中，父子矛盾一直是卡夫卡创作中的重要主题。卡夫卡曾计划将自己的全部作品命名为“逃离父亲势力范围的愿望”。

但是，卡夫卡与弗洛伊德毕竟还有许多不同之处：弗洛伊德具有英雄气概，卡夫卡更多的却是弱者胸怀；弗洛伊德试图对非理性进行理性的分析和概括，卡夫卡则更愿意对理性进行非理性的描述和说明；弗洛伊德爱情幸福、婚姻美满、家庭快乐，卡夫卡则爱情失败、没有婚姻、没有家庭；弗洛伊德活着的时候就已看到他的思想和学说风靡世界，而卡夫卡活着时却几乎默默无闻；弗洛伊德活到 83 岁高龄，有 6 个子女，卡夫卡则只活了 41 岁，而且孤身一人。特别在信仰和宗教问题上，卡夫卡则坚决地抵制弗洛伊德的理论。卡夫卡反对弗洛伊德的“理性主义”，反对他所坚信的“知识就是力量”的信条，反对将信仰当作疾病来进行精神分析治疗。凡此种种，均说明卡夫卡与弗洛伊德是有距离的，卡夫卡不可能不假思索地选择和接受弗洛伊德，并且，卡夫卡的创作从来都不拘泥于任何理论，这其中自然也包括弗洛伊德的理论。卡夫卡以独特的思想和方式超越了他那个时代以及他周围的所有作家，当然，他也超越了弗洛伊德。

“精神导师”福楼拜

卡夫卡与福楼拜（1821—1880）似乎是很不相同的作家，但他们的精神联系却如此紧密，以至于我们不得不重新考察他们之间的关系。然而，我们可以将福楼拜的代表作《包法利夫人》与卡夫卡的哪一部作品联系起来进行思考呢？是《美国》、《诉讼》、《城堡》，还是《变形记》？恐怕哪一部都不太合适。卡夫卡的小说与福楼拜的小说既然如此不同，那么，又是什么将他们如此紧密地联系在一起呢？另外，他们的小说尽管存在诸多外在的差异，但是否也存在着许多内在的联系呢？

1913年9月2日，卡夫卡在给菲莉斯的信中写道：“在我认为与我有血亲关系的四人——格里尔帕策、陀思妥耶夫斯基、克莱斯特、福楼拜中间，只有陀思妥耶夫斯基结了婚，并且，也许只有克莱斯特才找到了正确的道路，他由于受内外危机的驱迫，在万湖边开枪自杀。”1912年11月15日卡夫卡在给菲莉斯的信中写道：“《情感教育》一书多年来如同仅有的几个朋友陪伴着我，无论什么时候，无论在什么地方，翻开这本书，都会使我激动不已，完全被吸引住了，我一直感觉自己是此书作者的精神之子，尽管是一个可怜的愚笨的。马上写信告诉我，你是否懂法文。如果懂，我再给你寄去最新的法文版。告诉我，你懂法文，即使这可能不是真的，因为法文版的语言非常华丽。”卡夫卡与福楼拜究竟有着怎样的血亲关系呢？他为什么一再声明自己是福楼拜的精神之子呢？

卡夫卡与福楼拜的确在许多地方非常相似。他们都自幼喜爱文学，但在大学里都遵循父亲的意愿选择了自己并不喜爱的专业：卡夫卡学法律，福楼拜学医。他们都患有某种疾病，福楼拜 1844 年突发癫痫病，只得中断学业回乡，开始文学创作。卡夫卡身患多种疾病，比如胃病、消化不良、便秘等。他一生都伴随着头痛、失眠和精神衰弱。1917 年因肺结核咯血，从此久治不愈，最后于 1924 年病逝。他们都曾恋爱过，但最终又都孤身一人，没有结婚。他们都在某一城市里过着孤独的生活，除了短期外出之外，他们都属于这个城市：卡夫卡属于布拉格；福楼拜属于卢昂。尽管有如此多的外在的相似之处，但他们更多的却属于精神上的联系。

福楼拜出生于卢昂市一位著名的外科医生家庭。父亲和哥哥曾任卢昂市医院院长一职。他自幼喜欢文学，中学时代便开始写作。18 岁时遵从父命到巴黎学医，但没有兴趣。他认为在巴黎学医的两年是他一生中“最气苦、最难忍、而且最不耐烦的时代”。他向父亲说明了自己的文学志向，父亲无可奈何地对儿子说：“给我念念你写的东西。”这就是福楼拜 1843 年写的《情感教育》，半小时后老福楼拜睡着了。他醒来后问道：“文学、诗，究竟有什么用处？从来没有人知道。”福楼拜答道：“大夫，说，你能够给我解释一下，脾有什么用吗？你不知道，我更不知道，然而身体离不开它，犹如人的灵魂离不开诗！”好在福楼拜的父亲是一位自由主义者，况且福楼拜还患有奇怪的疾病，因此，父亲没有干涉儿子的选择。

卡夫卡的父亲是一位成功的商人，他希望他的儿子继承他的事业。卡夫卡也是从中学时代便开始创作，但他没有向父亲说明自己的志向，父亲则从来就没有严肃认真地对待过儿子的文学志向。卡夫卡的父亲更像是一位专制主义者，虽然卡夫卡也有病，但卡夫卡的父亲并不是不干涉儿子的选择。当然，卡夫卡从来也没有向父亲提出过要求：得到父亲的资助，作一个专业作家。

在个人情感方面，他们也曾有过相似的经历。1836年在特鲁维尔海滨度假时，年仅15岁的福楼拜与音乐出版商、《音乐报》创刊人施莱辛格的妻子艾丽莎相遇，对她一见钟情，艾丽莎比他大11岁。这给他提供了丰富的创作灵感和素材。卡夫卡有过多次恋爱的经历，他曾三次订婚，又三次解除婚约。他们都有过恋爱的经历，但最终都没有结婚。福楼拜"每次一想到婚姻就害怕，一想到要做父亲就全身不自在。……他很高兴自己住在卢昂，柯雷小姐住在巴黎，这真是个美妙的距离——至少他觉得很美妙"。这种情形与卡夫卡如出一辙。卡夫卡与未婚妻菲莉斯一个住在柏林，一个住在布拉格，这种距离使卡夫卡既不担心面对面的干扰和尴尬，又可以通过书信和想象尽情地抒发感情。他们都选择两个城市中间的某个地方会面，但最终他们之间的关系都无果而终。他们都将自己的一生献给了自己心爱的写作。

福楼拜在父亲和姐姐相继去世后，便与母亲和外甥女一起定居卢昂近郊的克鲁瓦塞。他从此靠遗产为生，淡泊人生，闭门闭户，潜心创作，常常通宵达旦地思考和写作。福楼拜是一个纯粹的作家。在他一生中，他万念俱灭，放弃了一切享乐，把一切献给了写作。他没有工作和职业。"创作是他的生活，字句是他的悲欢离合，而艺术是他整个的生命。一切人生刹那的现象形成他艺术的不朽。"艺术就是他的宗教，他说："人生如此丑恶，唯一忍受的方法就是躲开。要想躲开，你唯有生活于艺术，唯有由美而抵于真理的不断的寻求。"他不出卖文字，更不出卖灵魂，他许多年写一部小说。他不在报刊上发表文章。有的小说完成了一搁便是20年，修改后再发表。

卡夫卡和他一样献身于写作，所不同的是卡夫卡没有遗产，他必须工作。卡夫卡生存的目的就是写作，写作就是证明他存在的唯一方式。写作是卡夫卡生命中的一切，没有了写作，卡夫卡的生命立刻就会枯萎变质。卡夫卡曾经说过，他最理想的生活方式是带着纸笔和一盏灯待在一个宽敞的闭门掩户的地窖最里面孤独地写作。他将创作看得高于一切，不能容忍任何世俗的杂念玷辱他的创作，而他对创作的完美追求又近乎于绝望。根据卡夫卡家庭的经济状况，他父亲完全有能力供养卡夫卡，让他专心从事创作。但卡夫卡的父亲，包括卡夫卡自己从来都没有这种想法。卡夫卡必须寻找工作，这份工作还必须与创作无关，因为创作是不容玷污的。卡夫卡死在父亲的前面，他没有机会享受遗产。

他们的创作成果并不多。福楼拜除了早期创作的作品《狂人之忆》（1839）、《斯玛尔，古老的秘密》（1839）之外，重要的作品有《包法利夫人》（1857）、《萨朗波》（1862）、《情感教育》（1869）和《圣安东的诱惑》（1874），另外有三个短篇的合集《三故事》，还有一部未完成的小说《法布尔和佩居榭》。卡夫卡一生创作的作品也不多。除了早期创作的一部散文小说集《观察》和一部未完成的长篇小说《乡村婚事》之外，自1912年至逝世前，他创作了许多短篇小说，如《变形记》、《判决》、《司炉》、《在流放地》、《一份为某科学院写的报告》、《乡村医生》、《饥饿艺术家》等，还有三部未完成的长篇小说：《美国》、《诉讼》和《城堡》。当然，他们都写有大量的书信。他们都在书信里表现自我，在小说中却将自己隐藏起来。这一点他俩非常相似。福楼拜“并不从他自身中找到作品，而在作品中找回自己”。福楼拜并不将自己的生平经历写入作品，而是在作品中灌注了自己的心血和精神。正如写作上的探险成就了卡夫卡一样，同样是写作的艺术成就了福楼拜的创作。

福楼拜曾戏称自己为一只熊，卡夫卡则把自己比作一只打洞的鼹鼠。福楼拜和卡夫卡都宁愿藏在洞穴里独自生活，独自写作。但是，作为熊，福楼拜不能算是弱者，他是强有力的，如果一旦被激怒了，他是会反击的。而卡夫卡作为一只鼹鼠，则更加孤独无助、恐惧不安，他总在退缩和逃避。

早在1907年至1908年间，卡夫卡创作他的长篇小说片段《乡村婚事》时就非常迷恋福楼拜，他的创作观念和手法都受到了这位伟大的法国文学大师的影响。卡夫卡在福楼拜那里发现并找到了他所需要的东西。作为精神导师，福楼拜将卡夫卡引领进了一条源于现实主义与自然主义又超越了现实主义和自然主义的道路。

法国诗人、评论家瓦莱里在论述福楼拜时曾说："他在太多的书籍和深化中迷了路；在其中他失去了战略思想，我想说的是作品的整体性，而整体性只能存在于安东尼身上，而这个安东尼，撒旦也许是其灵魂之一……他的作品终归只是一堆纷乱的时刻和片段；但其中一些仍将流传于世。"福楼拜的《圣安东尼的诱惑》被认为失去了整体性，而只是一堆纷乱的时刻和片段，但这种情况在福楼拜的作品中并不多见。然而，到了卡夫卡那里，他不仅迷了路，甚至认为世界上根本就没有路；他不仅失去了整体性，甚至认为任何人都无法获得整体性。因此，他的所有作品几乎都呈现为一堆纷乱的时刻和片段，但正是这些"纷乱的时刻和片段"流传于世，并还将流传下去。

“血亲”陀思妥耶夫斯基

陀思妥耶夫斯基是当今世界影响最大的俄国作家，也是被研究得最多的作家。卡夫卡则是20世纪西方最重要的作家之一，被誉为欧洲文坛的“怪才”，西方现代派文学的宗师和探险者。卡夫卡的思想和创作明显地受到过陀思妥耶夫斯基的影响。卡夫卡甚至明确表示：他和陀思妥耶夫斯基有某种血亲关系。因此，梳理他们二人之间的影响关系，辨析他们思想和创作的异同，应当是十分有意义的课题。这不仅可以使我们从另一角度来重新认识和理解卡夫卡，而且对于我们确立陀思妥耶夫斯基在文学史和思想史上的地位和价值，也是颇有裨益的。

在现存的卡夫卡的文稿中，卡夫卡第一次提到陀思妥耶夫斯基是在1913年7月21日。他在这天的日记中写道：“特别的思想方法。感觉上的渗透。一切都是作为思想去感受的，即使是最难以理解的情感也是这样。（陀思妥耶夫斯基）”一个多月后，1913年9月2日，卡夫卡在给菲莉斯的信中提到，陀思妥耶夫斯基是与他有“血亲”关系的四人中唯一结了婚的。1914年3月15日，卡夫卡在日记中又一次提到了陀思妥耶夫斯基：“在陀思妥耶夫斯基的棺材后面，大学生们想负担起他的枷锁。”1914年6月12日，卡夫卡在日记中引用了“陀思妥耶夫斯基给一位女画家的信”。1914年11月1日，卡夫卡又在日记中写道：“在考泰克的绿草地上读陀思妥耶夫斯基的防卫文字。”在其他地方，卡夫卡也曾多次提到陀思妥耶夫斯基，1916年为了弥补妹妹奥特拉受教育的不足，卡夫卡“尽自己的最大能力向她讲解和介绍歌德、叔本华、汉姆生、柏拉图和陀思妥耶夫斯基”。以后，当他谈到年轻的朋友克罗普斯托克医生时，卡夫卡说，他“很有志气，聪明，也很爱文学，外表粗鲁，很像韦尔弗，天生一副医生气质，反犹太复国主义，耶稣和陀思妥耶夫斯基是他的领袖”。大约在1920年年初，卡夫卡在给女友密伦娜写信后不久，就长篇大论地谈论起陀思妥耶夫斯基。“您知道陀思妥耶夫斯基第一篇成功的短篇小说吗？这是个归纳了很多道理的故事（即《穷人》发表过程的故事——笔者注），我在此引用它，仅仅因为引用一个伟大人物的故事能使人快乐，而一个发生在周围的、甚至更近处的故事往往可以具有同样的意义。”当然，卡夫卡有关陀思妥耶夫斯基的最重要一段文字可能要数下面这段话：

马克斯反对陀思妥耶夫斯基的理由是：他让精神病人出现得太多了。这完全是错误的。病症无非是一种刻画性格的手段，而且是一种非常细腻、非常有用的手段……陀思妥耶夫斯基刻画性格的意义就好比朋友间说骂人的话。如果他们相互说“你是个笨蛋”，他们并不是说，对方就真的是一个笨蛋……例如卡拉马佐夫的父亲就绝对不是一个傻瓜，而是一个非常聪明的、几乎与伊凡势均力敌的、真正凶恶之人，而且不管怎么说，要比那些没有被叙述者抨击过的、在他面前如此崇高的地主外甥们聪敏得多。

这段话表明，卡夫卡不但熟读过陀思妥耶夫斯基的《卡拉马佐夫兄弟》和《白痴》等小说，而且，对陀思妥耶夫斯基的变态人物，以及他的独特表现手法均情有独钟，赞赏有加。众所周知，陀思妥耶夫斯基在他的小说中塑造了一批病态的小人物形象，这些形象并不能为当时一般的读者所理解，即便是像别林斯基这样重要的文艺批评家，对此也多有微词。卡夫卡的朋友马克斯亦未能超越他的时代，也应当在情理之中。但卡夫卡却不以为然，他为陀思妥耶夫斯基进行辩护，他在陀思妥耶夫斯基身上看到了自己的影子。说到底，卡夫卡对陀思妥耶夫斯基的辩护其实也就是对他自己创作的独特性的辩护。

各种迹象表明，陀思妥耶夫斯基是卡夫卡经常阅读的外国作家之一。卡夫卡对陀思妥耶夫斯基的生平也非常熟悉，他肯定阅读过有关陀思妥耶夫斯基的传记材料。的确，陀思妥耶夫斯基在卡夫卡心中的地位非同寻常。卡夫卡虽然也多次恋爱，并曾经三次订婚，但最终他选择了单身生活。这里，唯一结了婚的陀思妥耶夫斯基仍然能够被卡夫卡引以为精神先驱，说明了陀思妥耶夫斯基在卡夫卡心中的确具有无可替代的地位和意义。记得卡夫卡的朋友布罗德结婚后，卡夫卡有一阵子几乎和他断绝了往来。

就卡夫卡的创作而言，他的作品似乎弥漫着一种陀思妥耶夫斯基“地下室”或“死屋”的气息，而他笔下的“弱的形象”也颇有陀思妥耶夫斯基“小人物”的精神和特征，至于他的怀疑、迷惘、焦虑和探索，等等，我们也都能从陀思妥耶夫斯基那里找到某种精神渊源。

在陀思妥耶夫斯基塑造的人物形象中有一类为变态的小人物，这一类形象在陀思妥耶夫斯基的形象长廊中占有非常重要的位置。卡夫卡笔下的人物则被评论家概括为“防守型的弱者”，“被抛入世界的小人物”，他们“一般都是正直、善良的劳动者，对社会黑暗有不平，有怨怒，但他们的致命弱点是屈辱退让，逆来顺受，对强者、对黑暗势力的袭击或欺凌缺乏自卫能力”。虽然都是小人物、弱者，不过，陀思妥耶夫斯基的小人物在外部世界的压力面前走向内心分裂、精神变态；而卡夫卡的人物则走向变形，并多半变成小动物。

陀思妥耶夫斯基在他的小说《地下室手记》中塑造了一个著名的“地下人”形象，这个“地下人”这样自我表白：

> 现在，先生们，我想对你们讲一讲我为什么甚至连虫豸都没有做成的道理。我只管讲我的，你们愿意听也罢，不愿意听也罢。我要庄严地告诉你们，我曾多次地想做虫豸。可是甚至连这一点我也做不到。我向你们赌咒，先生们，过多的感觉，那是一种病，是真正的、十足的病。

然而，到了卡夫卡那里，无论是《变形记》里主人公格里高尔，还是地洞里的主人公——那个不知名的小动物，它们都真的变成了虫豸，或者变成了“具有强烈感觉的老鼠”了。这样，从陀思妥耶夫斯基到卡夫卡，他们的主人公便从外部世界走进了内心世界，从“地下室”走进了“地洞”。但不同的是，“地下人”渴望走出地下室；“地洞”的主人公则希望永远留在地洞里。

总之，陀思妥耶夫斯基总觉得自己是个病人，因此他特别关注对病人进行精神分析；卡夫卡觉得自己是个弱者，因此他希望呈现弱者内心世界的真实图像。陀思妥耶夫斯基像他的主人公一样在地下室写作，但他渴望从地下室走向“活生生”的世界；卡夫卡则试图逃避“活生生”的世界，一头扎进“地洞”将自己永远封闭起来。陀思妥耶夫斯基喜欢拷问灵魂，并且残酷到了冷静的程度；卡夫卡面对人间的巨大灾变则总是不动声色，似乎是冷静到了残酷的程度。陀思妥耶夫斯基无疑是卡夫卡的先行者，但卡夫卡跟随这位先行者，却走出了完全只属于自己的路。

卡夫卡的“中国心”

20 世纪奥地利著名作家弗兰茨·卡夫卡，被誉为欧洲文坛的“怪才”，西方现代派文学的宗师和探险者。卡夫卡特别钟情于中国文化，他说自己就是一个中国人。他阅读了大量经过翻译的中国典籍、诗歌、传说故事，认真研究过西方学者撰写的有关中国及东方的著述，翻阅过许多西方旅行家、神职人员、记者、军人、商人等撰写的旅行记或回忆录。他在他的书信、日记或谈话中多次谈及中国文化，对中国古代哲学非常崇拜和赞赏，他曾将中国清代诗人袁枚的一首诗抄录下来，送给他的女友菲莉斯，并反复引用这首诗。他称赞由汉斯·海尔曼编译的《公元前十二世纪以来的中国抒情诗》（1905）是一个“非常好的小译本”，由布贝尔编译的《中国鬼怪和爱情故事》更是“精妙绝伦”，而后者实际上选译自中国古典小说《聊斋志异》。他创作的第一篇小说《一次战斗纪实》就与中国有着非常密切的关系，以后他又创作过以中国为题材的小说《往事一页》、《中国长城建造时》、《一道圣旨》、《中国人来访》等，他的其余作品也常常与中国文化思想有着某种或隐或显的相似和一致性。卡夫卡的一生大致经历了想象中国、阅读中国、描绘中国和创作中国这一过程，这在西方作家中虽然不能说是绝无仅有的，至少可以说是非常独特的，难能可贵的。

卡夫卡何以与中国文化保持着如此亲密的关系？何以对中国文化情有独钟？何以要想象中国、描绘中国，并用德语建造一座不朽的“万里长城”？这方面的原因很多，下面我分而述之：

首先，19世纪末20世纪初的奥匈帝国与遥远的中国有着许多相似或相近的地方。马克思曾将奥地利界定为“这个日耳曼式的中国”。奥匈帝国在欧洲属于一个幅员辽阔、人口众多的国家，是一个多民族杂居、民族矛盾十分复杂尖锐的国家。奥匈帝国经历了由强盛走向衰落及最后崩溃的历史过程。它是一个封建主义、专制主义残余非常强大的国家，这严重地阻碍了国家经济的发展，致使这个国家成为一个非常落后、反动的国家。19世纪的奥匈帝国更是“经济滞后，生产不发达，从根本性质上来讲仍然是个农业社会”。奥匈帝国的皇帝弗兰茨·约瑟夫在位将近70年，越到晚年越难以控制帝国的局面，而帝国在一系列战争中频繁失利，更加速了它的衰败和灭亡。在第一次世界大战中奥匈帝国终于“被一只巨大的拳头击碎”，一分为五，成为五个新国家：波兰、奥地利、捷克斯洛伐克、匈牙利和南斯拉夫。中国是一个传统的农业大国。中国近代史大体上是一部屈辱史。中国的腐朽、落后、无能和衰败，较之奥匈帝国有过之而无不及。因此，对奥匈帝国现实的关注很容易转换成对中国现实的关注，而对中国社会的描写实际上也可以看作是对奥匈帝国的描写。

其次，犹太民族与中华民族有着许多的相同或相似之处，譬如历史悠久、吃苦耐劳、机警智慧，甚至不乏狡黠等，尤其是在19世纪末20世纪初，他们更有着饱受欺凌和任人宰割的共同遭遇和命运。“中华民族与犹太民族同有五千年的文明史，中华人民共和国与以色列建国的年代又相差无几。从流散时期到本世纪中叶，犹太人曾多次涉足于中国，两个民族、两种文化有着一言难尽的姻缘与共识。”中国的像上帝一样的君王和他的子民之间的关系与犹太民族的历史和宗教也非常相似。耶和华和他的民众的关系，世俗生活和宗教生活的关系，在中国的现实生活中找到了对应。中国人居住在辽阔的土地上，正如犹太人散居在世界各地，四处漂泊；中国老百姓与皇帝的疏离，正如犹太人与上帝的疏离。总之，正像古代希腊文化与希伯来文化一直被看作相互对立的两极一样，当然，这两极已是西方文化内部的两极，中国文化与西方文化，便代表了标志着真正差异的东方与西方文化对立的两极。犹太文化和中国文化均为西方文化的对立面，只是一个为内部的对立，一个为外部的对立。因此，关注中国文化，在某种意义上也就是关注犹太文化自身。

再次，“代表着罗曼史、异国情调、美丽的风景、难忘的回忆、非凡的经历的”中国，一直是欧洲人借以逃离欧洲的梦想之国。卡夫卡的这种“逃离”的情结较之一般欧洲人更为沉重。卡夫卡一辈子都在努力逃离布拉格。他把布拉格比作是“小母亲的爪子”，这爪子似乎具有某种魔法，无论你怎样挣扎，也无法摆脱她的控制。1902 年卡夫卡中学毕业后就想通过在西班牙铁路上工作的舅舅罗维的帮助，“找到一条摆脱目前这种困境的道路”，“去一个地方，一切都从新开始”。上大学后他又曾一度急切地想转学到慕尼黑，然后从那里去更遥远的地方。大学毕业后他在一家保险公司工作，虽然工作令人失望，但卡夫卡对未来的生活却充满信心，因为他“至少还可以希望有一天到一个遥远的国家去，坐在办公室的沙发上，凭窗眺望远处的甘蔗田或穆斯林墓地”。而在临死之前，卡夫卡还希望着与朵拉一起移居巴勒斯坦，在那里过一种平常人的生活。卡夫卡喜欢旅行、远足、散步，他在许多小说里也写到散步、远足、起程。他有一篇小小说，布罗德干脆加了个题目叫“起程”：

我吩咐把我的马从马厩里牵出来。仆人没有听懂我的话。我便亲自走进马厩，给我的马备上鞍子，然后跨上了马。在远方，响起了号角声，我问他，这是什么意思。他什么也不知道，什么也没有听到。在大门口，他拦住我，并且问道：“你骑马上何处去，主人？”“我不知道，”我说，“只想离开这儿，只想离开这儿。经常地离开这儿，只有这样，我才能达到我的目标。”“那么你知道你的目标？”他问。“是的，”我答道，“我刚才不是说了嘛：‘离开此地’，这就是我的目标。”“你还没有带上干粮呢。”他说。“我不需要带任何干粮，”我说，“旅行非常漫长，要是我一路上得不到任何东西，我肯定得饿死。干粮是没法救我的。所幸的是，这的确是一次真正惊人的旅行。”

对于卡夫卡来说，首先是坚定不移地“离开这儿”，逃离布拉格，这就是目的。然而，逃离布拉格后又去哪里呢？遥远的东方古国无疑令卡夫卡心醉神迷，古老的中国更是让卡夫卡神往，那里的人民过着与欧洲人完全不同的生活，这正是卡夫卡所希冀和憧憬的。

第四，想象中国、描写中国、建造中国最能体现文学创作的目的和意义。卡夫卡视写作为生命的意义，写作就是人与人之间的沟通和对话，是打破心中冰海的利斧。卡夫卡说：“我认为，只应该去读那些咬人的和刺人的书。如果我们读一本书，它不能在我们的脑门上猛击一掌，使我们惊醒，那我们为什么要读它呢？……我们需要的书是那种对我们产生的效果有如遭到一种不幸，这种不幸使我们非常痛苦，就像一个我们爱他胜过爱自己的人死了一样，就像我们被驱赶到了大森林里，远离所有的人一样，就像一种自杀一样，一本书必须是一把能劈开我们心中冰封的大海的斧子。”德国诗人贝歇尔（1891—1958）由于未能做到这一点，卡夫卡批评道：“诗句没有成为桥梁，而成了不可逾越的高墙。人们不断地撞到形式上，根本无法突进内容。”而中西方文化的对话与沟通又最为困难，因此，寻找与东方文化，尤其是中国文化沟通和对话的可能性，对于卡夫卡来说，就显得尤为重要，尤为迫切。

第五，东西方文化相互交流和沟通的最大障碍之一是语言问题，而汉语又是最富有特色的、让欧洲人惊叹着迷的语言。卡夫卡处在德国文化、犹太文化和捷克文化的交汇点上，许多的民族冲突其实就是文化冲突，或语言冲突。语言问题一直是卡夫卡最为关注的问题之一。卡夫卡认为语言就是存在的家，是存在的基石，人失去了语言，就失去了“家”，没有了立身之本。卡夫卡认为，最能体现人的本质的是人的语言：“语言固然是人类最普通之事，人人都会讲，如同每只老鼠都会叫一样。但只有当卡夫卡的女艺术家、老鼠歌唱家叫唤时，她的叫声才摆脱了日常生活的桎梏，从而也使我们获得了片刻的解放。”“语言是故乡的有声的呼吸。可是我是个严重的哮喘病人，因为我既不懂捷克语，又不懂希伯来语。两种语言我都学。但这好像梦似的。我们在外面怎么能找到应来自内心的东西呢？”“语言是重要的中间人，是媒介，是生动活泼的东西。但是，人们不能只把它当成手段来对待，人们必须体验它，忍受它。语言是一位永恒的情人。”“生活就是与其他事物的共处，是对话。”在卡夫卡的书信、日记及作品中这类论述和描写比比皆是。而中西方语言的相互沟通、理解和翻译的可能性和必要性问题，是语言中最为困难，也最为重要的问题。卡夫卡抓住了这个问题，也就抓住了20世纪文学中的最重要问题。

最后，卡夫卡的家族也给他提供了了解中国、认识中国的机会和可能性。卡夫卡有一个舅舅名叫约瑟夫·罗维，他曾在巴黎创建了一家殖民贸易公司。约瑟夫曾经到过中国，在一份名为《中国北方》的报纸上载有某航线乘客的名单，表明他在1903年10月中旬曾乘轮船从上海抵达汉口，然后在11月底离开汉口抵达曲阜。大约在1903至1906年他担任公司在中国的代理人。他通过各种方式给家里人介绍和描述的中国一定给卡夫卡留下了深刻的印象，众所周知，在卡夫卡的成长过程中母亲方面的亲戚对他的影响往往更为重要。在这一点上卡夫卡同他的父亲的观点几乎完全相同，这大概也是绝无仅有的。卡夫卡无疑从他舅舅那里找到了一个通往中国、认识中国的最直接的窗口。

正是以上这些原因共同构成了卡夫卡的中国情结。总之，卡夫卡是一个生活在布拉格的说德语的犹太人，是一个主要生活在奥匈帝国时代的业余作家，在他生命的最后五年则因为帝国的崩溃而被划为捷克斯洛伐克国民。他没有什么一般的爱国情绪，更不是奥匈帝国的卫道士，但当斯拉夫文化取代了帝国时代的多元文化时，他又感到非常失落。卡夫卡什么都不是，但他又什么都是；他无所归属，但这反倒使他容易成为世界性作家。这种世界性作家的眼光和胸怀使卡夫卡在面对东方、面对中国时，其态度和立场均不同于一般的民族主义、帝国主义、宗教主义作家。

卡夫卡与中国长城

雄伟的万里长城，是中国人民的自豪和骄傲，是中华民族精神和文化的象征，“你知道长城有多长，它一头挑起大漠边关的冷月，它一头连着华夏儿女的心房”，因此，描绘万里长城的建筑过程、探索修建长城的原因和意义，不仅是中国作家和学者应该做、乐意做、也必须去做的一件大事；对于西方作家和学者来说，也是一个具有无限魅力和意义的课题，对这一课题的探讨和解答便意味着对古老而神秘的中国进行一次勇敢的精神探险，对西方认识自我提供一个具有重要参照意义的“他者”形象，对东西方文化相互理解和沟通的必要性和可能性进行一次文化测试。1917 年卡夫卡写作他的短篇小说《中国长城建造时》时，大概还没有完全清醒地意识到这些意义和作用，但在将近过了一个世纪之后，这种意义和作用已越来越明显地在他的作品中凸显出来了。

卡夫卡自己认为，《中国长城建造时》是他最重要的作品。这篇小说也被认为是他最有影响的一部作品，譬如它对博尔赫斯就产生过重大影响。另外，自从卡夫卡放弃了用第一人称撰写《城堡》后，这就成了他用第一人称写的最长的一篇小说，尽管其中叙述角度也有一些变化。叙述者“我”与作者卡夫卡是如此的不同，以至于我们一眼就看出小说的想象性和虚构性特征，再也无法将小说中的长城看作是中国的万里长城，而只能看作是卡夫卡创造的文本的“万里长城”。

卡夫卡没有到过中国，也不懂中文，更没有同中国人交往过，他对中国的了解和认识来源于西方。他读过某些中文典籍的德文译本，研究过某些学者对中国的论述，读过某些作者撰写的有关中国的游记、日记、报道和评介性著作，以上这些就是卡夫卡认识中国和建构中国的基础。他笔下的“中国万里长城”就是以这种互文性文本为地基而建造的。正像博尔赫斯是由卡夫卡这样的先驱者创造的一样，卡夫卡也是由他的先驱者们创造的。当时西方人眼中的中国，譬如幅员辽阔、人口众多、历史悠久、文化灿烂、循环的观念、森严的制度、伟大的长城、无穷的宫殿、至高无上的皇帝和任人宰割的老百姓等，在卡夫卡的小说中均有所表现。譬如 1833 年德国著名作家海涅曾这样描绘中国：“你们可知道中国，那飞龙和瓷壶的国度？全国是座古董店，周围耸立着一道其长无比的城墙，墙上伫立着千万个鞑靼卫士。可是飞鸟和欧洲学者的思想越墙而过，在那里东张西望，饱览一番，然后又飞了回来，把关于这个古怪的国家和奇特的民族的最发噱的事情告诉我们。”海涅像卡夫卡一样，是说德语的犹太人，因此他的思想更容易引起卡夫卡的共鸣。卡夫卡有关中国长城与游牧民族的描写，很可能受到过海涅的启发和影响。

当然，卡夫卡所建造的长城也有现实生活的影子，这便是著名的布拉格城墙。在布拉格的劳棱茨山的半山腰上有一道被称为“饥馑壁”的奇妙的城墙。据说 1340 年饥馑袭击布拉格时，当时的国王卡勒尔四世为了给饥饿的民众找活干，在没有任何目的的情况下，大兴土木，修建了这座城墙。正因为如此，当时这座城墙留下了许多此后再也无人问津的洞穴和缝隙，这就像卡夫卡笔下那座永远也没有修建完成的中国长城。

卡夫卡对中国的万里长城有所耳闻，对有关的记载和传说有着浓郁的兴趣，但他显然不会通过小说创作的形式，再现中国古代修筑万里长城的历史；他甚至也不会以借古喻今的方式来影射中国的现实政治，虽然他对中国的现实也不无关注。那么，卡夫卡何以要创作一部描写中国万里长城的小说呢？

长城是中国的象征，中国又最能体现东方的韵味和特征，因此，认识了长城也就认识了东方。“东方”，作为西方人借以认识自己的“他者”形象，原本就是由西方人创造的。他们通过将东方形象的文本化，创造了一个纯文本的东方，以代替现实中一直存在着的东方。戳穿这一东方形象的主观性、虚构性和文本性特征，显然可以使一向专横傲慢的西方人警醒，认识到西方人认识东方的局限性和任意性，从而开始寻找一种在平等对话基础上的理解和认识东方的可能性，这无疑是具有深远意义的。并且，这种思路和胆识已经超越了当时绝大多数西方的知识精英，与当下走红的后殖民主义批评家在许多地方倒显得不谋而合。卡夫卡正是从这里超越了他同时代的许多作家，使他的作品即使在今天也显得有强烈的现实意义。

解构西方人制造的东方形象，最好的切入点莫过于解构西方人关于万里长城的形象了。西方人既然建造了一座文本的万里长城，那么，这座长城是通过什么样的叙述策略和方式得以完成的？如果所有的历史叙述都是历史的，那么，西方人建造的长城就被还原为一种叙述，而非一种历史事实，卡夫卡从这里颠覆了西方传统的历史叙述模式，尤其是那些东方主义者对东方历史的叙述模式。

在卡夫卡的小说中，围绕长城曾产生许许多多传说，而由于工程范围之大，后人是无法一一凭自己的眼睛来加以衡量的。由建造长城而产生的种种解说的迷雾，本质上与中华帝国的含混不清紧密相连。譬如那位皇帝，我们几乎不可能打听到有关他的任何事情，虽然后来道听途说的不少，但一件也不能落实。“纵使有消息抵达我们这里，但已经太晚了，早已失去了时效。”皇帝的谕使还未将谕旨送到，早已改朝换代了。老百姓“不知道哪个皇帝在当朝，甚至对于朝代的名称都还存在着疑问”，他们“把以往的统治者弄得面目全非，把今天的统治者与死人相混淆”。一切都不可理喻，难以置信，就像是“一朵千百年来在太阳底下静静地游动的云彩”，于是，叙述者对这些问题的考察“暂时不想继续下去了”。

卡夫卡放弃了对长城问题的继续考察，也就是放弃了对中国问题的考察，放弃了对东方问题的考察。他认为中国是不可阐释的，因为它缺乏任何确定的意义。阐释的困境就像是那位皇帝的信使面临的困境：几千年也走不完的庭院和宫殿，挤拥不堪的人群，以及堆积如山的垃圾，即使信使经过千辛万苦终于冲出了宫殿最外边的大门——“但这是决计不会发生的事情”——他所携带的已是一个死人的谕旨了。皇帝死了，谕旨已没有了任何意义，即便如此，谕旨也永远无法送达接收谕旨的人手里。这就像阐释者一直在阐释没有意义的符号，虽然经过不懈的努力，但却始终只是从符号到符号的阐释，触及不到符号的意义，并且这种阐释永远也无法到达接受者那里。

但是，在放弃了对阐释的确定意义的追寻之后，卡夫卡反而获得了精神的解放和自由，这充分地激发了他的诗学想象力，使他对中国长城的建造、中华帝国、中国历史以及中国人的精神世界的多种可能性和丰富性有了自己的理解和阐释。正是在这个意义上，我们说卡夫卡所建造的中国长城是文本性的，而非事实的；是诗学的，而非历史的；是跨文化的，而非单一文化的。同时，也正是这个产生于文本中的非现实性的中国给卡夫卡提供了丰富的东方学主题、意象比喻、细节描写，乃至语言模式。卡夫卡从历史阐释的不可能性中开拓出诗学创造的无限可能性，从单一文化阐释的困难性走向了跨文化理解的可能性。

卡夫卡与《聊斋志异》

英国德语作家、评论家埃利亚斯·卡奈蒂曾经提出过一个非常有意思的命题："最令人吃惊的是卡夫卡如此驾轻就熟地掌握的另一种手法：变化成小动物。这种手法通常只有中国人堪与媲美。"卡夫卡"可以说以他的一些短篇小说进入了中国文学之列。18世纪以来欧洲文学一再采用中国的主题，但是卡夫卡是西方可以提出的从本质上说属于中国的唯一作家"。卡夫卡写过一系列与动物有关的小说，如《杂种》、《家长的忧虑》、《致某科学院的报告》、《一条狗的研究》、《地洞》、《约瑟芬，女歌手或耗子的民族》、《豺豹和阿拉伯人》、《猫与鼠的对话》等，其中还有大家最为熟悉的《变形记》。卡夫卡的这些小说与中国文学的某种相似特征早已被某些学者注意到了，我国著名学者钱锺书在他的《管锥编》论《焦氏易林》之《旅》，阐释"言如鳖咳，语不可知"时，顺手就引用了卡夫卡的小说，"卡夫卡小说《变形记》写有人一宵睡醒，忽化为甲虫，与卧室外人应答，自觉口齿了澈，而隔户听者闻声不解，酷肖薛伟所遭"。卡奈蒂的上面那番话以后经常被专家学者加以引用，似乎已经成为无须证明的定论。然而，卡夫卡如何掌握了这种中国式的"变成小动物"的方法呢？他是怎样进入中国文学之列的？为什么说他是属于中国的"唯一作家"？卡夫卡是否阅读过中国的这类"变成小动物"的小说，并接受过其影响？这些问题波里策及其他学者均没有，或少有论及，这不能不说是一件令人遗憾的事情。

在中国文学中最集中体现“变成小动物”小说特征的是明末清初的小说家蒲松龄创作的《聊斋志异》，而卡夫卡恰巧读过这部小说的德文节译本，并对这部小说给予了极高的评价。这样一来，我们对于卡夫卡“如此驾轻就熟地掌握了”“只有中国人堪与媲美”的“变化成小动物”的手法，就不再那么“惊讶”了。1913 年 1 月 16 日，卡夫卡在给菲莉斯的信中提到德国宗教神学家布贝尔，说他懂中国故事，他出版的《中国鬼怪和爱情故事》，“据我所知，这些故事精妙绝伦”。1914 年耶那一家出版社出版了一部由卫礼贤翻译的《中国民间故事集》，卡夫卡手头有这部书。以后他将这个译本作为礼物送给了他的妹妹奥特拉。卡夫卡在书中给妹妹的题词是：“致奥特拉——一个在嘈杂声中跃入轻舟的跳跃者。”卫礼贤编译的这部《中国民间故事集》，收有中国民间故事百余个，其中有 15 个选自《聊斋志异》，它们主要是：《崂山道士》、《种梨》、《画皮》、《山魈》、《小猎犬》、《蛰龙》、《梅女》、《夜叉国》、《白莲教》、《娇娜》、《婴宁》、《青蛙神》、《晚霞》、《水莽草》等。在这 15 个故事中有 4 个是动物故事：《小猎犬》、《娇娜》、《婴宁》、《青蛙神》。

马丁·布贝尔（1878—1965）是德国犹太人，德国最著名的宗教哲学家之一。1916 年他创办了德国著名的犹太人杂志《犹太人》。他在出版了两部有关中国的书《庄子语录和寓言》（1910）、《中国鬼怪和爱情故事》（1911）后，在德国知识界便被视为中国专家。《中国鬼怪和爱情故事》其实就是中国古典小说《聊斋志异》的德译本。这个译本参照了英国著名汉学家翟理斯（Herbert A. Giles）的译本，翟理斯从《聊斋志异》的 455 个故事中选译了 164 个故事，布贝尔则从翟理斯的译本中转译了 10 个故事，另外直接从中文翻译了 6 个故事。德国作家霍夫曼斯塔尔曾根据其中的《梦》（即《莲花公主》，

翟理斯译为 *The Princess Lily*）改写了一部芭蕾舞剧《蜜蜂》，该剧于1916年上演后曾在欧洲引起轰动，而霍夫曼斯塔尔又是卡夫卡非常喜爱和熟悉的作家。布贝尔的《中国鬼怪和爱情故事》收录了《聊斋志异》中的16个故事，它们分别是：《画壁》、《陆判》、《婴宁》、《莲香》、《阿宝》、《雷曹》、《翩翩》、《罗刹海市》、《莲花公主》、《小谢》、《巩仙》、《宦娘》、《阿绣》、《书痴》、《竹青》、《香玉》。卡夫卡的小说创作与《聊斋志异》的这两个德译本究竟存在着怎样一种关系？卡夫卡何以会如此赞赏《聊斋志异》？卡夫卡的创作思想与创作方法在多大程度上受到过《聊斋志异》的影响？卡夫卡的创作与《聊斋志异》的异同主要体现在哪些方面？探究这些问题应当是十分有意义的。

从生活方式、写作方式、写作态度来看，卡夫卡的孤独和蒲松龄的孤愤同样地闻名于世。他们相同的是"孤"，即他们立意创作，却不为当时的人所理解，所谓"知我者，其在青林黑塞间乎！"但是，卡夫卡是"孤且独"；蒲松龄则是"孤而愤"。孤独的卡夫卡虽然不为人们所理解，但他却不急不躁，甚至甘愿孤独，认为孤独原本就是艺术的真正品格，是自己一生所追求的目标；蒲松龄却因孤独而愤懑，因不被人们理解而忧愁，故尽毕生心血而写成孤愤之作《聊斋志异》，其孤愤之情终于得到了某种程度上的宣泄。

布贝尔在《中国鬼怪和爱情故事·译者前言》中简介了蒲松龄的生平和创作，并将《聊斋自志》的部分内容翻译了出来："少羸多病，长命不犹。门庭之凄寂，则冷淡如僧；笔墨之耕耘，则萧条似钵……而随风荡堕，竟成藩溷之花。茫茫六道，何可谓无其理哉！独是子夜荧荧，灯昏欲蕊；萧斋瑟瑟，案冷疑冰……嗟乎！惊霜寒雀，抱树无温；吊月秋虫，偎阑自热。知我者，其在青林黑塞间乎！"看来，蒲松龄的身世和遭遇与卡夫卡有许多相似之处，譬如"少羸多病"、"笔墨之耕耘，则萧条似钵"、"茫茫六道，何可谓无其理哉"等。卡夫卡一生疾病缠身，在他父亲的健康体魄面前，更是觉得自惭形秽，“我又瘦，又弱、又细，你又壮、又高、又宽”。至于笔耕不辍、萧条冷落，卡夫卡则更有过之而无不及。卡夫卡说过：“目标确有一个，道路却无一条；我们所谓之路者，乃踌躇也。”这与蒲松龄的无路可走的困惑，也颇为相似。也许正是蒲松龄的这种生活遭遇和性格特征极大地引发了卡夫卡的同情和共鸣。至于蒲松龄所说的“寒雀”（a bird in terror of the frost of winter）一词，恰巧与卡夫卡的名字（Kavka, 捷克语意思为“寒鸦”）非常接近，这也一定引起了卡夫卡的注意和兴趣。

我们很难想象一个生活美满、家庭幸福的作家会像卡夫卡那样去描写孤独；我们也很难想象一个仕途通达、左右逢源的作家会像蒲松龄那样去表现孤愤。孤独对于描写孤独的作家总是必不可少的，正像孤愤对于描写孤愤的作家是必不可少的一样。我想，孤愤的作家及表现孤愤的作家以后还会有许多，“诗言志”总是文学的规律，作家由“孤”而“愤”总是十分自然的事情，但孤独的作家恐怕会越来越少，因为现代作家实在无法永远面对孤独，尤其是无法独自面对孤独，虽然人类从来没有像今天这样经常地感受并思考着孤独。

卡夫卡与老庄哲学

长期以来，中外学者已经注意到了卡夫卡创作与老庄哲学的相同或相近之处，譬如，英国当代评论家詹姆斯·怀特拉克说："卡夫卡对待语言和文学的态度，非常接近于道家。"本雅明说，卡夫卡的所有作品就是"犹太教与道教斗争的场所"。英国德语作家、评论家卡奈蒂则说，卡夫卡"在一篇可能来自道家著作的记载中他自己总结说：'小'者对于他来说意味着：'两种可能性：自己无限变小或维持原状。第二种是完成，即无为，泰初有行。'"美国当代著名女作家欧茨说，在卡夫卡的生活里，现实世界"无非是不停地建造一座又一座巴别塔（或者说以假设的漫画手法把巴别塔建在中国长城之上）"。而"在《城堡》中可以说卡夫卡同样表现了老子叫作道的原始力"。近年来，中国学者也写过零星的有关文章。

卡夫卡的朋友古斯塔夫·雅诺施曾多次谈到卡夫卡对老庄哲学的兴趣和研究。古斯塔夫·雅诺施在他的《卡夫卡谈话录》中回忆说："卡夫卡博士不仅钦佩古老的中国绘画和木刻艺术；他读过德国汉学家理查德·威廉·青岛翻译的中国古代哲学和宗教书籍，这些书里的成语、比喻和风趣的故事也让他着迷。"这里的理查德·威廉·青岛（Richard Wilhelm-Tsingtao，1873—1930）就是著名的德国汉学家卫礼贤。卫礼贤原是德国同善会的一名传教士，在德国占领青岛后到中国传教。在华期间，他曾创办礼贤书院，潜心研究中国儒家学说。

他因为酷爱中国文化，便自取中文名字卫礼贤。从1903年起，卫礼贤开始发表有关中国和中国文化的论文，并着手翻译中国古代哲学经典。他在卡夫卡去世（1924年）之前，已翻译出版了《论语》（1910）、《老子》（1911）、《列子》（1911）、《庄子》（1912）、《中国民间故事集》（1914）和《易经》（1914）等。以后卡夫卡曾将卫礼贤翻译的《中国民间故事集》，作为礼物送给了他的妹妹奥特拉。

古斯塔夫·雅诺施说，他曾经从卡夫卡那里得到两本书：克拉邦德译的《老子格言》和菲德勒译的《老子道德经》。当古斯塔夫·雅诺施问及菲德勒译本的发行人古斯塔夫·维内肯时，卡夫卡说："他和他的朋友想逃避我们这个机器世界的进逼。他们求助于自然和人类最古老的思想财富。正像您在这里看见的那样，我们到中国古老文献的译本里探求现实，而不去耐心地阅读自己的生活……"卡夫卡也许注意到了犹太宗教哲学家布贝尔翻译的《庄子语录和寓言》（1910）中有这样两句："有机械者必有机事，有机事者必有机心。"（Those who use tricky tools are tricky in their business affairs, and those who are tricky in their business affairs have tricky in their hearts.）卡夫卡显然意识到了中国古老文化对于西方人的生存状态的意义和作用，但他并不想机械地搬用古老的中国文化，因为这样必然会掉进另一种"机心"的陷阱。

1909年至1910年，布贝尔应邀在布拉格作了三场总题目为《犹太教和犹太人》的报告，卡夫卡至少听过其中的后两场。1913年卡夫卡在给菲莉斯的信中也提到了这一点："布贝尔要作一个有关犹太神话的报告……我早已听过他的报告。"布贝尔同时是犹太文化和中国文化的专家，他在犹太文化与中国文化之间架起了一座桥梁。1916年布贝尔创办了德国著名的犹太人杂志《犹太人》，卡夫卡的不少小说最初就是在这家杂志上发表的。

卡夫卡显然读过布贝尔翻译的《庄子语录和寓言》。这个选本选有庄子语录和寓言共54则，充分体现了《庄子》的故事性、寓言性、哲理性特征。在译者后记里布贝尔专门论述了中国的道。“道这个词意味着‘路’、‘道路’，虽然它同时又总有‘言说’的意思，但它通常还是相当于‘逻各斯’。在老子和他的门徒那里，根据道的第一层意思，又引申出它的譬喻意义。这种语义上的模糊矛盾的确近似于希腊概念逻各斯，它基于这样一个事实：即这两层意思均将生活中的运动原则转换成一种超验的意义。”布贝尔对“道”的解释虽然较为简单，但大体上还是抓住了“道”的最主要意思。卡夫卡日后对“道”的理解可能得益于布贝尔。

有一次，卡夫卡对古斯塔夫·雅诺施说：“我深入地、长时间地研读过道家学说，只要有译本，我都看了。耶那的迪得里希斯出版社出版的这方面的所有德文译本我差不多都有。”这些译本包括孔子的《论语》、《中庸》，老子的《道德经》，《列子》和庄子的《华南经》。他说，这些中国书籍是“一个大海，人们很容易在这大海里沉默。在孔子的《论语》里，人们站在坚实的大地上，但到后来，书里的东西越来越虚无缥缈，不可捉摸。老子的格言是坚硬的核桃，我被它们陶醉了，但它们的核心对我仍然紧锁着。我反复读了好多遍。然后我却发现，就像小孩玩彩色玻璃球那样，我让这些格言从一个思想角落滑到另一个思想角落，而丝毫没有前进。通过这些格言玻璃球，我其实只是发现了我的思想槽非常浅，无法包容老子的玻璃球”。

在卡夫卡的箴言中有这么一段：“无须走出家门，待在自己的桌子旁边仔细听着吧。甚至不要听，等着就行了。甚至不要等，待着别动，一个人待着，世界就会把他自己亮给你看，它不可能不这样。”这难道不就是对老子的“不出户，知天下；不窥牖，见天道。其出弥远，其知弥少”（四十七章）的翻译吗？并且，卡夫卡对老子的“小国寡民”的思想也非常倾慕。1917年，卡夫卡去屈劳断断续续地住过8个月，屈劳是一个偏僻的山村，没有电，离最近的一个火车站米切罗伯也有数里之遥。然而，卡夫卡却觉得这里是“天堂”，“没有比住在一个村庄里生活更自由的了”。本雅明说，在卡夫卡的作品里，“有一种乡村气息”，这种气息就是“邻国就在眼前，远处的鸡鸣犬吠已经进入耳帘。而据说人们未曾远游就已瓜熟蒂落、桑榆暮景了”。毫无疑问，这段话出自老子的“邻国相望，鸡犬之声相闻，民至老死，不相往来（八十章）。”看来，卡夫卡多少还是把握了老子的那颗“玻璃球”。

不过，对于庄子，卡夫卡倒觉得自己马马虎虎地读懂了。从上面已有的材料推断，卡夫卡应当读过布贝尔翻译的《庄子语录和寓言》（1910）。这个选本充分体现了《庄子》的故事性、寓言性、哲理性特征，这些应当给卡夫卡留下了较深的印象，并在卡夫卡日后的创作中有所体现。卡夫卡曾给古斯塔夫·雅诺施念过一段《庄子》：“不以生生死，不以死死生，死生有待邪？皆有所一体。”随后他解释道：“这是一切宗教和人生哲理的根本问题、首要问题。这里重要的问题是把握事物和时间的内在关联，认识自身，深入自己的形成与消亡过程。”他还用铅笔给下面这段话划了四道线：

古之人，外化而内不化；今之人，内化而外不化。与物化者，一不化者也。安化安不化，安与之相靡，必与之莫多。狶韦氏之囿，黄帝之圃，有虞氏之宫，汤武之室。君子之人，若儒墨者师，故以是非相鳌也，而况今人乎！圣人处物不伤物。

可惜他对这段话没有再作解释。卡夫卡认为，读不懂这些深奥的理论是正常的，因为“真理总是深渊。就像在游泳学校那样，人们必须敢于从狭窄的日常生活经验的摇晃的跳板上往下跳，沉到水底，然后为了边笑边呼吸空气，又浮到现在显得加倍明亮的事物的表面”。卡夫卡非常希望自己能沉入中国文化的水底，在那里呼吸、畅游，领略东方文化的神韵。卡夫卡也的确这样做了。卡夫卡的挚友布罗德说，卡夫卡创作的“主题依然是我们会迷失正确的道路的危险，是一种如此突出的怪诞的危险，即：实际上只有某种偶然性可能会引导我们进入‘法’，亦即进入正确的完善的生活，进入‘道’”。从某种意义上说，卡夫卡的全部创作便可以看作是他做出这种努力的证据。

美丽的中国“仙女”

在卡夫卡所有这些有关中国的文字中，非常引人注目的应当是他将中国清代著名诗人袁枚的一首诗抄录下来，送给他的女友菲莉斯，并反复引用这首诗。这首诗就是袁枚的《寒夜》。1912 年 11 月 24 日，卡夫卡在致女友菲莉斯的信中写道：

请等会儿，为了证明“开夜车”在世界、包括在中国也属于男人的专利，我去隔壁房间书箱里取本书，给你抄一首中国小诗。……这是诗人袁子才（1716—1797）的诗。我找到了关于他的注释：“禀赋好，少年老成，官运亨通，多才多艺。”为了让你更好地理解诗，有必要说明一下富裕的中国人就寝前都用香料熏房子。另外，这首诗可能不大适合，但用美代替了繁文缛节。下面就是这首诗：

寒夜读书忘却眠，锦衾香尽炉无烟。
美人含怒夺灯去，问郎知是几更天？

怎么样？这首诗必须细细品味。

这里，卡夫卡找到的有关袁枚的注释并不确切。“禀赋好”指袁枚天资聪慧，这是实情，他“七岁受《大学》、《论语》于史中，并学作诗文”。“少年老成”似应改成“少年得志”，他12岁考取秀才，23岁中举，乾隆四年进士，时年24岁，授翰林院庶吉士。但好景不长，三年后“因习清书不合格”改调江南做知县，初试溧水，又调江浦、沭阳，后调江宁。33岁乞养归山，寓居江宁小仓山随园，以诗文自娱，极山水之乐，广交名流，领袖一代诗坛。此后除乾隆十七年曾改官秦中不到一年外，终生不再出仕。因此他的这种“卑官早退”绝对说不上是“官运亨通”。“多才多艺”似乎也说不上，比较贴切的应当说是“著作等身、独树一帜”。不过，卡夫卡对袁枚的这首诗倒的确一直在细细品味，在以后的一段时间里，他曾在给菲莉斯的信中多次提及这首诗及相关意境。1912年12月4日至5日夜，他写道：“与中国相反，这里是男人想夺走女友的灯。所以，这个男人不会比中国的学究更理智（在中国文学中，对学究的嘲讽和尊敬共存），因为他虽不想让女友在夜里写信，但夜信到的时候，他迫不及待从邮差手里夺过来。”1913年1月13日至14日他写道：“我总是在深夜2点左右想起那位中国学者。可惜，可惜唤醒我的不是女友，而是信，是我要写给她的信。”五天后，1月19日他又写道：“最亲爱的，不要低估那位中国妇女的坚强！直到凌晨——我不知道书中是否注明了钟点——她一直躺在床上，灯光令她难以入睡，但她一声不吭躺着，也许试图用目光把学者从书本中拉出来，然而这个可怜的，那么忠实于她的男人没有觉察到这一切。天知道处于什么原因他没有觉察，他根本没有任何理由，以更高一层意义来说，所有理由都听命于她，只听命于她一人。终于她忍不住，把灯从他身边拿开，其实这样做完全正确，有助于他的健康，但愿无损于他的研究工作，加深他们的爱情；这样，一首美丽的诗歌就应运而生了，但归根结底，不过是那个妇人自欺欺人而已。”1月21日他接着写到，这首中国诗对于他们俩“意义很重大”，“这首诗是说学者的女友而不是他的妻子，尽管这位学者肯定上了年纪，博学和年纪这两样看来与女朋友相处这一事实相矛盾。但诗人却义无反顾追求最后的结局，忽视了不可信的一面。”“最亲爱的，我从未想到这是一首那么可怕的诗！它向读者敞开大门，也许人们可以随意践踏它、忽略它，人类生活有很多楼层，而眼睛只能看见一个可能，但心里聚集了所有的可能性。你认为呢，最亲爱的？”

1913年3月11日至12日他给菲莉斯写信道：“一段时间以来我在想，是否可以叫你‘菲’，以前你有时候也是这样署名的，这也让人想到‘仙女’。还有美丽的中国……”这里，中国又成了一个充满异域色彩的童话世界，那里有美丽的仙女，令人神往。卡夫卡将菲莉斯也东方化了。

卡夫卡从多种角度将自己和菲莉斯的关系与中国诗中的“郎”与“美人”的关系进行对照。卡夫卡作为中国“郎”，一个中国学者，一个“书虫”，一会儿想去夺女友的灯，一会儿又焦急地等待着女友的信；一会儿挑灯拼命写作，一会儿又急不可待地给女友写信；一会儿赞叹中国“美人”的坚强和爱情，一会儿又认为这一切不过是她在自欺欺人罢了。最后他又觉得这是一首可怕的诗，诗中包含着多种可能性，但是人们通常却只能看到其中的一种可能性。卡夫卡通过对中国诗的理解来界定和分析他与菲莉斯之间的关系，这种关系以后又体现在他的作品中，比如《城堡》里K与弗丽达的那种若即若离的爱情关系，就是这样。

残雪心中的卡夫卡

被誉为中国文坛特立独行的女作家残雪，1999年9月推出了她的一本专门解读卡夫卡的大著《灵魂的城堡——理解卡夫卡》（上海文艺出版社），着实让人们吃了一惊。残雪作品中所包含的那种极端个人化的声音一直令许多读者望而兴叹，她笔下的那个冷峻、变态和充满噩梦的世界也一直难以为人们所理解和接受，她在偌大的中国似乎缺乏知音，然而，她在一个十分遥远的国度里却发现了卡夫卡，并引以为知音。于是，奇迹便发生了，一个20世纪末的中国女作家与一个20世纪初的奥地利男作家在灵魂深处相遇、对话，这不能不说是一件让人怦然心动的事。

卡夫卡是一个非常独特，而又极富有现代意义的作家。从某种意义上说，观察现代世界就是通过卡夫卡的眼睛看世界。半个多世纪以来，有关卡夫卡的评论和著述可以说众说纷纭、汗牛充栋。而残雪却几乎毫无犹豫地将所有这些评述都悬置一旁，直截了当地将卡夫卡当作一个作家，或者更确切地说，当作一个小说家来理解。在残雪看来，卡夫卡是一个最纯粹的艺术家，而不是一个道德家、宗教学家、心理学家、历史学家和社会批评家，他的全部创作不过是对作者本人内心灵魂不断地深入考察和追究的历程。

这样一来，残雪似乎一下子就抓住了卡夫卡最本质的东西。的确，写作就是卡夫卡生命中的一切，没有了写作，卡夫卡的生活将变得毫无色彩和意义。只有写作才能证明卡夫卡的存在。卡夫卡大概可以算世界上最孤独的作家，而他的小说所表现的也正是现代人的这种孤独感，所以，卡夫卡自己的生活与创作就在这里合而为一了，他成了在生活上最无作为和在创作上最有成就的人。

对于卡夫卡著名的三部长篇小说，残雪就是从这一角度开始了她的解读。残雪认为，《诉讼》描述了一个灵魂挣扎、奋斗和彻悟的过程。“K 被捕的那天早上就是他内心自审历程的开始”，“史无前例的自审以这种古怪的形式展开，世界变得陌生，一种新的理念逐步地主宰了他的行为，迫使他放弃现有的一切，脱胎换骨”。那么，城堡是什么呢？它“似乎是一种虚无，一个抽象的所在，一个幻影，谁也说不清它是什么。奇怪的是它确确实实地存在着，并且主宰着村子里的一切日常生活，在村里的每一个人身上体现出它那纯粹的、不可逆转的意志。K 对自己的一切都是怀疑的、没有把握的，唯独对城堡的信念是坚定不移的”。原来，城堡就是生命的目的，是理想之光，并且，它就存在于我们的心里。《美国》实际上意味着艺术家精神上的断奶，“一个人来到世上，如果他在精神上没有经历‘孤儿’的阶段，他就永远不能长大，成熟，发展起自己的世界，而只能是一个寄生虫”。

至于卡夫卡的一些短篇小说，在残雪看来，《中国长城建造时》象征着“艺术家的活法”；《致某科学院的报告》记录了“猿人艺术家战胜猿性，达到自我意识的历程”；《乡村教师》中的老教师体现了“艺术良知”；《小妇人》及《夫妇》描述了“诗人灵魂的结构”；《地洞》则表现了艺术家既要逃离存在遁入虚空，又要逃离虚空努力存在的双重恐惧……

看来，残雪完全是以独特的、写小说的方式来解读和描述卡夫卡的作品的，这使得读者在惊讶残雪的敏锐、机智和个性外，也渐渐地开始怀疑，残雪在这里究竟是在解读卡夫卡，还是在构筑她自己心中的卡夫卡？她究竟是在使卡夫卡更接近卡夫卡本来的面目，还是在创造自己的卡夫卡？她究竟是在解读小说，还是在创作小说？无论残雪的初衷是什么，有一点是可以肯定的，即由于有了残雪的解读，中国读者将离卡夫卡越来越近，而不是越来越远。

总之，阅读卡夫卡是痛苦的，但是是深刻的；理解卡夫卡是困难的，但是是有益的；同卡夫卡交朋友几乎是不可能的，但我向那些勇于同卡夫卡交朋友的朋友致敬，并表示由衷的钦佩。如果我们想走近卡夫卡，去听听他对我们说了些什么，那么，我们不妨先去听听残雪对卡夫卡说了些什么……

1966年版的《审判及其他》

早就听说1966年作家出版社曾出版卡夫卡的《审判及其他》，“供内部参考”，因为封面为黄色，也称“黄皮书”。2011年春天，我从网上查到北京大学图书馆藏有此书，于是通过“馆际互借”，三天内不出校门就从中国人民大学图书馆借到了此书，无须花费一分钱。现代科技的方便快捷和服务周到恐怕是卡夫卡当年绝对想象不到的。图书馆那位女老师一再叮嘱要充分利用图书馆所提供的便利，无须自己费心费力，托人找朋友，只要在网上点击一下，剩下的事就交给图书馆办好了。接到图书馆电话，直奔图书馆取了书，拿在手里一看，果然黄色封面上只有三行字：“审判及其他、弗兰茨·卡夫卡、供内部参考”，没有其他任何装饰或图案。封底右下角也印有“供内部参考”字样，定价：1.95。版权页上印着作家出版社上海编辑所，1966年1月上海第1版。出版社地址为：上海绍兴路74号，这个地址应当是现在的上海文艺出版社。书后夹着一张借书卡，上有借书人姓名和还书日期：1972年10月26日：余某某（字迹不清）；1975年2月3日：孙凤城；1976年3月8日：孙坤荣；1977年7月27日：孙凤城；1978年4月29日：孙凤城；1981年10月25日：孙坤荣。1991年5月23日的还书者填写了一个代号：100017。从1972年至1991年，将近20年该书被借阅10次，其中五次的借阅人是孙凤城和孙坤荣。孙凤城与孙坤荣现已是我国著名的德语文学研究专家。

小说集扉页上印有译者的名字：李文俊、曹庸。这部小说集包括卡夫卡的长篇小说《审判》和五个短篇：《判决》、《变形记》、《在流放地》、《乡村医生》、《致某科学院的报告》，书后附有马克斯·布罗德的《原文本编者附记》，以及由戈哈、凌柯撰写的《关于卡夫卡》。《关于卡夫卡》一文写于1965年11月，应当就是中国大陆自1949至1979年三十年间有关卡夫卡的唯一文章了。

翻阅此文，看看五十多年前中国学者是如何阐述和评价卡夫卡的，将是一件颇有意味的事情。该文开宗明义："弗兰茨·卡夫卡（1883—1924）是现代颓废主义作家……欧美现代派文学的奠基人，在四、五十年代受到欧美资产阶级文艺界狂热的推崇。"文章一开始就给卡夫卡定性，语气确定，无可置疑。

至于卡夫卡小说的内容，文章写道："卡夫卡的作品充满着神秘而离奇的内容……卡夫卡所描写的，都是个人的主观幻想，也就是一个人在精神分裂以后所产生的精神状态，在梦魇中所看到的种种幻象……然而不论卡夫卡作品的情节多么离奇、怪诞，综观卡夫卡的全部创作，我们仍然可以看出，他是一个彻头彻尾的颓废作家，一个极端的主观唯心主义者。他反对理性，他认为世界是不可知的……卡夫卡是反对反抗，反对革命的……他极端仇视革命，他认为群众是愚昧的……他还恶毒地说：'每次真正的革命运动，最后都会出现拿破仑……洪水愈是泛滥，水流就愈缓、愈混。革命的浪头过去了，留下来的就是新的官僚制度的淤泥了。'"卡夫卡的作品充满神秘、离奇的内容，主观幻想色彩浓郁，这是卡夫卡作品的一个方面，其实卡夫卡的作品还有另一面，即同样强烈的客观实在性，这一点是当时的论者所看不到，也不愿看到，更不敢写的。而卡夫卡对革命的看法，现在看来根本算不上"恶毒攻击"，反倒是"提前警示和预言"。

至于卡夫卡的创作目的，论者指出："被无数动荡混乱的社会现象所吓昏的卡夫卡，就把资本主义社会的黑暗看成是永恒不变的东西，他在作品里竭力渲染这种恐怖。"因此卡夫卡的作品可以当作"文化鸦片来麻痹人们的意志"。"有的人还利用卡夫卡来恶毒地攻击斯大林，反对社会主义制度，说'卡夫卡的作品'可以帮助我们在反对'个人迷信'的斗争中'作出判断'云云。"如果卡夫卡果真怀抱这样的创作目的，不知论者如何解释他那份要求布罗德焚稿的遗嘱。

总之，"不论西方资产阶级文人怎样把卡夫卡捧上天，不论现代修正主义者怎样引卡夫卡为知己，这些都无法掩盖卡夫卡的反动本质。卡夫卡的作品所以充满恐怖、悲观、绝望的情绪，根本不是用来所谓'控诉'现代资本主义社会，而是在渲染资本主义社会秩序是'不可动摇'的，要人们放弃斗争，俯首帖耳地承受资本主义社会的剥削和压迫。卡夫卡的作品，对资本主义社会是完全有利的"。"在反对现代资产阶级文学、反对现代修正主义文学的斗争中，彻底批判卡夫卡是一项重要的课题。"当然，只有彻底批判卡夫卡，读者才有机会阅读卡夫卡；只要阅读了卡夫卡，任何人恐怕也就再也无法彻底地批判卡夫卡。卡夫卡的小说因为批判而得以出版；卡夫卡的小说因为阅读而深入人心。卡夫卡的悖论终于在这里有所体现。

文章作者还不以为然地说："涅克拉索夫、潘诺娃、格拉宁 1957 年与意大利作家莫拉维亚谈话时，因为没有听说过卡夫卡的名字而'面面相觑'。"苏联的第一本卡夫卡作品选集出版于 1965 年，仅比我国早一年。在文章作者看来，不知道卡夫卡的名字，根本就无须"面面相觑"，因为更多地知道卡夫卡，反而有害无益。由于当时中国与前苏联的那种特殊的亲密关系，大体可以推测，1963 年以前中国作家和评论家也鲜有人听说过卡夫卡的名字，而这在当时本来就是十分正常的事情。

卡夫卡这部小说集是由“企鹅丛书”1955年英文版转译的，译者是英美文学专家李文俊和曹庸。关于此书的翻译，李文俊后来回忆道：“我是通过读英国诗人奥登的作品，接近卡夫卡，了解了他的重要性。在卡夫卡的创作中，我发现有许多对于我们来说是新的、独特的东西，值得介绍过来，帮助扩大同行们的眼界。可当时中国的情况不允许公开出版他这样的作家的作品。于是根据我的建议，出了他那本‘黄皮书’。”原来，李文俊就是通过阅读奥登而了解到卡夫卡的重要性的。威斯坦·休·奥登（1907—1973）是英国著名现代诗人和剧作家，第二次世界大战期间曾访问过中国。他在1941年就提出了有关卡夫卡可以与但丁、莎士比亚、歌德相提并论的观点，该观点后来被美国当代著名女作家、评论家乔伊斯·卡罗尔·欧茨（1938— ）引用，产生了更为广泛的影响。欧茨在《卡夫卡的天堂》一文中指出，卡夫卡是20世纪的最佳作家之一，“且已成为传奇英雄和圣徒式的人物；正如奥登在1941年说过的那样，就作家与其所处的时代的关系而论，卡夫卡完全可与但丁、莎士比亚和歌德相提并论”。正是这句简短的评点日后使中国的少数几位学者率先敏锐地发现、并注意到了卡夫卡的杰出和伟大。果然，1982年钱满素和袁华清通过英文转译了卡夫卡的长篇小说《审判》，在《译序》（写于1981年）中译者也引用了奥登的这段话：“就作家与其所处时代关系而论，当代能与但丁、莎士比亚和歌德相提并论的第一人是卡夫卡……卡夫卡对我们至关重要，因为他的困境就是现代人的困境。”德语文学专家杨武能后来提到了一个有趣的现象：“在我国带头译介卡夫卡的，并非我们搞德语文化的专家，而是李文俊、汤永宽、钱满素等搞英、美文学的学者，卡夫卡的主要代表作的中译本几乎都出自他们之手。之所以如此，卡夫卡在英美比在德语国家先引起注意和更受重视……”这也就是说，卡夫卡最初被介绍过来时，连我国的德语文化专家也未予以关注。

半个多世纪过去了，所剩不多的几本《审判及其他》默默地躺在图书馆里，很少有人再去翻阅，因为我们现在已经有了由叶廷芳主编的《卡夫卡全集》，以及几十种卡夫卡作品的选集。但是，这部小说集的历史意义和价值却是所有其他的作品集所无法替代的，因为它是1979年以前中国大陆最早的卡夫卡小说译本，也是1985年以前中国大陆出版的唯一的一部卡夫卡作品选集，书中的附录《关于卡夫卡》也是1979年以前中国大陆的第一篇有关卡夫卡的论文，尽管其中的观点在今天看来已是恍若隔世。

卡夫卡与童话阅读

卡夫卡是20世纪西方文学的一面旗帜，在这面旗帜下已聚集了世界各地不同肤色的千千万万读者。卡夫卡思考的问题是20世纪以来最重要的问题，诸如民族问题、宗教问题、身份问题、语言问题、现代性问题等，而这其中最为严峻的就是人自身出了问题。卡夫卡的问题是整个二十世纪的问题，也是人类永恒的问题。自20世纪三四十年代以来，有关卡夫卡的阐释和研究层出不穷、汗牛充栋，专家学者纷纷从不同的角度、不同的理论，进行分析研究，有宗教神学的、社会学的、政治学的、精神分析学的、法学的、语言学的，不一而足、硕果累累。西方现代主义/后现代主义的诸多流派更是纷纷将卡夫卡当作其先驱或宗师，如表现主义、超现实主义、存在主义、荒诞派戏剧、新小说、黑色幽默、魔幻现实主义等，许多作家公开承认受到过他的启发和影响。卡夫卡一时几乎成了一种时尚流行的文化符号。但是，卡夫卡还拥有许多儿童读者，不少青少年读者喜欢阅读他，他的小说被改编成各种儿童读本、插图本、绘图本、动漫片，广为流传。卡夫卡笔下的文学世界具有浓郁的童话文学、奇幻文学、动物寓言特征。卡夫卡短暂的一生，虽然仅活了41岁，但他总葆有一颗童心，他以童心的纯净，面向这个世界、观察这个世界、描绘这个世界，这使得他的小说创作具有一种鲜明的童话文学特征。因此，探讨卡夫卡小说创作与童话阅读的关系一定是必要的，也是有意义的。

葆有童心对于任何一个作家来说也许并非是必须的，但是，对于一个写作童话的作家，或者一个在创作中具有浓郁童话特色的作家而言，就应该是必须的了。卡夫卡恰巧就是这样一位作家。我们知道，卡夫卡活了41岁，但他葆有一颗永远的童心。他有一张似乎永远也长不大的孩子脸。他外貌英俊，永远富有孩子气的魅力。“他35岁左右，在海滩上还被人们看作是一个腼腆的少年。”在卡夫卡同学的印象中，“卡夫卡瘦瘦高高，像个孩子。他的样子显得肃静、善良、和蔼，打从内心里关心别人，但是经常离开人群，好像十分畏缩”。1917年，他与未婚妻菲莉斯有一张合影。菲莉斯出生于1887年11月18日，比卡夫卡几乎小4岁，但她看上去就像是卡夫卡的母亲。1988年北京十月文艺出版社出版了瓦根巴赫撰写的《卡夫卡传》，书中将这张照片误题为：卡夫卡和他的母亲。1922年9月21日，卡夫卡在给奥斯卡·鲍姆的信中写道：“我的教育，从结果来看，不是太热，就是太冷，是在孤独的少年床上完成的。”卡夫卡的一生就像是一个孩童行走在成年人的世界里。1921年，卡夫卡在给马克斯·布罗德的信中写道：“我在壮年的森林中，像小孩子一样地徘徊行走。”

的确，卡夫卡不仅长相上像孩童，他的内心深处还有一颗不可泯灭的童心。卡夫卡曾经这样描绘自己：“有时候我在河堤上散步时，会故意拉扯脸部的肌肉，或把手放在后脑上。可能有人会以为这是很无聊的游戏，是很孩子气的。但是，对我而言，却是很完善的游戏。如果与里尔克年轻时奔放的行为比较，我的行为实在太天真、太像小孩子了。”1919年11月卡夫卡给父亲写了那封著名的长信。他在信中回忆了青年时代去犹太教堂的情形：“在那漫长的好多个小时中我不停地打呵欠和打瞌睡（我想，后来我只有在上跳舞课时才感到这么枯燥过），并不断尽可能在那里的一些小小的变化中寻找欢乐，比如人们打开约柜，这总使我想起游艺射击棚，在那里若有人击中黑心，一扇小门就会打开；所不同的是，那些出来的总是有趣的东西，这里出现的却永远是一些无头的木偶。”这时卡夫卡已经36岁了，但是，在这里我们仍然能够发现卡夫卡那颗单纯的、充满强烈好奇的童心。

大约是在1923年11月，有一天，卡夫卡在柏林的一座公园里散步，他碰见一个小女孩在哭泣，说是把玩具娃娃弄丢了。为了安慰这个小女孩，卡夫卡坚持说那小女孩（娃娃）动身旅行去了。卡夫卡知道这件事，因为娃娃给他写了信。第二天，卡夫卡写了一封信，拿给小女孩看。在信里，玩具娃娃说明了自己想到别处走走的想法，并保证会继续报告自己的消息。借助卡夫卡的编造，丢失的玩具娃娃确实不断“发”来消息：小女孩渐渐识字了，卡夫卡每天把它的新冒险经历读给她听。它长大了，上学了，过起了小女孩的生活。这个故事持续了好几个星期，到该结束的时刻了。卡夫卡犹豫了好久，最后痛下决心，在一封像尾声的来信里，他让玩具娃娃嫁了人。他描写了玩具娃娃与意中人相遇的情形，描写了订婚仪式，为婚礼做的准备，新婚夫妇的房子，就像描绘自己的那些经历。玩具娃娃切断了线索，再也见不到小女孩了。不过，小女孩被这个略显残酷的长篇小说迷住了，早已忘记了失去玩具娃娃的忧伤。卡夫卡非常喜欢童话，知道优美的谎言可以使人忘记痛苦。

卡夫卡的一颗童心面对伤痛的儿童情不自禁地编织了一系列的美丽童话，抚平了儿童受伤的心灵，儿童们则伴随着这些童话也渐渐长大成人，并成为卡夫卡文学世界里的成年的主人公。

卡夫卡不仅葆有一颗永恒的童心，他还一直对儿童充满关爱，善于运用儿童的好奇心和想象力，保持一种近似于儿童的思维方式和表达方式。关于儿童的好奇心和想象力，鲁迅先生曾经说过，“孩子是可以敬服的，他常常想到星月以上的境界，想到地面下的情形，想到花卉的用处，想到昆虫的言语，他想飞上天空，他想潜入蚁穴……”卡夫卡的想象世界似乎就包括了这样一个世界。

1913 年 9 月，卡夫卡在意大利北部里瓦的一家疗养院遇到了来自贝鲁克的 19 岁的姑娘格尔蒂·瓦斯纳，卡夫卡经常以奇特的方式与她约会，譬如以敲击房顶为暗号，因为瓦斯纳恰好住在他楼上的斜对角。1913 年 10 月 20 日，卡夫卡在日记中写道：“我很喜欢写童话（我为什么要痛恨那个词呢？）来取悦 W（格尔蒂·瓦斯纳），她有时会在吃饭时把它们放在桌子下面，在上菜的间隙读它们，当发现疗养院的医生已经站在她身后盯了她许久之后，她会害羞地脸红起来。她有时会激动——实际上她听故事时始终都是激动的。”这场短暂的艳遇对卡夫卡影响很大，他甚至承认：“在里瓦的停留对我来说具有极大的重要性。我第一次理解了一位基督徒女孩，几乎完全在她的影响下生活。”看来，卡夫卡总是乐意为年轻姑娘讲童话或编写童话，而这些童话反过来又影响了卡夫卡的生活方式乃至创作方式。

1916 年 9 月，菲莉斯听从卡夫卡的建议，到柏林犹太人民之家从事志愿工作。犹太人民之家主要负责对生活拮据的犹太家庭的青少年进行民族和宗教教育。菲莉斯在那里负责孩子的教学和儿童图书馆的工作，卡夫卡经常给她寄去一些儿童读物。1916 年 10 月 31 日，卡夫卡在致菲莉斯的信中写道：“这些书各个年龄组的人都能看，没有必要把它们小心翼翼地和其他书分开。绿色的夏夫斯坦的书，也是我最喜欢的书，给那些男孩子们看最好，不过，我不想一下子全寄去，这些下回再寄。比如，其中有一本我读起来觉得特别亲切，讲的就好像是我的故事，或者说是我的生活准则，而我正在摆脱或已经摆脱这种准则（我常有这种感觉），这本书的书名是《糖果男爵》，书的最后一章是最主要部分。另外，很难判定哪些书算儿童书。”《糖果男爵》是奥斯卡·韦伯的插图本作品，讲述一个前德国军官在南非的经历，卡夫卡特别喜欢读这类儿童读物。

在卡夫卡看来，童话不仅是欢快的、愉悦的，而且也是“流血的”。卡夫卡说：“每个童话都来自血液和恐惧的深处。这是所有童话共同的地方。表面是不同的。北方童话不像非洲黑人童话那样有许多想象中的动物，但是核心、渴念的深度是相同的。”为了证实这一点，卡夫卡还向雅诺施推荐弗罗贝尼乌斯编选的非洲民间故事和童话集。

总之，卡夫卡所喜欢的儿童读物并不仅仅只适合于儿童阅读，“各个年龄组的人都能看”，因此没有必要小心翼翼地加以区分，这正如卡夫卡的小说虽然主要适合于成年人阅读，但也并不妨碍儿童翻阅一样。“每个童话都来自血液和恐惧的深处”，这似乎正好是卡夫卡小说的最重要特征。

一般说来，对卡夫卡的任何阅读和阐释也许都是片面的，这种片面之一也许就是缺乏儿童的视角和经验，忽略了他笔下那个近似于童话的世界。所谓童话就是以少年儿童为主要对象，富有幻想性与趣味性的故事。童话大致可以分为三类：1. 采用拟人手法，以各种自然物体，主要是动物作主人公的动物童话；2. 借助于仙人、精灵和魔法、宝物等来展开童话叙述，具有神奇特征的神奇童话；3. 具有传说色彩的传奇童话。从某种意义上说，卡夫卡创作的文学世界就像一个童话世界。有趣的是，卡夫卡对自己的作品也曾一度持这种看法。卡夫卡在认识菲莉斯后在一封信中写道：“我不相信，在哪一则童话故事里曾有人为了追求一个女子，而比我在心中为了追求你作过更大、更不顾一切的奋斗，从一开始即是如此，而且不断反复重来，甚至直到永远。”“把格奥格·本德曼当作屠龙的英雄格奥格？这若称不上是不顾一切的许婚承诺，那又是什么呢？还是这也不过是个童话？”格奥格·本德曼是卡夫卡的著名的短篇小说《判决》中的主人公。该小说写成于 1912 年 9 月 23 日，卡夫卡一气呵成，在极度的兴奋中完成了这篇小说。此时卡夫卡 29 岁，这是他自己满意的第一篇作品。小说中的主人公从某种意义上说就是卡夫卡自己，小说是题献给卡夫卡的女友菲莉斯的。这是否就意味着该小说是卡夫卡写给女友菲莉斯的一则童话？

不但《判决》如此，卡夫卡的许多小说都可以当作童话来阅读和理解。卡夫卡的三部未完成的长篇小说，《美国》可以看作是一则有关“美国”的童话，一则有关崭新的国度的童话；《诉讼》是一则有关“法”的童话，一则有关“罪与罚”的童话；而《城堡》就是一则有关“城堡”的童话，一则有关主人公 K“追求和寻找”的童话。

卡夫卡写过一系列与动物有关的小说，如《变形记》、《致某科学院的报告》、《地洞》、《新来的律师》、《鸢》、《一条狗的研究》、《家父的忧虑》、《一只杂交动物》等。卡夫卡的作品里有一系列动物形象：大甲虫、猴子、狗、鸢、耗子、像猫又像羊羔的杂种、地洞里不知名的小动物、亚历山大的战马、亚洲胡狼、巨型鼹鼠等，不胜枚举。这些小说大体上都可以看作是动物童话。卡夫卡还创作了一系列涉及魔法、奇幻的小说，如《家长的忧虑》、《老光棍布鲁姆菲尔德》、《猎人格拉胡斯》、《铁桶骑士》等，这些小说则可以看作神奇童话。卡夫卡一系列以古希腊神话人物为标题的小说，如《塞壬的沉默》、《普罗米修斯》、《海神波塞冬》等，还有一系列以中国为题材的小说，如《中国长城建造时》、《往事一页》、《一道圣旨》等，都可以看作是传奇童话。另外，像《乡村医生》这类小说颇有童话动漫特征，因此日本艺术家很自然地将其改编成动漫片。

《变形记》可以看作是一篇典型的童话。“一天早晨，格里高尔·萨姆沙从不安的睡梦中醒来，发现自己躺在床上变成了一只巨大的甲虫。”主人公为什么要变形？为什么变成了甲虫？变成甲虫后的格里高尔将怎样生活？他身边的人如何对待甲虫？他还会变成人吗？读者对此充满了好奇和想象，小说的魅力和意义也由此渐渐展开。在童话故事中，有一种叫作“变形记”的叙事模式，即“主人公经历了一种转变，从而获得了超越自身生活的能力”。当然，卡夫卡的《变形记》应当是一种反向的“变形记”，或者叫作现代“变形记”，即“格里高尔经历了一种转变，从而失去了他原本具有的生活能力”。由于小说的这种鲜明童话特征，它已被改编成各种童话读物和动画片。比如 1999 年大卫·劳伦斯撰文、图兰德·戴尔菲绘图编写了《卡夫卡变虫记》，该书 2000 年在台湾被译成中文。至 2009 年，该书已经是第 25 次印刷了。这是一篇典型的童话。童话描写小男孩卡夫卡早上起床，发现自己变成了甲虫，可是他身边的人都没有注意到这一点，只有他最好的朋友麦克例外。当然，童话最后小男孩卡夫卡又变成了人。这则童话让我们注意到了这样一个事实：“习以为常”使我们往往忽略了身边最亲近的人。它提出了这样一个问题：“要多久的时间，你才会发现自己的小孩变成一只虫？”小说也被台北明日工作室股份有限公司拍成动画片《卡夫卡变形记》，长度 45 分钟。在这里，卡夫卡被誉为“开启想象力的魔法师”。

当然，卡夫卡并不是一个童话作家，但是，由于卡夫卡葆有一颗永远的童心，并且以一颗赤诚之心生活在这个纷扰复杂、战乱频繁的世界上，他观察这个世界，描绘这个世界，呈现这个世界在自己心中的独特影像，因此，这个世界不仅适合于成年人阅读，对于那些涉世不深的儿童，也能从这里发现一片属于自己的世界，一片想象的天地。儿童阅读卡夫卡不仅是可能的，而且由于卡夫卡的世界是一个完整的世界，一个没有年龄鸿沟的世界，儿童可以从这里顺利地进入青年世界、成人世界，因此，儿童阅读卡夫卡还应该是必须的，也是有意义的。

卡夫卡：从西方到中国

在西方，卡夫卡大约是在二次世界大战后才受到世人瞩目的。卡夫卡生前几乎默默无闻，他的作品只有极少数是在他生前发表的。尽管他的挚友布罗德早在1916年就指出，卡夫卡是堪与当时德国著名作家霍普特曼等人媲美的第一流大作家，但他的这种评价在当时却并没有受到人们的关注和重视。卡夫卡作品的第一个法译本的出版是1928年，这时卡夫卡已经去世四年了。二次世界大战后，经历了一场噩梦的欧洲终于发现了卡夫卡的价值和意义。1950年，随着布罗德新编的9卷集《卡夫卡文集》的出版，一股“卡夫卡热”很快遍及西方文坛。随后，各种现代主义、后现代主义流派，如荒诞派、新小说派、存在主义文学、黑色幽默、魔幻现实主义等，都纷纷去卡夫卡那里寻找渊源和灵感。1963年，当卡夫卡80周年诞辰的时候，他的故乡举行了国际性的卡夫卡学术讨论会，会议证明了这样一个事实：“没有人能提出全盘否定卡夫卡的理由了。”这以后卡夫卡便成了世界上最重要、最有影响力的作家。德国著名作家托马斯·曼便“将卡夫卡在深沉的笔触下产生的作品列为最值得一读的世界文学名作”。黑塞说：“我相信，卡夫卡也将永远属于那样一些人物之列：他们创造性的，尽管是充满痛苦地表达出伟大变革的预感。”美国当代女作家乔伊斯·欧茨说：“卡夫卡是本世纪最佳作家之一”，“卡夫卡完全可以与但丁、莎士比亚和歌德等相提并论”。更有甚者，“卡夫卡的作品在剧场、歌剧院和银幕上产生影响，时代在他的作品中重新找到了自己”。卡夫卡研究随即也就变成了西方的一门“显学”。

在中国，长期以来读者对卡夫卡都是比较陌生的。以往的《德国文学史》很少提及卡夫卡，张传普先生于1926年出版的《德国文学史大纲》甚至提到了马克斯·布罗德（勃罗特）以及他的作品《蒂肖·布拉厄斯走向上帝之路》（《透旭勃拉至上帝国之路》），但对卡夫卡却只字不提。1922年出版的《小说月报》（第13卷第12号）上刊有元枚翻译的Gerhart Hauptman撰写的《新德国文学的倾向》，文中写道：“凡尔反尔（Franz Werfel）和勃洛特（Max Brod）亦是属于这一组的青年作家（指那些回避战争的作家）的。司吞海姆（Carl Sternheim）和凯撒尔也是这一派，他们都是受着威台金特（Frank Wedekind）的感发而得成就的。”文中没有提到卡夫卡。在稍后由余祥森编写的《德意志文学史》（商务印书馆1933年版）、刘大杰编《德国文学概论》（北新书局1928年版）中均未提及卡夫卡。1935年由傅东华主编的《文学百题》中有“大战后的德国文学大略怎样？”一题，文中提到了与卡夫卡颇有交情的表现主义诗人佛兰兹·威尔斐儿（1890—1945），并有专门论述；文中还提到了犹太作家亚忽列特·杜卜林（1878—1957，又译为德布林），但却对卡夫卡只字未提。以后，冯至等编著《德国文学简史》（人民文学出版社1958年版及1959年修订版）也未提到卡夫卡。

以笔者所看到的材料来看，中国最早提及卡夫卡名字的是沈雁冰，他在《小说月报》第14卷第10号（1923年10月）《海外文坛消息》专栏中发表了《奥国现代作家》一文，文中写道：“从那绝端近代主义而格特司洛，而卡司卡（Franz Kaffka），莱茵哈特（Emil Alphons Rheinhardt）以至于维尔弗（Franz Werfel），都是抒情诗家，而且都可算是表现派戏曲的创始人。”沈雁冰将卡夫卡译为“卡司卡”，将卡夫卡评述为“抒情诗家”、“表现派戏曲的创始人”，显然颇为隔膜，可见当时沈雁冰对卡夫卡的了解非常有限。1930 年 1 月赵景深撰写的《最近的德国文坛》一文发表于《小说月报》第 21 卷第 1 号，文中有关卡夫卡的评述五百余字。这次卡夫卡被译为“卡夫加”，文中尚有许多不实之词。1936 年 6 月 1 日，赵家壁译的德国作家 Jacob Wassermamn 撰写的《近代德国小说之趋势》一文，文章发表在《现代》杂志第 5 卷第 2 期上，文中有一小节为“犹太作家考夫加”：

这里有一个天才的作家，包含所有这些特点的（指心理学小说的特点），便是考夫加。在广义方面讲，他的作品是最德国的……

这是一位德国人，正巧是一位犹太人。

有关卡夫卡的介绍，仅此而已。该文下面转而便开始论述犹太人对于文艺的贡献。并且，文中所说的卡夫卡是“一个德国人”，“他的作品是最德国的”，显然也不够确切。不知这是原文的问题，还是译文的问题。1944 年孙晋三在重庆《时与潮文艺》第 4 卷第 3 期上发表了题为《从卡夫卡说起》一文，这大概是国内第一篇专门介绍卡夫卡的短文。文中写道：

上次世界大战后，对英美文艺青年影响最大的爱略特和乔伊斯，而在目前，那是里尔克和卡夫卡（1883—1925）了。……卡夫卡在现代文学既有如此影响，而在我国，他的名字却是全然陌生的，这未免是件遗憾之事。

卡夫卡和里尔克同为生于捷克布拉哈的犹太人，他们同样的染上神秘主义的色彩，沉醉于人生晦涩的深奥，因此他们的倾向，仍是象征主义的方向，而走的路却不同于正宗的象征派。在小说方面，卡夫卡的影响，见之于寓言小说的勃兴。但卡夫卡型的寓言小说，并不是本扬（Bunyan）或施威夫特（Swift）显喻性的寓言，无宁可说是相当于梅尔维尔（Herman Melville）或杜思妥益夫斯基式晦喻性的小说，其涵义不是可以用手指所按得住的。卡夫卡的小说，看去极为平淡，写的并非虚无缥缈的事，而是颇为真实的人生，但是读者总觉得意犹未尽，似乎被笼罩于一种神秘的气氛中，好像背后另有呼之欲出的东西，而要是细细推考，却又发现象征之内另有象征，譬喻之后又有譬喻，总是推测不到渊底，卡夫卡的小说，不脱离现实，而却带我们进入人生宇宙最奥秘的境界，超出感官的世界，较之心理分析派文学的发掘，止于潜意识，又是更深入了不知凡几。

文中将卡夫卡去世的时间定为1925年，并声称里尔克是犹太人，显然有误；将卡夫卡归为象征主义小说家也显然不太确切，但文章对卡夫卡小说的寓言性特征的概括和分析还是颇为精彩和切合实际的。该期杂志还刊登了一位“充分表现卡夫卡型的优点”的英国当代小说家参桑（William Sanson）的三篇作品《目睹者》、《长桌布》和《墙》，这三篇作品被认为是模仿卡夫卡创作风格的示范。由此我们可以看出译介者的良苦用心，并且，“以‘真实的人生’来表现‘人生晦涩的深奥’，通过设计可足表现这种‘晦涩的深奥’的人生真实，营造出‘一种神秘的气氛’，引领读者进入人生深奥的境界，去推考真实故事背后的多重象征和譬喻意味——这种提出了较为具体的思路和方法的译介，对于那些如沈从文一样‘为抽象而发疯’，为‘看到生命一种最完整的形式，这一切都在抽象中好好存在，在事实前面反而消失’而感到痛苦的小说家，或许会有所帮助”。卡夫卡从此是否对中国文学发生了某种影响，这里“或许”一词令我们不得而知，不过从沈从文的创作实际来看，这影响如果不说完全没有，恐怕也只能是微乎其微的。

1966年，作家出版社曾出版过一部由李文俊、曹庸翻译的《审判及其他》。但这部小说集当时是作为“反面教材”在“内部发行”，只有极少数专业人员才有机会看到。“卡夫卡来到中国之初，只是在文坛入口处登了个记，未引起人们的注意，更谈不上发生什么显著的影响了。”

以上这种情况直到1979年才有所改变。这一年《世界文学》杂志刊登了由李文俊翻译的《变形记》，并发表了署名丁方、施文的文章《卡夫卡和他的作品》。该文应该是国内第一篇比较全面而系统的评介卡夫卡的文章，文章作者似乎对刚刚过去不久的“文革”仍心有余悸，没有署真名。其实，丁方就是我国著名的研究卡夫卡的专家叶廷芳先生。据叶廷芳先生2001年4月7日对笔者介绍说，他在1964年才第一次听到卡夫卡这个名字。大约在1974年，由于一个偶然的机会他在一家旧书店购得几本卡夫卡的书，其中包括《城堡》和几个短篇。后来他将这几本书送给了冯至先生。这是叶廷芳第一次接触到卡夫卡的小说。

这篇文章分为四个部分：“生平简介”、“主要作品”、“孤独的人和陌生的世界”、“艺术特点”，其目的旨在“就卡夫卡的生平和主要作品作一初步的介绍”。文章对卡夫卡的评介似乎只是放了一个试探性的气球：卡夫卡不属于传统的现实主义，因此我们不能以传统的现实主义的标准来衡量他，他“加深了对社会现实的‘挖掘尺度’，在艺术上他也扩大了艺术表现的可能性”。1980年《十月》（第5期）杂志又发表了由叶廷芳翻译的《饥饿艺术家》及《略论卡夫卡及其〈饥饿艺术家〉》。1980年《外国文艺》（第2期）发表了卡夫卡的短篇小说《绝食艺人》和《歌手约瑟芬，或耗子似的听众》。1981年初《外国文学》发表了卡夫卡的四个短篇：《判决》、《乡村医生》、《法律门前》和《流氓集团》。长篇小说《城堡》(汤永宽译，上海译文出版社 1980 年版）和《审判》(钱满素译，湖南人民出版社 1982 年版）很快就出了单行本，《美国》也发表了选译的第一章和第五章。1983 年在卡夫卡诞辰一百周年时，《外国文艺》(第 4 期）刊有“卡夫卡小说特辑”，它包括：《中国长城建造时》、《地洞》、《致某科学院的报告》。同年《外国文学季刊》发表了卡夫卡的三个短篇：《司炉》、《乡村教师》、《老光棍布鲁姆费尔德》。1980 年《外国文学动态》发表了民主德国文艺批评家保尔·雷曼撰写的长文《卡夫卡小说中所提出的社会问题》，在文章前面有编者按：“近三十年来，生前并不引人注意的奥地利业余作家卡夫卡在西方文学界越来越引起了重视，人们把他奉为现代派文学的祖师，二十世纪最伟大的德语作家，等等。五十年代前半期，当卡夫卡这股‘热’在欧美各国开始形成的时候，苏联、东欧各国是进行抵制的。但 1957 年以后，卡夫卡热的‘东方防线’被冲开了，不少原来信仰马克思主义的文艺批评家也对卡夫卡作了肯定的评价。”同年，联邦德国著名文学批评家和文学史家汉斯·马耶尔访华，他在北京大学的一次讲演上，当有人问他，本世纪的现代德语作家中谁是最重要的作家时，他毫不犹豫地回答说：“第一位是弗兰茨·卡夫卡，其次是托马斯·曼，第三位是布莱希特……”他的这一论断当时“语惊四座”。随后，卡夫卡的幽灵便迅速在大江南北弥漫，在各种文艺刊物上出头露面。1981 年底钱满素先生满怀激情地写了一篇《卡夫卡来到中国》的文章，宣布卡夫卡在世界上蹉跎了半个多世纪后，终于在中国“安家落户”了。

因此，可以说，中国的卡夫卡研究是从 70 年代末 80 年代初开始的（台湾对卡夫卡的译介和研究比大陆要早 20 年，50 年代末台湾大学外文系的学生就在他们主办的《现代文学》杂志上介绍卡夫卡，卡夫卡当时是随同萨特、加缪和存在主义一起进入台湾的，但台湾的卡夫卡研究并没有取得突出的成就）。在短短的30多年时间里，我国已出版关于卡夫卡的著述十余种，其中叶廷芳就有著译多种：《现代艺术的探险者》、《卡夫卡——现代文学之父》、《现代审美意识的觉醒》等。从80年代初叶先生着手编辑《论卡夫卡》，历时8年，使该书“汇集了七十年来外国学者各个时期写的有关卡夫卡的参考资料”，它对于中国的卡夫卡研究具有十分重要的意义。另有《卡夫卡传》多种：瓦根巴赫著，周建明译，北京十月文艺出版社1988年版；罗纳德·海曼著，赵乾龙等译，作家出版社1988年版；布罗德著，叶廷芳等译，河北教育出版社1997年版；还有些传记是由国内学者撰写的，如林和生《“地狱”的温柔：卡夫卡》（四川人民出版社1997年版）、阎嘉《反抗人格：卡夫卡》（长江文艺出版社1996年版）、杨恒达的《城堡里迷惘的求索——卡夫卡传》（上海世界图书出版公司1994年版）、斯默言《卡夫卡传》（东北师范大学出版社1996年版，此书有大段抄袭已有的中译本之嫌）。杨恒达等还编写了浅显通俗的读物《变形的城堡——卡夫卡作品导读》（上海世界图书出版公司1999年版）。尤其值得一提的是，被誉为中国文坛特立独行的女作家残雪，1999年出版了一本专门解读卡夫卡的大著《灵魂的城堡——理解卡夫卡》（上海文艺出版社）。而《卡夫卡全集》（河北教育出版社，1996年版）的出版，则是我国卡夫卡研究的一件“盛事”，也是我国卡夫卡研究走向深入和成熟的标志。

海边出了个“卡夫卡”

早就听说日本出了一个著名作家，叫村上春树（1949— ）。近年来，他每出版一部新书便有洛阳纸贵的风行。后来又听说他出版了一部小说，叫《海边的卡夫卡》。半年之后，我国著名的村上春树翻译家林少华就将该书译成了中文，由上海译文出版社于2003年4月出版发行，开印就是十二万册。海边出了个卡夫卡？这个卡夫卡与那个1883年出生在布拉格、1924年悄然离世的卡夫卡有什么关联？不仅我这样自问，我的一些学生和朋友也这样问我。于是，赶紧买来《海边的卡夫卡》，搁置于书架上，待有闲暇便认真翻阅。2009年暑假终于有了这份闲暇和兴致，住在青岛的海边，一开窗便能吹拂到些微海风，而小说的译者林少华的住处仅隔着一座青岛大学的校园。在这种情景下阅读《海边的卡夫卡》，应该是再合适不过的了。

一气读罢小说，感觉海边的卡夫卡与布拉格的卡夫卡还真有些关联。首先，小说的主人公叫田村卡夫卡。村上春树在该书的《中文版序言》中写道：“主人公田村卡夫卡君不是随处可见的普通十五岁少年。他幼年时被母亲抛弃，又被父亲诅咒，他决心‘成为世界上最顽强的十五岁少年’。他沉浸在深深的孤独中，默默锻炼，辍学离家，一个人奔赴陌生的远方。……年龄在十五岁，意味着心在希望与绝望之间碰撞，意味着世界在现实性与虚拟性之间游移，意味着身体在跳跃与沉实之间徘徊。”这个田村卡夫卡还真有点像卡夫卡第一部长篇小说《美国》中的主人公卡尔·罗斯曼。“16岁的卡尔·罗斯曼被父母送往美国，因为一位女仆引诱他，并生了他的孩子。”卡尔·罗斯曼只身来到远隔重洋的美国，开始了自己的孤苦的求生、历险、磨难生活。就“一个少年离家独自漂泊”而言，两部小说的主要情节是相似的。

其次，这个为自己杜撰了一个名字“田村卡夫卡”的少年显然读过卡夫卡的作品。这些作品包括“《城堡》、《诉讼》、《变形记》，还有奇特行刑机器的故事”。“奇特行刑机器的故事”必然是指卡夫卡的著名短篇小说《在流放地》了。奇怪的是，这里为何独独将与《海边的卡夫卡》最为相近的《美国》隐去不提呢？小说中那个“猫杀手”琼尼·沃克，他搜集猫的灵魂制作特殊的笛子，这里所展示的残酷和冷酷与《在流放地》的叙述风格颇为接近。

再次，小说中一位女人物佐伯在19岁时写了一首歌，她自己一唱走红，歌名叫《海边的卡夫卡》。歌词如下：

你在世界边缘的时候
我在死去的火山口
站在门后边的
是失去文字的话语

睡着时月光照在门后
空中掉下小鱼
窗外的士兵们
把一颗心绷紧
（副歌）
海边椅子上坐着卡夫卡

想着驱动世界的钟摆
当心扉关闭的时候
无处可去的斯芬克斯
把身影化为利剑
刺穿你的梦

溺水少女的手指
探摸入口的石头
张开蓝色的裙裾
注视海边的卡夫卡

海边的卡夫卡，更像是梦中的卡夫卡，海中影子式的卡夫卡，后现代碎片式的、重叠式的、变幻莫测的卡夫卡，一个永恒的斯芬克斯之谜。这一点倒在不相关中接近了卡夫卡思想和创作的实质。

当然，海边的卡夫卡与布拉格的卡夫卡，无论是在时间上还是在空间上都相隔太遥远了，因此，他们之间的“相异”恐怕远远大于他们之间的“相似”。

小说开头的引子题为“叫乌鸦的少年”，似乎在影射作为“穴鸟”的卡夫卡。但穴鸟与乌鸦显然不同，译者林少华的解释显得牵强附会。卡夫卡（Kafka）名字的发音与表示“鸦”的捷克语“kavka”相同。捷克语卡夫卡（Kavka）与德语（Krähe）一样，大概都来自鸟叫声的拟音。但这里的“鸦”并非就是指乌鸦，通常认为是“寒鸦”（Dohle），或穴鸟。当年经营妇女时装饰品店的赫尔曼·卡夫卡的信笺和信封上就压印着这种鸟的浮雕。在《海边的卡夫卡》的男主人公看来，“谁也不肯帮我，至少迄今为止谁也不肯帮我，只能靠自己的力量干下去。为此必须变得强壮，如同失群的乌鸦。所以我给自己取名卡夫卡。卡夫卡在捷克语里是乌鸦的意思”。然而，事实并非如此。在田村卡夫卡出走的过程中，帮助他的人比比皆是：在长途大巴上萍水相逢的名叫樱花的女子、甲村纪念图书馆工作人员大岛、他的哥哥、馆长佐伯等，都曾对他伸出过慷慨无私的援助之手。而在卡夫卡小说中的主人公们则远没有这样的幸运和机遇。田村卡夫卡与布拉格的卡夫卡以及他笔下的人物是如此不同，以至于我们不得不怀疑村上春树是否别有用心？

另外，卡夫卡的小说情节常常是单一的、纯粹的，卡夫卡并不追求情节的复杂多变；而《海边的卡夫卡》除了故事的主线之外，还有两条副线：1944 年山梨县 ×× 镇的小学女教师带领全班 16 名学生去山上采蘑菇，16 名学生突然晕倒，失去知觉，两小时后除一名同学外全都苏醒过来，有关部门为此事专门组织调查研究；进入老年的男子中田君与猫的对话，他受小泉太太的委托，帮她寻找丢失的猫胡麻。三条线索在以后故事的发展中常有交叉和重合。总之，村上春树小说的可读性、通俗性、时髦性、商业性远远超过了布拉格的卡夫卡。

村上春树是一个活着就十分成功的作家，多产丰产，举世闻名，作品获奖如潮，版税源源不断，生活富足潇洒，恋爱婚姻一帆风顺，他甚至成了当代日本文学最具号召力的国际品牌，这些不仅与布拉格的卡夫卡迥然不同，简直就是格格不入了。不过他们有一点至少在目前还是相同的，那就是他们都与诺贝尔文学奖无缘。究其原因，卡夫卡在生前太无名了，生前出版的作品太少，况且许多作品最终都没有完成，他始终是一个特立独行用生命写作而又不指望回报的作家；村上春树则已经太有名了，获得了太多的成功，如今不论他自己是否乐意，他就已经成为一个通俗流行的作家了。

海边出了个卡夫卡，我们还期待着出现更多的卡夫卡，河边的、山上的、城市的、乡村的……中国有个女作家残雪，就被誉为是“当代中国的卡夫卡”。还有一位女作家叫虹影，写了本书叫《我与卡夫卡的爱情》。看来，卡夫卡果然无处不在、阴魂不散。然而，卡夫卡其实是不可模仿的。无数对卡夫卡的模仿，只是更加突出了卡夫卡的独一无二。布拉格的卡夫卡只有一个，但布拉格之外的卡夫卡却可以无限多。

卡夫卡：形象旅行

卡夫卡与20世纪的关系实在太紧密了，举凡20世纪的大灾变都可以与卡夫卡有着这样或那样的关系，而卡夫卡的思想和创作又常常成为20世纪各种重大问题的源头或例证。对于卡夫卡来说，果真是时代的悲哀成就了他。如果没有德国纳粹的统治，没有第二次世界大战，没有对犹太人的种族灭绝政策，没有斯大林的独裁，卡夫卡便不会有如此大的影响和意义。如果中国没有“文化大革命”，没有“四人帮”，卡夫卡在中国的接受和影响也不可能像现在这样广泛和深入。“正如同卡夫卡与父亲的关系帮助他成了一名作家一样，整个欧洲所经历的创伤也帮助了他的作品使其成为欧洲20世纪文学的基石之一。”

卡夫卡与父亲的关系是一个永久的话题，因为卡夫卡父亲的形象既可以是弗洛伊德“杀父娶母”情结中的父亲，也可以是某种官僚体制、专制制度，乃至权威的象征，甚至可以直接等同于基督教或犹太教中的上帝。在实际生活中，卡夫卡的父亲原是一个半行乞的乡下屠夫的儿子，后来积蓄了一份财产，成为中等的服饰品商人，以后又当了小工厂的老板，为人自信而偏执。他一心要把卡夫卡培养成当之无愧的继承人，尽管卡夫卡全然无心于此。这使卡夫卡觉得仿佛同父亲的斗争就是全部生活，就是生活的全部意义。36岁的卡夫卡曾给父亲写过一封长信。卡夫卡在信中写道：“在我的眼里世界就分成了三部分。我，是个奴隶，生活在其中的一个世界，受着种种法律的约束，这些法律是单为我发明的。而我，不知为什么，却始终不能完全守法。然后就是第二个世界，它离我的世界无限遥远，这就是您的世界，您行使着统治权，发号施令并且还因您的命令得不到执行而烦恼生气。最后还有那第三个世界，其余的人都在那儿过着幸福和自由自在的生活，没有人发号施令，也没有人唯命是从。我夹在中间左右为难。”这便是卡夫卡的三个世界：我的（奴隶的）世界、父亲的（统治者的）世界和其余人幸福自由的世界。卡夫卡在这个被撕裂的世界中，既不能前进又无法后退。

这封信最后没有送达卡夫卡父亲的手中，卡夫卡的母亲没有将这封信交给自己的丈夫，她日后将这封信交还给了自己的儿子，而卡夫卡曾一度将这封信交给了密伦娜。卡夫卡的父亲没有机会读到这封信，我们当然也就决不指望卡夫卡父亲的回信了。这样看来，在卡夫卡父子之间的这场旷日持久的诉讼中，卡夫卡的父亲其实一直是缺席的，他没有丝毫辩白、回应的机会，父亲的形象完全取决于儿子的一面之词。这对于卡夫卡的父亲似乎是不太公平的。有鉴于此，1984年，南非女作家纳丁·戈迪默模拟赫尔曼·卡夫卡的语气，写了一篇接近的独白形式的作品《父亲的回信》（*Letter from his Father*），他在信中指责卡夫卡过于强调自己的委屈，却不肯宽容别人的弱点。她认为，卡夫卡父亲的过错主要在于他没有受过多少教育，不大喜欢阅读；况且他还非常忙，每天需要在商店里工作12个小时。再加上卡夫卡的作品具有20世纪初先锋派艺术的特征，根本不适合于一般读者的阅读。因此，卡夫卡对父亲的控告仅是一面之词。“在这场审判中，卡夫卡既是雄辩的律师，又是法官、陪审团，他对事情的真相毫不怀疑。”

卡夫卡的形象旅行到非洲果然呈现出另一副面孔。显然，在戈迪默那里卡夫卡父亲的形象更值得我们理解和同情。2002 年年底，日本当代著名作家村上春树（1949— ）出版了一部小说，名叫《海边的卡夫卡》。这个海边的卡夫卡叫田村卡夫卡，这个卡夫卡自然又是另一副形象。并且，一时间海边的卡夫卡的声望似乎大大地超过了布拉格的卡夫卡。

韩国当代有个作家叫李承雨（1959— ），他的创作显然受到卡夫卡影响。他说："阅读卡夫卡犹如放弃宽阔的大道而走进一处没有道路的陌生树林，邀请幻象融入现实，创造出自己独特、奇妙的世界。卡夫卡通过这种高超的技艺，向我们展示了提出疑难问题的价值。如果有人能够不借鉴卡夫卡而成为作家，那么他一定非常伟大。"不过韩国作家朴晟源认为，"李承雨虽然受到卡夫卡的影响，但它的作品更有逻辑性。在陌生的同时，他还为读者提供了尽可能充分的说服力"，"如果说卡夫卡形象地刻画出了那些无法与眼睛看不到的力量和权威对抗的人物，李承雨则善于灵活地运用讽喻手法"，"就像许多作家从卡夫卡身上受到影响一样，包括我在内的许多韩国作家都从李承雨那里学到了许多东西。如果要借用李承雨的告白来结束这篇评价，我想说，要是有人能够不借鉴李承雨而成为作家，那么他一定非常伟大"。韩国作家要摆脱卡夫卡的影响看来也并不是一件容易的事。

2006 年女作家虹影出版一本散文随笔集，名为《我与卡夫卡的爱情》。其实，这本书基本上与卡夫卡无关。除了书前有一则简短的引言"我与卡夫卡的爱情"外，便再未出现过卡夫卡的名字以及任何有关卡夫卡的信息。原来在虹影那里，卡夫卡已是一个"符号"，或者至多是一个"重要记号"，不再是一个活生生的人，一个活生生的作家。生前默默无闻的卡夫卡看来创造了奇迹。卡夫卡已被人们变得越来越实用和平庸，这种实用和平庸已经足以成为人们猎奇和赚钱的工具。

今天的布拉格，卡夫卡已经成了这所城市重要的旅游资源。来自世界各地的游客纷纷来这里进行一次“卡夫卡旅行”。他们可以漫游卡夫卡曾经居住和工作过的地方，可以循着他昔日的足迹走遍布拉格的各个角落。他们可以走进卡夫卡快餐馆，和卡夫卡共进午餐，甚至可以吃到印着他的脸的巧克力。他们可以在街头随意买到印有卡夫卡头像的T恤衫，可以买到带有他形象的磁盘、木雕，以及各种印刷作品。在柏林甚至有一家“致菲莉斯情书”的咖啡馆，原因是那里曾经是菲莉斯接受卡夫卡情书的地方。卡夫卡的形象已经完全被市场化、商业化、旅游化了。

非洲出了个卡夫卡，海边出了个卡夫卡，中国出了个卡夫卡，卡夫卡出现在世界各地，卡夫卡的形象在世界各地漫游。我们还期待着出现更多的卡夫卡，河边的、山上的、城市的、乡村的……看来，卡夫卡果然无处不在、阴魂不散。然而，有一点我们似乎应该明白，真正的卡夫卡其实是不可模仿的。布拉格的卡夫卡只有一个，但布拉格之外的卡夫卡却可以无限多。卡夫卡的形象源源不断，但源头却只有一个。卡夫卡的形象在全世界旅行，卡夫卡从世界各地走来，或越来越远，或越来越近。

我与卡夫卡 | 代后记

作为一个主要生活在奥匈帝国时期、居住在捷克首都布拉格、说德语的犹太人，卡夫卡离我们似乎很远；作为一个对生活中的痛苦和绝望有着丰富的体验和思考、对人的命运的乖戾和无常有着深切的洞察和警醒、对世界的悖谬和复杂有着生动而清晰的描写或呈现的卡夫卡，其实又离我们很近。对于卡夫卡，我们既可以远距离地遥看他、观察他、研究他，又可以近距离地感觉他、体验他、触摸他。如果说前一种卡夫卡更多得属于观念的、普遍的、世界的卡夫卡；后一种卡夫卡便必定属于具体的、个人的、自己的卡夫卡，这个卡夫卡一定与我的生活有着更多密切的关联。

什么时候我第一次听说卡夫卡这个名字，我想，应该是我上大学读本科的时候，那是 20 世纪 70 年代末 80 年代初。1979 年卡夫卡的《变形记》在《世界文学》杂志上发表，他那个“人变甲虫”的故事我隐约在什么地方听说过。不过，我那时的主要兴趣在莎士比亚这一类传统经典作家身上，对于现代主义文学还没有什么概念。

1984 年我考入湘潭大学，师从张铁夫教授攻读世界文学硕士学位。我的硕士学位论文题目是《陀思妥耶夫斯基与变态心理》，虽然陀思妥耶夫斯基与卡夫卡基本上属于同样类型的作家，但我当时无暇顾及卡夫卡，只是为我后来研究卡夫卡提供了某种准备和铺垫。

1987 年我研究生毕业来到青岛大学教授外国文学，以后由于开设《西方现代派文学》选修课开始留意卡夫卡，阅读了当时手头能够找到的不多的一些卡夫卡的作品和研究资料，开始思考并构想出一些有关卡夫卡的问题。

1993 年我在《湘潭大学学报》上发表了第一篇有关卡夫卡研究的论文《卡住了吗——论卡夫卡》。自此以后，卡夫卡便渐渐成为我的一个心结，无论如何也释怀不开，挥之不去。2000 年后卡夫卡更是成为我学术关注和思考的中心，我与卡夫卡似乎走得越来越近，在相当长的一段时间里，谷歌网上我的名字常常与卡夫卡的名字连在一起。我对有关卡夫卡的一切都感兴趣，甚至入迷。我看到有关卡夫卡的一切都兴奋，以后甚至一看到"卡"（K）字就激动，眼睛就放亮。夜深人静，我常常对着卡夫卡的照片入迷，希望他对我能说些什么，希望能听到点什么。这期间我发表的有关卡夫卡的大小文章大约有 60 篇。2003 年完成了博士论文《卡夫卡与中国文化》，2006 年由首都师范大学出版社出版。2002 年我申请了山东省社会科学规划项目"卡夫卡研究"，2006 年结项；2004 年我申请了国家社会科学基金项目"跨文化视野中的卡夫卡研究"，2007 年初结项，并被评定为优秀。大约从 2003 年以来，我在天津师范大学和青岛大学同时为研究生开设"卡夫卡研究"课程，在这里获益的其实不只是学生，他们的阅读、思考和讨论给我提供了许多新的灵感和启示。正是在此基础上，2009 年我出版了学术专著《卡夫卡研究》。

有一段时间以来，我常常面对这样一些提问："还在研究卡夫卡？""怎么又是卡夫卡？""不能研究点别的吗？"我想，我该离开卡夫卡些日子了，我该与卡夫卡说声再见了。但是，"再见"就是再次相见，而不是"不再见"。我担心，任何人一旦走进了卡夫卡这道门，他是否还能摸索着走出来，而走进去和走出来的人是否还是同一个人？走近卡夫卡不易，离开卡夫卡似乎更难，即便你下决心永远不再见卡夫卡。

我在《卡夫卡研究》的《后记》中曾说过：“从某种意义上说，研究卡夫卡，也就是研究我们自己。”其实，阅读卡夫卡，也是阅读我们自己。对卡夫卡的世界完全陌生的人，是永远也无法理解卡夫卡的，而对卡夫卡的理解也一定是我们这个世界的一部分。卡夫卡的世界就是我们的世界，这其中千丝万缕的联系，你发现了，感觉到了，它就存在；你没有发现，没有感觉，它依然存在。

我与卡夫卡的最密切关联应当体现在我的调动工作一事上，其中所经历的漫长的波折和磨难让我铭心刻骨，除了借用卡夫卡式的表达方式，简直无以言表。在这件事情上我的某些朋友曾给予我一种卡夫卡式的解释和宽慰：谁让你研究卡夫卡呢？是的，谁让我研究卡夫卡呢？我也经常这样自问。我是因为研究卡夫卡才陷入这种调动工作的困境呢，还是因为陷入困境才逐渐深入地理解了卡夫卡？是我选择了卡夫卡，还是卡夫卡选择了我？在漫长的调动工作的过程中，我一面在经历着延宕与斗争的痛苦，一面又在体验这延宕与斗争的痛苦，然后又将这延宕与痛苦熔化到自己的阅读和写作之中。于是，我因为痛苦而阅读卡夫卡，我阅读卡夫卡而体验痛苦。生活中的痛苦成就了我的阅读，而我的阅读终于使我对生活中的痛苦有所超越。

此事说来话长，前前后后已经经历了大约十个年头；此事欲说还休，不说不行，说也不行。十年来此事一点点有所进展，又一点点有所后退；一会儿柳暗花明，一会儿又花明柳暗。仿佛卡夫卡笔下面对城堡的K，既走不进去，又不能离去，日复一日，年复一年。你似乎还可以像往日那样生活，但实际上你已经不可能像往日那样生活，正像卡夫卡笔下的约瑟夫·K，他是自由的，但他并没有获得真正的自由。你似乎有多重身份，但却缺乏自己确切的身份，正如卡夫卡笔下的卡尔·罗斯曼不得不不停地奔波、忙碌，以寻找自己的身份和位置。有很长一阵子，你似乎感到自己是自由的，可以自由地选择自己的工作，以及工作地点，但你必须走完程序，而程序总在你的自由之前。领导说，我理解你，你是自由的，按程序办理吧！这就是说，你得先去所在部门签字盖章，然后递交人事处，再由人事处呈校领导审批。然而，我所在部门负责人则说，找我有什么用？上面领导没有明确指令，我怎么敢签字？我转而去找学校领导，学校领导说，此事必须按程序办，任何人不能超越程序。所在部门负责人不签字，我怎么可以先签字？于是，我再去找所在部门负责人，部门负责人说，你得去找大学校领导，这不是明摆着的事吗？我再去找……于是，我进入了一个圈套，一座人造的迷宫，一道走不出来又走不进去的门。每走一圈，费尽心力，精疲力竭，似乎前进了一步，似乎看到了目的地透出的一缕光亮，但其实目的地仍然那样遥远。

门就在跟前，四敞大开，可是你就是进不去；到头来却有人告诉你，这道门其实是专门为你开的，因为任何人都有自由进门出门的权利。这就是卡夫卡笔下的《在法的门前》。部门负责人更是振振有词：你想要部门负责人签字，然后领导批准，合法的办理调离手续吗？门都没有！你若什么字都不用签，什么人也不找，自我调离，我行我素，想去哪儿去哪儿，那么谁也管不了你。选择吧！合情合理的纯属想入非非，无情无理的可以畅通无阻。选择的自由其实是有条件的，而这种条件往往是人为设置的。这种事听起来怎么恍若隔世，正如卡夫卡所写的“往事一页”，然而，这种事却真真切切发生在21世纪中国的高等院校里！这难道不就是卡夫卡笔下的荒诞、悖论和绝望？这是卡夫卡的伟大和意义，还是我们的悲哀和绝望？我是因为研究卡夫卡而误入歧途吗？或是因为误入歧途才理解卡夫卡？又或是因为研究卡夫卡才醒悟什么是误入歧途？听听卡夫卡笔下那位乡村医生的话：“只要有一次听到深夜急诊的骗人的铃声——一切就永远无法挽回了。”这里一定有什么地方出了差错、出了问题。

那么，这究竟是谁的错呢？是我，还是卡夫卡？我是否应该明智地放弃卡夫卡，放弃对卡夫卡的关注和思考？如果卡夫卡是可以放弃的，那么还有什么不可以放弃？坚持还是放弃？这是一个值得思考的问题。然而，问题是：放弃之后未必就能坚持，坚持下去未必就是胜利。即便你放弃了，卡夫卡以及卡夫卡的世界依然存在，甚至何止是“依然”，一定是“显然”和“必然”！

卡夫卡的世界当然还有另一个方面。卡夫卡并不是不食人间烟火的修士或隐士，他并非没有朋友，并非没有得到过爱情，也并非没有得到过家人的关爱。他在保险公司里工作兢兢业业，成效显著，他得到了同事和上司的赏识和好评；他的职务一再升迁，对于他的疾病和提前退休，公司领导也给予了充分的理解和照顾。他没有明确的敌人，但从来不缺乏朋友和家人的帮助。卡夫卡的朋友布罗德说：“我总是不断遇到卡夫卡的那些只通过书本认识他的崇拜者们对他所抱的完全错误的设想。他们以为他在待人接物中也是抑郁的，甚至是绝望的。事实恰恰相反，在他身旁会感到舒服。他思想之充实（他表达思想多半用开朗的声调），就最低限度而言，使他成了我遇见过的人中最容易与之交谈的人之一，尽管他很谦虚，尽管他很平静。”

当然不只是卡夫卡，其实我们每一个人都有自己的另一面。每当你误入“卡夫卡式”的迷宫而不得出时，总有人在给你鼓励、引导、开导和帮助。由此我要特别感谢杨恒达教授、杨慧林教授、耿幼壮教授、孙郁教授、张永清教授和王贵元教授。杨恒达教授宽厚慈祥，善解人意，本来就是研究德语文学和卡夫卡的专家，对我的处境非常理解和同情，因此总是在各种场合给予帮助和支持。遗憾的是，在他办理退休手续之前，我的调入手续还没有办理齐全。杨慧林教授一直关注并过问我的调动工作一事，尽管他的工作岗位屡有变动，从中文系主任到文学院院长，再到副校长。2011 年 8 月 2 日，杨慧林教授不顾暑期炎热，放弃度假时间，专程赴青岛协商我的档案一事，当日一幕幕重要场景，我将永远铭记在心。我与耿幼壮教授认识较晚，但却有相见恨晚的感觉。耿教授的真情和率性让我感动，耿教授的博学多艺让我惊讶，耿教授的幽默机智让我歆慕。孙郁教授我久闻其名，但却一直没有认识的机会。待我有机会认识他时，他已经是人民大学文学院院长了，而我成了文学院一名教师。孙郁院长非常理解我的处境和焦虑，他送我一本新书《走不出的门》；我则刚完成了一篇文章，现在这篇文章已经用作本书的书名《卡夫卡的眼睛》。我们一见如故，有着许多相同相似的体验和感觉。2011 年 1 月 19 日，孙郁院长亲自赴青岛大学，希望解决我的档案问题。我们乘坐最早一班从北京至青岛的动车，这意味着孙教授须凌晨四点起床。然而，访问青岛大学的结果令人失望，乃至绝望。孙郁院长在朦胧夜色之中走进青岛流亭机场安检大厅，回首向我们挥手告别时，眼神里充满了温情和关切，我内心则充满了感激和感动。张永清教授和王贵元教授曾先后负责过我的调动工作一事，他们的理解、帮助和支持使我倍感亲切和安心。还有许多师友，以及我的学生都在惦记并关注我的调动一事的点滴进展，年复一年，同喜同悲，他们或出言献策，或安慰鼓励，或声援呐喊，或毅然相助……这一切使我对卡夫卡写在《箴言集》里的那句话深信不疑：“从某一点开始便不复存在退路。这一点是能够达到的。”

我还得特别感谢本书的责任编辑丛晓眉女士，同样由她担任责编的《卡夫卡研究》是我至今最为满意的一本书，她为拙著所花费的大量时间和心血并非仅仅出于责编的责任，而有着更多的文学的感觉、美学的追求和人生的使命。然而，当我翻开本书的版权页时，上面竟没有责编的名字。当我问及此事时，她淡淡一笑说：“这是出版社的惯例。”

就在书稿完成之际，我诚邀孙郁教授为本书作序，谦让过后，孙郁教授说，序就不作了，写篇读后感吧。于是，我期待着，孙郁先生终于在各种写作计划和会议的间隙完成了这篇读后感。我一气读完，眼前放亮。孙先生对鲁迅的研究和思考，对卡夫卡的关注和阅读，孙先生文字的深刻和灵动，本在我的意料之中，然而，孙先生对我的卡夫卡研究的理解和思索，则颇在我的意料之外。孙先生的文字显然是本书的闪光之点。

一个阅读、思考、研究卡夫卡的学者，不可能是一个完全正常的学者，甚至不可能是一个完全正常的人，感谢我的妻子陈秋红博士对我的理解和容忍。试想卡夫卡若与他的未婚妻菲莉斯成婚成家，他何至于在 41 岁时就重病在身，撒手人寰。在这一点上我远比卡夫卡幸运，但由此也证明，卡夫卡离我其实也还很远。

卡夫卡与我似乎已经有了一种说不清、道不明的关系，卡夫卡与我们生存的世界更是有着千姿百态、千丝万缕的联系。我们通过卡夫卡的眼睛走近卡夫卡的内心，我们通过卡夫卡的眼睛看世界，我们在世界各地凝视卡夫卡的眼睛。卡夫卡、我们，还有世界似乎也在悄然发生变化。如果不能说卡夫卡改变了我们的世界，至少卡夫卡改变了我们对世界的看法；如果不能说卡夫卡改变了我们的生活方式，至少卡夫卡改变了我们对人生和文学的观念；如果不能说世界改变了卡夫卡，至少世界丰富了我们对卡夫卡的思考和认识。就我个人而言，卡夫卡改变了我的世界，改变了我的生活，甚至改变了我的身份。卡夫卡使我的生活和事业有所成就，而我生活中的苦难和不幸，则不应该由卡夫卡来承担责任。

2011.9.5 于天津华苑新城初稿
2011.10.1 于中国人民大学静园改定

图书在版编目(CIP)数据

卡夫卡的眼睛/曾艳兵著. —北京:商务印书馆,2011

ISBN 978-7-100-08786-5

Ⅰ.①卡… Ⅱ.①曾… Ⅲ.①卡夫卡,F.(1883～1924)—人物研究 Ⅳ.①K835.215.6

中国版本图书馆CIP数据核字(2011)第239316号

卡夫卡的眼睛

曾艳兵 著

商务印书馆出版

(北京王府井大街36号 邮政编码100710)

商务印书馆发行

山东临沂新华印刷物流集团有限责任公司印刷

ISBN 978-7-100-08786-5

2012年7月第1版 开本650×960 1/16

2012年7月北京第1次印刷 印张19

定价:36.00元